프랑스 명작살롱

고봉만
김정희
김한식
신정아
이가야
이영목
이지순
이찬규

신아사

이 책은 한국프랑스어문교육학회
송정희 교수 출판지원금을 받아 출판되었습니다.

머리말

이 책은 프랑스 문학 전반에 걸쳐 등장했던 다양한 작가들과 폭넓은 작품 세계를 보여줌으로써 "프랑스 문학이란 무엇인가?"라는 기본적인 질문에 체계적이고도 개별적인 인식을 통해 답하고자 기획되었습니다. 아울러 집필진은 인간의 삶에 있어서 문학의 중요성을 인식함과 동시에 프랑스 문학을 전공하는 학생들, 나아가서 일반 독자들도 프랑스 문학 전반에 수월하게 다가갈 수 있도록 하는 간행목표를 두었습니다. 세기별, 장르별 전공자들 8인으로 구성된 집필진은 전공 학생들에게는 특히 균형적으로 서술된 적절한 분량의 프랑스 문학사가 필요하다는데 동감하고 2008년 봄부터 약 2년에 걸쳐 <프랑스 명작살롱>이라는 모임을 정기적으로 가지면서 이 책을 준비하게 되었던 것입니다.

이 책은 중세 시대에서 오늘날에 이르는 프랑스의 작가 42인(작자 미상 포함)을 선정하여 작가 및 그들의 대표작들에 대한 종요로운 내용을 소개하고 있으며, 프랑스어 원문 발췌문을 통해 독자들이 원작의 정수를 직접 접해볼 수 있는 판을 함께 마련하였습니다. 또한 작가의 작품 세계를 소개하는 각 장마다 함께 생각할 문제들을 제시함으로써 일방적인 '지침서'가 아닌, 독자의 상상력을 자극하고 참여를 유도하는 '입문서'가 되고자 하였습니다.

우리는 이 책을 준비하는 동안 프랑스를 대표할 수 있는 문호가 누구인지에 대해서 이야기를 나눈 적이 있습니다. 영국에는 셰익스피어가, 독일에는 괴테가, 스페인에는 세르반테스가 쉽게 떠오릅니다. 하지만 프랑스는 그 나라를 대표할 수 있는 단 하나의 대문호를 내세우기가 난감한 특성을 지니고 있습니다. 그만큼 프랑스에는 각 세기마다 당대의 새로운 문예사조를 이끌어나간 뛰어난 작가들이 다른 나라에 비해서 우열을 가릴 수 없을 정도로 많이 탄생하였기 때문입니다. 들뢰즈의 표현을 빌리자면, 그들은 "다양한 입구들과 출구들 그리고 그 자체의 탈주선들"을 통해 프랑스 문학의 새로운 지평들을 넓혀 나갔습니다. 어떻게 보면 한 작가로 대표될 수 없는 다양성과 전범에 대한 도저한 일탈성이 프랑스 문학을 위대하게 만들었을 것입니다. 때문에 "프랑스 문학이란 무엇인가?"라는 짤막한 질문은 그 이면에 내장되어 있는 깊고 드넓은 영역으로 인해 입문서를 엮어낸 우리를 또 다시 끝나지 않는 화두처럼 닦달하게 될 것입니다. 아무쪼록 이 책의 독자가 프랑스 문학을 통해 지적 모험뿐만 아니라 풍요롭고 행복한 문학적 시간을 누릴 수 있기를 기대해 봅니다.

끝으로 이 책이 출간될 수 있도록 지원을 해주신 한국프랑스어문교육학회와 송정희 교수님께 깊은 감사를 드리는 바입니다.

2010년 1월 저자 대표 이지순

프랑스 명작살롱

차 례

1
중세 문학

고대와 중세

중세라는 용어는 전통적으로 고대와 르네상스 사이, 즉 서로마제국이 멸망한 476년과 동로마제국의 수도 콘스탄티노플이 함락된 1453년 사이의 기간을 지칭한다. 이 용어를 만들어낸 르네상스인들은 고대 문화의 유일한 상속자임을 표방하며 자신들을 고대 문화와 갈라놓는 모든 것을 배격하였다. 이러한 시각에서 근대의 여명기(르네상스)/암흑기(중세)와 같은 대립쌍들이 출현하는데, 르네상스와 중세를 단절시켜 파악하고자 하는 이러한 의도에도 불구하고 그 사이에 분명한 단절이 있었다고 말할 수는 없다. 르네상스가 가능했던 것은 중세가 라틴어 필사본들을 위시하여 고대의 문화적 도구를 전수해주었기 때문이며 이러한 고대문화의 계승과 전수는 중세에 이미 두 번에 걸쳐 일어난 르네상스 운동, 즉 9세기의 카롤링거 르네상스와 12세기 르네상스에 힘입은 바가 크기 때문이다. 중세인들은 '거인의 어깨에 올라탄 난장이'로 스스로를 표현함으로써 고대문화를 발판으로 삼았음을 인정하고 있다. 다만 중세인들은 원전의 주해작업을 통해서 고대문화를 기독교 이데올로기에 부합되도록 여과하거나 왜곡하여 수용했던 바, 바로 이 점에서 원전을 중세의 주해로부터 해방시켜 고대문화를 있는 그대로 받아들이자 했던 16세기의 르네상스와는 차이가 있다고 하겠다.

프랑스어 문학의 탄생

중세가 이렇게 고대와의 연속성을 유지하는 가운데 새로운 출발의 시기로 간주될 수 있다면, 그것의 가장 뚜렷한 표지는 새로운 언어의 출현, 그리고 새로운 언어를 사용한 문학의 출현이다. 식자어로서의 라틴어와 민중의 일상어인 로망어가 분리된 이후 라틴어는 오랫동안 지식과 전례와 권력의 언어로서 독점적 지위를 누려왔다. 그러나 813년 투르 공의회에서 사제들에게 라틴어가 아니라 신자들이 이해할 수 있도록 속어, 즉 로망어로 설교할 것을 권장한 이래 로망어는 의사소통의 언어 너머 설교언어의 위상을 갖게 되며 이어서 공식문서의 언어로서, 문학어로서 그 영역을 점진적으로 확대해나간다.

843년의『스트라스부르의 맹세』를 위시하여 프랑스어로 된 텍스트들의 출현은 프랑스어가 예전에 라틴어의 독점물이었던 문학과 문화 영역에 자리를 잡게 되는 것을 알린다. 현전하는 중세 최초의 문학작품들은『성녀 외랄리의 애가*La Séquence de sainte Euralie*』(865년 경),『성 알렉시의 생애*La Vie de Saint Alexis*』(1040년 경)처럼 성자전적 성격을 가지고 있다. 교회는 성인의 삶이 기독교인들에게 모델이 되기를 원했던 바, 그것이 가능한 한 많은 수의 대중들에 의해 읽혀지기 위해서는 프랑스어로 쓰여져야 했기 때문이다.

세기별 주요 경향들

세속적 내용의 프랑스어 문학이 본격적으로 생산된 것은 12세기부터였다. 속어를 문학어로 선택했다는 사실은 작가가 새로운 독자층, 즉, 궁정의 세속인을 겨냥하여 그들이 인정하고 추구하는 가치를 반영하기 시작했음을 의미한다. 영웅무훈시에서는 용맹성이, 트루바두르의 시에서는 여성에 대한 순수한 사랑이 작품의 주요주제로 부상하고 이어서 그로부터 반세기 후에 등장하는 소설에서는 용맹성과 사랑의 조합에 대한 다양한 변주가 이루어진다. 12세기에 특별히 중요했던 문학적 공간은 영국 플랑타주네 왕가의 헨리 2세와 왕비 알리에노르 다키텐 주위에 형성된 '플랑타주네 공간espace Plantagenêt'이었다. 영국과 프랑스의 서부 전역을 포함한 그곳에서 트루바두르의 서정시가 만개하고 최초의 소설들이 등장하고 속어로 된 역사서들이 쓰여졌다. 또한 이 공간은 켈트 전승과의 접촉을 가능케 하면서 '마티에르 드 브르타뉴Matière de Bretagne'라는 새로운 문학소재의 산실이 되어 향후 기사도 소설의 형태를 규정짓게 된다. 12세기 사사분기에 이르면 프랑스어 문학의 중심은 동쪽으로 이동하여 알리에노르 다키텐과 프랑스의 루이 7세 사이에서 태어난 마리 드 샹파뉴의 궁정이 그 중심이 된다. 아더왕 소설을 본격적으로 선보인 크레티엥 드 트루아를 비롯하여 트루바두르의 계승자인 트루베르의 1세대가 활동한 것이 바로 이 곳이다.

13세기는 12세기에 탄생한 영웅무훈시, 서정시, 소설의 계승, 발전기라고 할 수 있다. 영웅무훈시와 소설의 영역에서는 공통의 인물이 등장하는 개별 작품들이 하나의 거대한 이야기 안에 통합되며 연작을 형성한다. 이와 더불어 산문이 문학어로서 지배적 위상을 확보해 나가기 시작한다. 프랑스 문학의 중심지는 알비 십자군 원정 이후 그 명맥이 끊긴 남불에서 북불로, 그 중에서도 특히 아라스Arras와 같은 북부지방의 상업 도시로 이동한다. 켈트적인 경이로운 시공간이 아니라 일상적 시공간을 배경으로 하는 일련의 풍자문학, 사실주의 문학들이 모든 유혹과 부패의 공간으로서의 도시를 문학적 소재로 삼아 도시인들의 모습을 풍자하고 패러디하기 시작한다.

이어지는 14세기, 15세기는 연극과 연대기의 시대다. 12세기말부터 간단한 종교극의 형태로 그 모습을 드러내기 시작한 연극은 파르스

farce, 기적극miracle, 성사극mystère등 다양한 모습으로 만개한다. 또한 이 시기에는 역사에 대한 관심이 증대하여 연대기, 회상록, 전기 등이 활발히 쓰인다. 주앵빌Joinville, 프루아사르Froissart, 그리고 필립 드 코뮌Commynes같은 주요 연대기 작가들은 권력자들을 위한 글쓰기 속에서도 그러한 작업의 한계를 극복하고 사건의 진실을 기록하고자 하는 의지를 내비치고 있다. 한편, 시의 영역에서도 중대한 변화가 일어나거니와 최후의 음악가-시인인 기욤 드 마쇼Guillaume de Machaut(1300~1377)를 끝으로 14세기 중엽부터는 노래와 시가 분리된다. 시의 형태는 롱도, 발라드, 비를래 등으로 고정되고 순수한 언어적 기교가 발달하게 된다.

이렇게 중세에 새롭게 출현한 다양한 문학장르 중 영웅무훈시나 트루바두르의 시가, 파르스 등과 같은 장르는 그 명맥이 중세를 지나면서 끊어진다. 그러나 라틴어 원전을 로망어로 번역한다는 의미에서 '로망', 즉 번역물이라는 명칭을 가지고 소박하게 시작된 소설은 지금까지도 그 명맥이 이어지며 작품 생산이 활발하게 이뤄지고 있다.

중세 문학을 그 이후 문학과 구별시켜 주는 주요 특징들 중 하나는 우선 이것이 구술문학이었다는 점을 들 수 있다. 시대별로 문자의 존도와 음성의존도를 정확히 알 수는 없으나 9세기부터 14세기까지는 비록 글로 쓰인 텍스트라도 음성을 통해서 전달되고 그런 조건 하에서만이 작품의 진가가 발휘되었을 것이라는 견해가 지배적이다. 중세 프랑스어 문학의 절정기는 12세기지만 그 작품의 필사본은 대부분 13세기에 제작된 것으로 작가가 자신의 작품의 필사에 관심을 갖기 시작한 14세기까지는 작품의 생산과 그 작품의 가장 오래된 필사본 간에 적어도 몇 십 년간의 차이가 존재한다. 이는 작품들이 글로 기록된 텍스트 밖에서 우리가 모르는 삶을 살았다는 것을 의미한다.

또한 중세는 원본의 개념이 아직 정착되지 않은 시기로 중세 텍스트들은 그것이 수록된 필사본에 따라 늘 차이를 보인다. 물론 베끼는 행위 자체가 실수할 가능성을 내포하고 있긴 하지만 중세엔 '최종본 texte definitif'의 개념 자체가 없었으며 저자뿐만 아니라 필경사들도 텍스트를 고칠 권리가 있다고 생각했다. 또한 중세 말까지는 작자미상의 작품이 많았다. 작가명이 명시되어도 작가에 관해 많은 사실이 알려져 있지 않으며 작가의 이름은 하나의 메타포로서 해석의 대상인 경우가 빈번했다. 중세 문학에 대한 접근은 이러한 중세 문학의 고유성을 전제로 해야 할 것이다.

1) 작자 미상, 『롤랑의 노래』 *La Chanson de Roland* (1100년 경)

Jamais il ne mourrait en royaume étranger sans qu'il précédât ses hommes et ses pairs ; vers le pays ennemi il aurait la tête tournée. 그는 타국에서 그의 군사나 동료보다 자신이 늦게 죽는 일이 결코 없을 것이라 하였으며, 고개는 적국을 향한 채 죽을 것이라 했소. 『롤랑의 노래*La Chanson de Roland*』

프랑스어를 사용하는 프랑스 문학은 11세기 말엽에서 12세기 초엽에 이르는 기간에 탄생한다. 『롤랑의 노래』는 본격적인 프랑스 문학작품의 등장을 알리는 작품인 동시에 중세 고유의 문학장르인 '영웅무훈시chanson de geste'를 대표하는 걸작이기도 하다. 영웅의 무훈을 예찬하는 내용으로 이루어진 영웅무훈시는 11세기 말부터 2세기에 걸쳐 약 150편 정도가 생산되었으며 거의 대부분의 작품이 작자미상으로 남아있다. 작품의 시대적 배경은 일반적으로 이 작품들이 실제로 씌어졌다고 추정되는 시기로부터 약 2~3세기 전인 카롤링거 시대(8~10세기)로 거슬러 올라간다. 『롤랑의 노래』 또한 8세기로 거슬러 올라가는 역사적 사실을 소재로 하고 있다. 그것은 바로 778년 8월 15일 샤를마뉴가 7년에 걸친 에스파냐 군사원정을 성공적으로 마치고 귀환하는 길에 그의 후위부대가 피레네 산맥에서 사라센인들의 공격을 받아 전멸을 하게 되는 사건이다. 당시 역사서에서 별 뚜렷한 흔적을 남기지 않았던 이 사건은 무훈시를 통해 롤랑이라는 하나의 전설적인 영웅을 탄생시켰다.

가장 오래된 영웅무훈시일 뿐만 아니라 문학적 완성도가 가장 높다고 평가되는 이 작품은 1100년경에 씌어진 것으로 4,002행의 십음절시로 이루어져 있으며 옥스포드본이라 불리는 단 하나의 필사본에 기록되어 전해지고 있다. 카롤링거 시대 사라센인에 대한 샤를마뉴의 전투가 3세기 후 다시 상기되는 이유는 11세기 말 당시 상황에서 찾아야 할 것이다. 이 시기는 첫 번째 십자군이 조직되어 예루살렘의 탈환에 성공한 때이자 또 무어족이 점령했던 에스파냐의 재정복Reconquista이 이뤄지던 때였다. 『롤랑의 노래』를 비롯하여 기독교 세계의 많은 영웅들의 투쟁과 승리, 그리고 희생을 노래하는 영웅무훈시의 서사적, 이념적 틀을 제공한 것은 십자군과 재정복사업에 정당성을 부여하는 종교적 신념이었다.

걸작으로서의 『롤랑의 노래』의 가치는 흔히 생각하는 것처럼 단순히 롤랑의 영웅적 면모에만 근거하지는 않는다. 매우 균형 잡힌 구성을 보여주고 있는 이 작품은 크게 가늘롱의 배반, 롤랑의 죽음, 발리강의 패배, 가늘롱의 재판이라는 4개의 에피소드로 이루어진다. 보다 상세한 줄거리는 다음과 같다. 샤를마뉴는 마르실 왕이 다스리는 사라고스를 제외하곤 에스파냐의 모든 도시들을 점령한 상황이었다. 롤랑의 제안에 따라 롤랑의 의부 가늘롱이 사절로 마르실 왕에게 보내지는데 가늘롱은 자신에게 그처럼 위험한 일을 맡긴 것에 대한 복수를 하기 위해 도리어 사라센인들과 모의, 휴전을 가장하여 샤를마뉴가 이끄는 프랑스 군대가 프랑스로 귀환하도록 한다. 그 때 가늘롱은 후위부대의 지휘를 롤랑이 맡도록 제안을 하고, 이들은 피레네 산맥에서 사라센인들의 대규모 공격을 당하게 된다. 롤랑을 비롯하여 12명의 용맹스런 대신과 20,000명의 군사들이 수적으로 훨씬 우세한 사라센군에 맞서

치열한 전투를 벌이지만 결국 프랑스 군사는 결국 60명밖에 남지 않게 된다. 그동안 동료기사 올리비에의 간청에도 불구하고 샤를마뉴에게 지원요청을 하지 않았던 롤랑은 그제야 샤를마뉴에게 지원요청을 하기 위해 뿔피리를 분다. 그러나 이미 때는 늦어 샤를마뉴가 도착한 것은 롤랑을 비롯하여 프랑스군이 모두 전사한 다음이었다. 『롤랑의 노래』 후반부는 샤를마뉴의 복수기이다. 해가 지지 않도록 해준 신의 도움으로 샤를마뉴는 도주하는 사라센인들을 추격하여 대승을 거둔다. 부상당한 마르실왕은 사라고스에 은신하고, 대신 바빌론의 태수인 발리강이 대군을 이끌고 지원에 나선다. 격전 끝에 전투는 샤를마뉴와 발리강 간의 결투로 마무리된다. 샤를마뉴는 신의 도움으로 결투에서 발리강을 죽이고 사라고스를 점령한 뒤 프랑스로 귀환한다. 비보를 접한 롤랑의 약혼녀인 오드는 슬픔을 못 이겨 그 자리에서 죽는다. 이어서 가늘롱의 재판이 전개된다. 결투재판으로 그의 죄가 입증이 된 뒤 가늘롱은 거열형에 처해지고 그의 일가는 교수형에 처해진다. 복수를 마친 샤를마뉴가 마침내 침소에 들었을 때 가브리엘 천사가 다시 그에게 나타나 새로운 전투를 명한다. 평화로운 삶을 희구하는 황제는 “신이시여, 이 얼마나 고단한 삶이란 말입니까?”라고 탄식하며 허연 수염을 쥐어뜯는데 그의 눈에선 눈물이 솟구친다. 튀롤드가 전하는 이야기는 여기서 끝난다 Ici finit l’histoire que Turold fait connaître. 이렇게 『롤랑의 노래』 작품 말미에 이름을 남긴 튀롤드가 과연 누구인지, 그리고 여기서 “전한다”는 것이 어떤 의미를 갖고 있는지에 대해선 아직도 견해가 분분하다. 『롤랑의 노래』라는 작품이 생산되고 전수되고 수용된 방식의 모호성을 감안하였을 때 그것은 『롤랑의 노래』라는 작품을 생산한 작가일 수도, 그 작품을 손으로 쓴 필경사일 수도 또 음성을 통해 전달한 종글뢰르가 될 수도 있는 것이다.

TEXTE

175

Alors Roland sent que son temps est terminé.
Il est là, sur un sommet pointu, qui regarde vers l'Espagne.
Il se frappe la poitrine d'une main :
«Dieu, pardonne-moi, au nom de tes vertus,
Pour mes péchés, les grands et les petits,
Tous ceux que j'ai commis depuis l'heure de ma naissance
Jusqu'à ce jour où je suis ainsi frappé!»
Il tend son gant droit vers Dieu.
Les anges du ciel descendent à lui.
AOI.

176

Le comte Roland est allongé sous un pin.
Il a tourné le visage vers l'Espagne.
Le souvenir de maintes choses lui vient,
De tant de terres qu'il a vaillamment prises,
De sa douce France, des hommes de son lignage,
De Charles, son seigneur, qui l'a nourri.
Roland ne peut manquer de pleurer, de soupirer,
Mais il ne veut pas oublier sa propre personne.
Il se frappe la poitrine, il demande pitié à Dieu :
«Vrai Père, toi qui jamais n'a menti,
Et qui as rappelé Saint Lazare de la mort,
Et qui as protégé Daniel des lions,
Préserve mon âme de tous les dangers,
Malgré les péchés que j'ai pu commettre au cours de ma vie!»
Il a offert son gant droit à Dieu ;
Saint Gabriel l'a pris par la main.

Roland incline la tête sur son bras ;
Il part à sa fin les mains jointes.
Dieu lui envoie son ange chérubin,
Et Saint Michel du Péril de la Mer ;
Et Saint Gabriel vient se joindre à eux.
Ils emportent l'âme du comte au paradis.
AOI.

La Chanson de Roland, édition critique et traduction Ian Short, 1990, Le Livre de poche (Lettres Gothiques).

생각해 볼 문제

1. 이 작품에서 롤랑에게 부여된 가치와 자질은 어떤 것인가?
2. 작품 내에서 반복이 되고 있는 부분들을 찾아보고 이러한 반복이 영웅무훈시에서 어떤 의미를 갖고 있는지 알아보자.
3. 작품 말미의 "여기서 튀롤드가 전하는 이야기가 끝난다" 는 문장이 가질 수 있는 다양한 의미들을 생각해보자.

참고문헌

La Chanson de Roland, édition critique et traduction Ian Short, 1990, Le Livre de poche (Lettres Gothiques).

Jean Maurice, *La Chanson de Roland,* PUF, 1992 (Etudes littéraires).

『롤랑전』, 이형식 옮김, 궁리, 2005.

2) 베르나르 드 방타두르, 『종달새가 날아오르는 것을 보면』
Bernard de Ventadour (1150~1200) - *Quan vei la lauseta mover...*

<Hélas, tant je croyais savoir / En amour, et si peu en sais! / Car j'aime sans y rien pouvoir / Celle dont jamais rien n'aurai. 아, 사랑에 대해 잘 알고 있다고 믿었건만 전혀 알지 못하고 있었네. 아무 희망도 없이 이토록 그녀를 사랑하니 말이네.> 『종달새가 날아오르는 것을 보면*Quan vei la lauseta mover...*』

중세 오크어 지방에서 오크어로 시작활동을 했던 시인이자 음악가를 지칭하는 용어, '트루바두르troubadour'는 당시 그들의 작품 속에서 시를 쓰는 행위를 의미하기 위해 사용했던 단어 '트로바trovar'에서 파생된 단어다. 직접 지은 시를 노래했다는 점에서 이들은 단순히 다른 사람이 쓴 작품을 읊거나 노래한 '종글뢰르jongleur'와는 구분된다. 현재 약 2,500여 편의 작품과 350여명의 트루바두르의 이름이 전해지는데 1140년과 1220년 사이에 트루바두르들의 이름이 집중적으로 나타나는 것으로 보아 이 시기에 트루바두르의 예술이 최고조에 달했음을 알 수 있다. 최초의 트루바두르인 푸아티에 백작이자 아키텐 공작인 기욤 9세(1071~1126)를 위시하여 트루바두르 거의 대부분

이 귀족출신이지만 베르나르 드 방타두르와 같은 하인 출신이나 상인, 성직자도 있었다.

중세의 가장 뛰어난 트루바두르 중 한 명으로 꼽히는 베르나르 드 방타두르는 코레즈 지방의 방타두르 성에서 일하던 하인의 아들로서 트루바두르였던 그의 영주 에블 II세에게 시를 짓는 법을 배웠을 것이라 추정되고 있다. 마르그리트 드 튀렌, 알리에노르 다키텐, 에르망가르드 드 나르본 등 당대 유력한 가문의 귀부인들이 그의 후원자이자 그가 사모했던 여성으로 알려져 있다. 말년엔 툴루즈 백작인 레이몽 5세의 궁정에서 활동하였고 1194년 백작이 죽은 뒤엔 달롱의 수도원에 들어가 수사로 생을 마쳤다. 그는 가장 진솔한 시를 쓰는 트루바두르로 간주되고 있긴 하다. 그러나 중세 시가는 원칙적으로 개인적인 심정고백의 장이 아니었다는 점을 잊어서는 안 될 것이다.

『종달새가 날아오르는 것을 보면*Quan vei la lauseta mover...*』

절망과 욕망이 교차하는 이 노래는 중세 옥시탄 시가 중 가장 아름답고 비극적인 노래로 알려져 있다. 여기서 시인이 노래하는 사랑, 이른 바 '핀아모르fin amor'는 트루바두르가 노래했던 아주 독특한 사랑개념을 지칭한다. 핀아모르는 독자적이며 일관성 있고 결정적인 방식으로 서술된 독트린을 갖고 있지 않지만 여인에게 핵심적인 지위를 부여했다는 데에 그 참신성이 있다. 앙드레 르 샤플렌이 1184년 샹파뉴 궁정에서 궁정적 사랑 개론을 써서 이론화했다고는 하지만 그의 저서는 거의 1세기 전에 이루어진 문학활동을 뒤늦게 이론화한 것이다. 따라서 핀아모르의 실체에 다가가는 가장 현실적인 방법은 핀아모르가 트루바두르들의 시 외에 달리 표현된 바가 없다는 사실을 주지하고 그들의 작품에서 공통적으로 나타나는 사랑과 사교의 윤리, 감수성을 찾아내는 것이다. 연인은 자신이 사랑하는 여인을 '귀부인dame', 즉 여주인maîtresse으로 만들어 극단적인 존경과 헌신을 표현하며 그녀의 모든 변덕을 받아들인다. 그의 유일한 목표는 그녀의 '호의' 즉, 사랑을 얻는 것이다.

핀아모르를 노래했던 트루바두르에겐 욕망의 딜레마가 존재했다. 욕망은 충족되기를 욕구하는 것이지만 그것은 일단 충족되면 더 이상 욕망으로 존재하지 않는다. 바로 그러한 이유에서 시인은 욕망의 충족을 간절히 바라면서도 동시에 그것을 욕망의 죽음으로 두려워한다. 그렇기 때문에 핀아모르에서는 욕망과 욕망에 대한 욕망 사이에 해결할 수 없는 갈등이 존재하며 이들이 토로하는 사랑의 감정은 이렇게 고통과 쾌락, 불안과 흥분의 혼합물이 되는 것이다. 여기서 여인은 다른 탐색의 비유이기도 하거니와, 여인에 대한 시인의 사랑은 가장 완벽한 시적 표현을 찾아내고자 하는 시인의 욕망에 대한 메타포로 볼 수 있다. 그것은 언어의 애인이기도 한 시인에게 있어서 가장 완벽한 표현을 찾아내고자 하는 욕망이다. 그리하여 여기서 시인이 기대하는 '기쁨joy'은 육체적 행복과 더불어 시창작의 황홀경을 의미하며 시인을 얼어붙게 하는 시선은 사랑 뿐 아니라 글쓰기에 있어서 무력감을 표현한다.

표현의 세련됨에 집착하는 이 시들은 내용의 독창성을 추구하지 않는다. 칸소는 봄이나 부인의 아름다운 용모와 덕목 예찬, 사랑의 기쁨과 고통 등 몇 개의 제한된 모티프들을 지칠 줄 모르고 반복한다. 무엇보다도 형식미를 추구하는 칸소에서 운의 배치, 리듬감 등은 새로운 이미지, 새로운 모티프의 창출보다 더 중요하다. 음유시인에게 있어서 가장 중요한 것은 특정 모티프들을 무한히 섬세하게 변화시키면서 이상적인 모델에 가장 가까이 가는 것이라 할 수 있다.

TEXTE

Quand vois l'alouette en transports
Voler dans un rai de soleil
Et se pâmer et retomber,
Le coeur brisé par le plaisir,
Hélas, si grande envie me vient
De tous ceux dont je vois la joie,
Et c'est merveille qu'à l'instant
Le coeur de désir ne me fonde.

Hélas, tant je croyais savoir
En amour, et si peu en sais!
Car j'aime sans y rien pouvoir
Celle dont jamais rien n'aurai.
Elle m'a tout ravi mon coeur,
Elle-même, et moi, et le monde,
Et ces vols ne m'ont rien laissé
Que vain désir, âme dolente (...)

Des dames je me désespère,
Jamais en elles n'aurai foi,
Autant d'elles j'avais estime,
Autant je les mépriserai,
Et puisqu'aucune ne m'assiste
Auprès de celle qui me navre,
De toutes doute et veux médire,
Car bien sais que se valent toutes. (...)

Et puisqu'auprès d'elle ne valent
Pitié, prière ou droit qu'en ai,
Puisque ne lui vient à plaisir

Que je l'aime, enfin me tairai,
Je m'éloigne d'elle et d'amour.
Elle veut ma mort, et je meurs
Et m'en vais sans qu'on me retienne,
Dolent, en exil, ne sais où.

Tristan, plus rien n'aurez de moi,
Car m'en vais dolent, ne sais où.
De chanter cesse et me retire,
Je me dérobe à joie d'amour.

Bernard de Ventadour, "chagrin d'amour" dans *Troubadours*, de R. Nelli et R. Lavaud, trad. G. Ribemont-Dessaignes (1946), éd. Desclee de Brouwer, 1986.

생각해 볼 문제

1. 이 시에서 "vols"이라는 단어는 중의적으로 사용되고 있다고 할 수 있다. 각각의 의미를 구체적으로 설명하시오.
2. 이 시에서 드러나는 여성의 이미지와 중세의 일반적인 여성관을 비교하시오.

참고문헌

Anthologie des troubadours, traduction Pierre Bec, 10/18, 1979.

Pierre Bec, La Lyrique française au Moyen-Age(XIIe~XIIIe siècles), Editions A. & J. Picard, Paris, 1977.

2) 크레티엥 드 트루아, 『수레를 탄 기사』
Chrétien de Troyes (1135~1190년경) – *Le Chevalier de la charrette*

그는 그녀 앞에 몸을 굽혀 경배했다. 그에게 있어 그녀는 그 어느 성유물보다도 더한 믿음의 대상이었기 때문이다. Devant elle il s'incline, en une adoration, car il ne croit autant aux plus saintes reliques. 『수레를 탄 기사*Le Chevalier de la charrette*』

중세의 대표적인 소설가 크레티엥 드 트루아에 대해 알려진 전기적 사실은 그리 많지 않다. 크레티엥 드 트루아의 소설 『수레를 탄 기사』와 『그라알 이야기』의 서문을 통해 그가 샹파뉴 백작부인이었던 마리 드 샹파뉴와 플랑드르 백작인 필립 달자스의 후원을 받아 작품을 썼으며 그들에게 작품을 헌정했다는 사실 정도가 알려져 있을 뿐이다. 그의 대표작으로 간주되는 다섯 권의 소설 『에렉과 에니드』, 『클리제스』, 『수레를 탄 기사』와 『사자의 기사』, 『그라알 이야기』 외에도 『클리제스』의 서문에서 크레티엥 드 트루아는 오비드의 작품을 각색한 여러 편의 텍스트들과 마크왕과 금발의 이죄에 대한 시를 지었다고 밝히고 있으나 이 작품들은 현재 전해지지 않고 있다.

첫 소설 『에렉과 에니드』(1165년경)부터 '마티에르 드 브르타뉴

matière de Bretagne'는 크레티엥 드 트루아가 가장 즐겨 사용하는 소재로 등장한다. 작가는 종글뢰르들에 의해 구전으로 전해지는 모험담들과 더불어 주로 바쓰Wace의 『브뤼트 *Brut*』(1155년 경)에서 아더왕과 원탁의 기사와 관련된 소재와 모티프를 차용하고 있다. 크레티엥의 문학적 재능은 바쓰로부터 차용한 서사구조와 시공간의 독창적 결합으로부터 발휘된다고 할 수 있다. 바쓰의 『브뤼트』가 아더왕의 출생부터 그가 치명적 상처를 입고 아발론 섬으로 사라지는 과정까지를 연대기 형식으로 기술하고 있는 반면, 크레티엥 드 트루아는 아더왕의 정복사업이 잠시 휴지기에 들어가는 12년간을 집중적으로 다루고 있다. 즉, 크레티엥의 소설들은 모두 아더왕 소설이긴 하지만 아더왕은 여기서 더 이상 중심인물이 아니다. 바쓰의 연대기에서 아더왕이 정복자, 무사의 이미지를 가지고 있었다면 크레티엥의 소설에서 아더왕은 더 이상 모험의 주체가 아니라 왕국의 관습을 유지하는 기능을 수행하는 인물로 바뀌며 크레티엥 드 트르아가 부각시키는 주인공은 '편력기사chevalier errant'라는 새로운 유형의 인물이다. 크레티엥의 소설은 항상 거의 같은 서사구조를 보이고 있다. 소설은 축일을 맞이하여 아더왕 궁정에 모든 기사들이 모인 가운데 새로운 모험이 발생하는 것으로 시작하여 아더왕 궁정 밖 세계에서 이 편력 기사가 겪게 되는 모험담들로 구성된다. 편력 기사의 여정은 기사에게 있어서 자신의 용맹성과 가치를 시험해보고 증명해 보이는 과정으로서 궁극적으로는 그가 원하는 여성을 찾아 그녀의 사랑을 획득하는 것으로 끝나는데 여기서 가장 중요한 모험은 끝난다. 여기서 이러한 에피소드들이 갖는 가장 중요한 의미는 모험을 통한 기사 자신의 발견이라고 할 수 있다.

주요작품

1176년 경 *Erec et Enide*

1176년 경 *Cligès*

1177~1181 *Le Chevalier de la charrette*
1177~1181 *Le Chevalier au lion*
1181~1191 *Le Conte du graal*

『수레를 탄 기사*Le Chevalier de la charrette*』

이 소설은 가스통 파리스가 '궁정적 사랑amour courtois'이라고 칭한 사랑의 원형을 제공하고 있다고 간주되는 작품이다. 궁정적 사랑은 흔히 남불의 트루바두르가 노래한 '진정한 사랑fin amor'과 혼동되기도 한다. 당시 결혼이 당사자들 간의 사랑이 아니라 가문의 이해에 의해 결정되었던 바, 그 안에서 해소될 수 없었던 정념에 대한 예찬이라는 점에서, 그리고 12세기 중세 사회의 새로운 이상으로 떠오른 궁정성과 밀접한 관계를 가지고 있다는 점에서 그 둘이 어느 정도 유사성을 가지는 것은 사실이다. 그러나 궁정적 사랑은 핀 아모르와 분명히 구별되는 몇 가지 요소를 포함한다. 궁정적 사랑이 비록 혼외의 관계를 예찬하고는 있으나 그 관계가 사회 전체에 긍정적인 요인으로 작용한다는 점, 그리고 사회적, 종교적 원칙과 비교적 타협적이며, 가능한 한 그 원칙들을 존중한다는 점이 바로 그것들이다. 구체적으로 말해서 궁정적 사랑의 핵심은 사랑과 기사도를 연관시킨 것이다. 영주 부인은 궁정의 기사가 수많은 모험을 거치면서 보다 완벽에 가까워지고 자신을 절제하고 다스릴 수 있는 능력을 획득해 감에 따라 단계적으로 사랑을 허락한다. 이로써 궁정적 사랑은 단순히 개인적 욕망의 충족에 그치지 않고 기사도 교육이라는 사회적 기능을 갖게 되는 것이다. 『수레를 탄 기사』의 주인공 랑슬로는 사랑하는 귀부인에 대한 절대적 숭배, 그녀에 대한 봉사와 복종, 그 사랑에 의해 전적으로 지배되는 가치체계를 가진 궁정적 연인의 모델로 제시되고 있다.

이 소설의 줄거리는 다음과 같다. 어느 날 아더왕 궁정에 한 기사(멜레아강)가 돌연 나타난다. 그는 아더왕국의 많은 백성들이 자신의 왕국에 포로가 되어 있으며 아더왕은 그들을 구출해 낼 힘도 없고 그들에게 아무런 도움도 주지 못한 채 죽게 될 것이라는 폭언을 퍼붓는다. 놀랍게도 아더왕이 그러한 상황을 순순히 받아들이자 멜레아강은 아더왕 궁정의 기사들 중 한 명으로 하여금 왕비 그니에브르를 호위하여 자신에게 보낼 것을 제안한다. 자신이 결투에서 이기면 왕비마저 얻고, 지면 왕비와 더불어 유폐된 백성을 모두 돌려보내겠다는 것이다. 이전까지 아더왕 소설들 속의 모험이 기사 개인의 운명에 관한 것이었던 데 반하여 『수레를 탄 기사』에서의 모험은 아더왕국 전체의 운명을 좌우하는 것으로 기사는 아더왕을 대신하여 왕국의 위기를 해결하는 역할을 맡게 된다. 이 때 기사를 움직이게 하는 것이 바로 왕비에 대한 사랑이다. 왕비를 공통분모로 하여 아더왕과 기사의 이해가 일시적으로 일치하는 것이다. 랑슬로는 왕비가 납치된 곳으로 가는 도중 위험하고 괴이하기 짝이 없는 모험들을 거치게 된다. 당시 불명예의 상징인 수레에 올라탄다면 왕비가 간 방향을 알려주겠다는 난장이의 말에 수레에 올라타기도 하고, 칼날처럼 날카로워서 보통 사람들은 도저히 건널 수 없다고 생각했던 칼의 다리를 건너 왕비가 끌려간 고르 왕국에 도착한 랑슬로는 멜레아강과의 결투 끝에 끌려간 왕비를 구하는 데 성공한다. 그리고 마침내 왕비와 사랑의 밤을 보내게 된다. 이 때 왕비와 더불어 그곳에 유폐된 다른 아더왕국의 백성들까지 구해낸 랑슬로는 기사의 사회적 의무와 개인적 사랑을 양립시킨다는 점에서 일단 트리스탕의 딜렘마를 극복하는 듯하다. 그러나 그 이후의 이야기 전개에서 랑슬로와 그니에브르 간의 만남은 랑슬로가 멜레아강에 의해 외딴 바닷가의 탑에 갇히면서 다시 유보된다. 그리고 마침내 탈출에 성공한 랑슬로가 아더왕 궁정에 귀환하여 성에 막 들어가는 순간 소설이 끝나버린다.

크레티엥 드 트루아 자신이 이 궁정적 사랑이라는 주제에 대해 어느 정도 동의를 하는지는 알기 어렵다. 서문에서 작가는 후원자인 마리 드 샹파뉴의 지시가 자신의 작업이나 지혜보다 이 작품에 크게 작용하고 있다고 말하고 있으며 에필로그에서도 랑슬로가 탑에 갇힌 뒤부터는 크레티엥 드 트루아가 아니라 고드프루아 드 라니에 의해 씌어졌다는 사실을 명시한다. 이는 후원자에 대한 단순한 예찬, 그리고 실제로 이뤄졌던 작가의 교체 사실 너머, 이 작품에 대한 크레티엥 드 트루아의 거리두기 전략일 수도 있기 때문이다.

TEXTE

Ils suivent ainsi leur droit chemin
jusqu'à l'heure où décline le jour
et parviennent au Pont de l'Epée
bien après none, à l'approche des vêpres.
Au pied du pont, si menaçant,
ils sont descendus de cheval,
et ils voient l'eau traîtresse,
un rapide qui grondait, aux flots noirs et boueux,
d'une laideur si effroyable
qu'on eût dit le fleuve infernal,
si périlleux et si profond
que toute créature en ce monde,
en y tombant, s'y fût perdue
comme dans la mer aux eaux salées.
Et le pont jeté en travers
ne ressemblait à aucun autre,
on n'en vit, on n'en verra jamais de tel.
Il n'y eut jamais, si vous voulez la vérité,

de si funeste pont, de si funeste planche.
Une épée fourbie, brillante de blancheur,
servait de pont au-dessus de l'eau froide.
Mais l'épée était solide et rigide,
et elle avait la longueur de deux lances.
(...)
Quant à lui, pour traverser le gouffre,
du mieux qu'il peut, il s'apprête.
Il fait une chose étrange et merveilleuse :
il désarme ses pieds et ses mains.
Il n'en sortira pas indemne ni tout à fait valide,
s'il parvient de l'autre côté.
Il s'était tenu fermement sur l'épée,
plus affilée qu'une faux,
à mains nues et tout déchaussé,
car il n'avait gardé au pied
soulier, chausse ni empeigne.
Il ne s'inquiétait guère
de s'entailler les mains et les pieds,
il aimait mieux se mutiler
que tomber du pont et nager
dans cette eau d'où plus jamais il ne sortirait.
En grande souffrance, il passe au-delà
comme il l'a voulu, dans les tourments.
Il se blesse aux mains, aux genoux et aux pieds,
mais Amour qui tout au long le guide
lui verse un baume et tout entier le guérit.
Il lui était doux de souffrir.

Chrétien de Troyes, *Le Chevalier de la charrette*, (édition et traduction par Charles Méla), Paris, Le Livre de poche, 1992 (Lettres gothiques), pp. 245~253.

생각해 볼 문제

1. 이 소설에서 랑슬로가 수레에 올라타는 행위는 무엇을 의미하는가?

2. 궁정적 사랑이라는 주제가 봉건영주의 궁정에서 유행할 수 있었던 사회적 배경에 대해 조사해보시오.

참고문헌

Chrétien de Troyes, *Le Chevalier de la charrette*, (édition et traduction par Charles Méla), Paris, Le Livre de poche, 1992 (Lettres gothiques).

조르주 뒤비, 『중세의 결혼』, 최애리 옮김, 새물결, 1999.

Emmanuèle Baumgartner, Chrétien de Troyes : Yuain, *Lancelot, la charrette et le lion*, PUF, Paris, 1992.

4) 작자미상, 『파틀랭 변호사의 파르스』
La Farce du maître Pathelin (1456~1469)

<La farce n'avait pour but que de faire rire. 파르스의 유일한 목적은 사람들을 웃게 만드는 것이다.> 앙드레 티시에, 『중세의 파르스』

파르스는 중세 말 가장 활발히 상연된 희극장르다. 그것은 원래 교육적, 종교적 내용을 가진 대형 스펙타클 속에 관객의 긴장을 완화할 목적으로 삽입했던 짧막한 연극이었으나 시간이 가면서 점차 독립적인 장르로 발전해왔다. 14세기부터 등장하기 시작한 파르스의 황금기는 백년전쟁이 끝난 뒤부터 16세기 초까지로 볼 수 있다. 현전하는 파르스 중 가장 유명한 『파틀랭 변호사의 파르스』는 1456년과 1469년 사이에 쓰인 것으로 추정되나 이 작품을 쓴 작가에 대해선 아무 것도 알려져 있지 않다.

파르스의 등장인물들은 개인이라고는 할 수 없는 유형적 인물들로서 흔히 구두수선공이나 포목상 등 별로 두드러지지 않는 도시 민중 속의 한 사람이며, 아내 혹은 남편이라는 가족 내 역할로 특징지어진다. '속이다farcer'라는 단어를 어원으로 하는 파르스는 속임수의 극이다. 그것은 인간관계를 힘과 속임수의 관계로 제시한다. 인물들의 싸움은 언제나 육체적이고 물질적인 동기에서 비롯되고 인물들의 욕망은 식욕과 성욕 등 가장 기본적인 충동으로 환원된다. 철저하게 유물론적이며 언제나 주먹이 승리하는 거칠고 난폭한 지배관계를 보여주는 파르스의 세계관은 인간과 세계에 대한 어떤 이상주의적 관점도 배격하고 있다. 파르스의 유일한 목적은 관객을 웃게 만드는 것이다

『파틀랭 변호사의 파르스』의 주인공인 파틀랭은 돈도 없고 사건도 많이 맡지 못한 변호사다. 그는 포목상 기욤에게 나중에 자신의 집에 오면 돈을 주겠다고 약속을 하고 외상으로 천을 구입한다. 그러나 막상 포목상이 집에 오자 그는 사경을 헤매는 척 연기를 하여 포목상을 돌려보낸다. 얼마 지나지 않아 이 포목상은 양치기 티보가 자신의 양들을 죽인 것에 대해 소송을 제기하여 재판을 하게 되는데 파틀랭은 양치기의 변호사로서 재판정에 나와 포목상과 대면을 하게 된다. 멀쩡한 모습의 파틀랭을 재판정에서 본 포목상은 당황한 나머지 양치기의 행각과 파틀랭의 행각에 대한 이야기를 뒤섞어 한다. 반면, 양치기는 파틀랭의 조언을 받아 대답 대신 양의 울음소리만을 내는 수법을 쓴다. 그리하여 재판은 파행으로 치닫고 결국 포목상은 패소를 하게 된다. 순진한 줄 알았던 양치기는 풀려나자마자 같은 방식으로 자신의 변호인이었던 파틀랭을 속이는 데 성공한다. 1,470행으로 이루어진 『파틀랭 변호사의 파르스』는 길이가 350~450행 정도인 다른 파르스에 비해 세 배 가까운 길이를 가지고 두 가지 사건을 연결시키고 있다. 이 작품은 속인 자가 다시 속임수에 희생되는 복합적 구조를 가지고 있다는 점에서 대개 하나의 상황만을 다루고 있는 파르스 중에선 예외적인 경우라 할 수 있다.

흔히 몽둥이찜질 등을 동원하여 웃음을 유발하는 다른 파르스에 비해 파틀랭 변호사의 파르스의 희극적 묘미는 유사상황의 반복과 말장난에 토대를 두고 있다. 양치기는 얼빠진 척하느라 계속 양의 울음소리를 내고, 사경을 헤매는 환자인 척 하는 파틀랭은 리무쟁어, 피카르디어, 노르망디어, 라틴어 등 온갖 언어를 다 동원하여 포목상을 속이

는 데 성공한다. 이 파르스 이후로 파틀랭이라는 단어는 형용사가 되어 뛰어난 언변으로 남을 속이는 사람을 지칭하게 된다. 파르스는 사제, 귀족, 법관 등에 대한 풍자도 있었지만 인간 존재 모두를 희화화하는 무차별성 때문에 위험한 비판으로 여겨지지 않았다. 따라서 파르스는 정치적 탄압을 거의 받지 않았다. 관객은 물질적인 욕망에 집중된 이 익살극을 통해 숨겨지고 억압된 욕구를 충족시키곤 했다.

TEXTE

Le Drapier. – (entrant) Est-il malade pour de vrai depuis que tout à l'heure il est revenu de la foire?

Guillemette. – De la foire?

Le Drapier. – Oui, vraiment, par saint Jean, je crois qu'il y est allé. (à Pathelin). Il me faut l'argent du drap que je vous ai donné à crédit, maître Pierre.

Pathelin. – (feignant de reconnaître son médecin dans le drapier).
Ah! maître Jean, plus dur que pierre, j'ai chié deux petites crottes, noires, rondes comme des pelotes. Prendrai-je un autre clystère?

Le Drapier. – Eh! Que sais-je? Qu'est-ce que j'en ai à faire? Il me faut neuf francs ou six écus!

Pathelin. – Ces trois morceaux noirs et pointus comme un bec, les appelez-vous des pilules? Ils m'ont esquinté les mâchoires.
Pour l'amour de Dieu, ne m'en faites plus prendre! Ah! il n'y a rien de plus amer! Ils m'ont tout fait rendre.

Le Drapier. – Non, pas tout : par l'âme de mon père, mes neuf francs ne sont point rendus!

Guillemette. – Qu'ils soient pendus par le cou les gens de son espèce qui sont si fâcheux! Allez-vous-en, au nom des diables, puisque cela ne peut être au nom de Dieu!

Le Drapier. – Par ce Dieu qui me fit naître j'aurai mon drap ou mes neuf francs, sinon je ne m'arrête pas!

Pathelin. – Et mon urine, ne vous dit-elle point que je suis mourant? Hélas! pour l'amour de Dieu, dans quelque état que je reste, que je ne passe point le pas!

Guillemette. – (au drapier). Allez-vous en! Eh! n'avez-vous pas honte de lui casser la tête?

Le Drapier. – Que le Seigneur Dieu en ait mauvaise fête! Six aunes de drap, tout de suite! Dites, est-ce chose convenable, par votre foi, que je les perde?

Pathelin. – Si vous pouvez ramollir ma merde, maître Jean? Elle est si dure que je ne sais comment je tiens le coup quand elle sort du fondement.

Le Drapier. – Il me faut neuf francs tout rond, que, bon gré saint Pierre de Rome...

Guillemette. – Hélas! Comme vous torturez cet homme! Comment pouvez-vous être si brutal? Vous voyez clairement qu'il croit que vous êtes médecin. Hélas! le pauvre chrétien a assez de malchance. Il y a onze semaines, sans relâche, qu'il est resté là, le pauvre homme!

Le Drapier. – Par le sang bleu, je ne sais comment cet accident lui est arrivé, car il est venu aujourd'hui et nous avons conclu une affaire ensemble, du moins à ce qu'il me semble, ou je ne sais ce que cela peut être.

Théâtre comique du Moyen Age, traduction Claude-Alain Chevalier, 10/18, 1982, pp.253-255.

생각해 볼 문제

1. 본문에서 웃음을 유발하는 다양한 희극적 요소들(언어유희, 상황 등)을 찾아보자.

2. 이 파르스는 어떤 청중을 겨냥하여 씌어졌다고 생각하는가?

참고문헌

Farce du Moyen Age, traduction André Tissier, Garnier-Flammarion, 1984.

Théâtre comique du Moyen Age, traduction Claude-Alain Chevalier, 10/18, 1982.

송기형, 신민화, 정영란 공저,『프랑스 연극과 영화』한국방송통신대학교 출판부, 2002.

2
16세기 문학

개요

16세기는 유럽의 많은 지식인들이 오랫동안 잊혀져있던 고대 그리스·로마의 문명에 다시금 눈을 뜨면서 세계를 이전까지와는 다른 방식으로 인식하기 시작한 때이다. 이와 더불어 신대륙의 발견과 과학 및 기술 분야에서 쏟아져 나온 새로운 지식들은 인간과 세계에 대한 이러한 인식 변화를 가속화시키는 계기가 되었다. 16세기는 한편으로 인간과 인간의 삶에 대한 믿음과 박학, 지식의 확장 등이 어우러진 르네상스와 인문주의의 시대이자, 다른 한편으로는 새로운 시대 분위기 속에서 중세 시대에 유럽인들의 정신생활을 지배해온 카톨릭교회의 권위와 부패에 대항하는 종교 개혁의 목소리가 거세게 일어나 급기야는 유럽 전체를 전쟁의 참화 속으로 빠뜨리는 종교전쟁이 발발했던 정신적 혁명의 시기이기도 했다.

16세기에도 라틴어는 여전히 엘리트의 언어로서 지식과 사상의 생산과 보급, 전파에 필수적인 도구였다. 고대의 재발견을 기치로 한 르네상스 시대 인문주의자들은 고대 그리스·로마 작가들의 작품을 원어로 읽고자 했고 이는 라틴어의 중요성을 더욱 부각시키는 결과를 낳게 되었다. 그러나 새로운 지식에 대한 요구가 그리스어, 라틴어를 알지 못하는 계층으로까지 확대되면서 자국어로의 번역 작업이 활발해지기 시작했고, 이러한 과정에서 프랑스어 역시 점차 문학과 사상을 표현하는 언어로서의 역할을 수행하게 되었다. 특히 16세기 중엽에 롱사르Pierre de Ronsard와 뒤 벨레Joachim Du Belley를 중심으로 결성된 칠성파 그룹은 무엇보다 프랑스어를 고대 그리스어· 라틴어 수준으로 끌어올리는 것을 목표로 하고 있었다. 이런 분위기에 발맞추어 프랑스어의 위상은 날로 높아져갔고 이를 체계화할 필요성이 대두되었다. 1539년 로베르 에티엔Robert Estienne이 최초의 프랑스어-라틴어 사전을 편찬한 것은 이 같은 요구에 부응하기 위해서였다.

16세기의 대표적인 작가로는 라블레Fançois Rabelais와 롱사르, 몽테뉴Michel de Montaigne 등을 들 수 있다. 장르별로 보자면, 16세기는 무엇보다 시가 찬란하게 꽃피었던 시대였다. '멋진 익살'에 능한 세련된 궁정시인 클레망 마로Clément Marot를 위시해 모리스 세브Maurice Scève, 루이즈 라베Louise Labé 등의 시인이 활발하게 활동하였다. 그러나 이 시대를 대표하는 시인은 단연 롱사르였다. 그는 뒤벨레와 함께 칠성파 그룹을 이끌면서 관능적이면서도 애수에 젖은 시를 통해 아름다움과 자연을, 특히 세월 속에서 덧없이 흘러가버리는 것들의 아름다움을 노래했다. 아그리파 도비녜Agrippa d'Aubigné는 16세기 후반 종교전쟁의 참화 속에서 적들에 대한 증오와 내전의 참상을 고발하는 시로 잘 알려져 있다.

한편 산문에서는 라블레의 소설들이 대표적인 작품으로 손꼽힐 수 있다. 라블레는 거인 팡타그뤼엘과 가르강튀아의 기발하고 때로는 허무맹랑한 모험담을 통해 유쾌한 웃음을 유발하면서도 모든 구시대의 유물들을 청산하고 새로운 세계의 탄생을 예고하는 메시지를 던지고 있다. 그와 함께 16세기 르네상스 시대의 대표적인 산문작가로 몽테뉴가 있다. 몽테뉴는 아마도 전 세계적으로 가장 널리 애독되는 작품 중의 하나일 『수상록』에서 에세이라는 장르를 개척하면서 허물없는 잡담 투로 지혜를 추구하는 인간의 내면에 대한 깊은 성찰을 펼쳐 놓았다. 몽테뉴에게서 볼 수 있는 심리분석과 도덕적 고찰에 대한 기호, 이성에의 끊임없는 호소, 고대(古代)와의 친교, 보수적 사상들은 이미 다음 세기에 꽃피울 고전주의 정신을 예고하고 있다.

르네상스와 위마니슴

"모든 것을 다시 하자"라는 말은 그야말로 16세기를 살다간 많은 예술가들과 지식인들의 화두요, 라이트모티프였다고 할 수 있다. 하지만 어떻게 이를 실행할 것인가? 16세기는 중세시대 내내 신과 종교의 이름으로 주어진 운명을 거스르지 못하고 그 운명의 노예로 살아야했던 인간에게 자기의 자리를 돌려주고 자유를 돌려주는 것을 선택함으로써 이러한 물음에 대한 답을 찾을 수 있었다. 인간을 교회와 교권의 지배에서 벗어나 세상의 중심에, 자기 세계의 중심에 다시 돌려놓고자 했던 이들의 야심이 이루어질 수 있었던 것은 바로 고대 그리스·로마의 재발견 덕분이었다. 르네상스란 간단히 요약해서 15~16세기에 이탈리아에서부터 시작해 전 유럽에서 그리스·라틴 문화가 새롭게 부활한 것을 의미한다. 르네상스 시대 사람들은 오랜 시간 동안 중세 유럽을 지배해 온 기독교 중심의 정신적 전통을 뛰어넘어 고전의 순수한 원류와 조우하면서 위대한 정신적 혁명의 도래를 이루어낼 수 있었다. 물론 여기에는 16세기 들어 비약적으로 발전한 과학과 기술의 도움이 컸다. 인쇄술의 발명과 실용화는 지식의 광범위한 확산을 통해 학문과 사상을 연구하고 보급하는 데 결정적인 공헌을 하였고, 해부학과 의학의 발달은 인체에 대한 신비를 벗겨냄으로써 인간에 대한 탐구를 가속화시켰다. 또한 코페르니쿠스의 천문학적 혁명과 계속되는 신대륙의 발견은 기존의 정신적 원리나 윤리적 가치에 대한 의문을 품게 하는 한편 르네상스 인들에게 나와 세계, 우주에 대한 진실을 새롭게 정의해야할 당위성을 안겨주었다. 르네상스란 넓게는 인간의 삶 전역에 걸쳐 일대 전환을 가져온 문화적 기운을, 좁게는 그 속에서 꽃핀 고대문화의 부활을 의미한다. 새로운 시대적 분위기 속에서 스스로를 세상의 중심으로 인식하고, 스스로에게 책임을 지고 충만한 자유를 누리는 인간, 이것이야말로 르네상스 시대를 가로지르는 위마니슴 정신의 본질적 바탕이라고 할 수 있다.

칠성파와 프랑스어의 고양

15세기 이탈리아에서 시작된 르네상스 운동과 위마니슴 정신은 후일 '문예의 아버지'라는 칭호로 불리게 될 프랑수아 1세의 적극적인 지지와 후원 하에 프랑스에서 빠르게 퍼져나가기 시작한다. 16세기 프랑스 위마니슴 운동의 가장 열렬하고 헌신적인 기수는 라 플레이아드 La Pléiade 혹은 칠성파라 불리는 일단의 젊은 시인들이었다. 1550년을 전후하여 이들은 당대의 탁월한 인문학자 장 도라Jean Dorat의 지도로 함께 모여 그리스·로마 고전을 탐독하고 연구하였는데, 점차 고대에 필적할만한 프랑스 문학을 창조해야 할 필요성을 절감하면서 스스로를 칠성파라 명명하고 프랑스어 시작에 몰두하게 되었다. 칠성파 시인 그룹의 구성원으로는 수장격인 롱사르 외에 그의 가장 가까운 협력자였던 뒤 벨레, 고전극의 창시자 조델Jodelle, 앙투안 드 바이프Antoine de Baif, 그리고 그들의 스승인 도라 등이 있다. 이들이 표방한 목표는 두 가지로 요약되는데, 첫째는 고대 그리스·로마 문학의 보고를 충분히 활용하여 이를 모방하는 것이고, 둘째는 오랫동안 우상화되었던 라틴어의 영향력에서 탈피하여 모국어인 프랑스어의 위상을 드높여 이를 문학 창조의 새로운 도구로 삼는 것이었다. 일견 모순되는 듯 보이는 칠성파의 이중적 야망은 실제로는 충분한 타당성을 지닌 것이었다. 즉 당시 아직 다듬어지지 않았던 프랑스어를 연마하여 풍요롭게 만들기 위해서는 모방을 위한 일종의 모델이 필요했고, 인문주의자였던 그들의 눈에 고대문화가 이상과 완벽에 도달한 영원한 모델로 보였을 것은 당연지사였기 때문이다. 칠성파 시인들의 궁극적 목표가 프랑스어로 쓴 새로운 문학의 창조에 있었다는 점을 상기한다면 고대의 모방은 그야말로 가장 최선이라고 할 수 있는 하나의 방법이었던 것이다. 이들은 고대 언어를 차용함으로써 당대 메마르고 빈약했던 프랑스어의 어휘와 표현을 풍부하게 만드는 한편 중세의 틀에 박힌 문학 장르 대신 고대 문학의 위대한 형식들을 도입하여 프랑스 문학에 새로운 지평을 열어주었다. 물론 이들의 노력은 다음 세기 말레르브Malherbe를 주축으로 한 프랑스어 정화 운동의 움직임 속에서 비판과 질타의 대상이 되기도 했지만, 프랑스어가 향후 진정한 문학의 도구요 표현양식으로서 풍요로운 문학의 꽃을 피우게 된 바탕에는 이들이 프랑스어의 옹호와 고양을 위해 기울인 노력과 정열이 자리하고 있다는 점은 분명한 사실이다.

종교 개혁과 참여문학

르네상스 시대로 불리는 16세기를 특징짓는 또 다른 용어는 종교개혁이다. 당시 전 유럽을 뒤흔들며 피비린내 나는 전쟁의 참화로 몰고 간 종교개혁은 인간 존재의 가장 내밀한 세계인 영혼과 정신의 영역에서 발생한 혁명이라는 점에서 어쩌면 르네상스보다도 더 근원적인 것이었다고 말할 수 있다. 1517년 아우구스티노 수도회에 몸담고 있으면서 신학 대학 교수였던 마틴 루터Martin Luther가 당대 카톨릭 교회에서 관행처럼 여겨져 온 면죄부 판매에 대한 자신의 반대 입장을 아흔다섯 가지로 정리하여 비텐베르크에 있는 교회 문에 내걺으로써 촉발된 종교개혁은 독일 내에서 교황과 황제에게 불만을 가진 제후, 시민, 농민 등의 지지를 받으면서 빠르게 세력을 확장해 갔고 이어 전유럽으로 확산되었다. 종교개혁을 통해 이룩된 혁명의 성과는 무엇보다 개체, 혹은 개인의 발견이라고 할 것이다. 중세시대에 인간은 봉건제라는 정치적 공동체와 카톨릭 교회라는 정신적 공동체에 소속된 채 독립된 개체 혹은 인격으로서가 아니라 전체를 구성하는 하나의 예속물로 여겨졌었다. 신앙의 차원에서도 개인은 신앙의 주체가 되는 대신 교회라는 전체에 속한 예속물이었으며 모든 신앙행위는 교회 안에서 사제의 손을 거쳐야만 했다. 그런 의미에서 루터가 '만인사제주의'를 주창하면서 회복시킨 것은 바로 신앙의 주체로서의 개인의 권리였다고 할 수 있다. 이는 더 나아가 신 앞에 선 개체들 간의 평등이라는 개념으로까지 확장될 수 있다. 그러나 이념적 차원에서 볼 때 인간 혹은 개인의 회복이라는 르네상스 시대의 기본적 명제를 공유한다고 말할 수 있는 종교개혁은 곧 종교적 차원에서 서로 신앙고백을 달리 하는 두 종파간의 종교적 대립으로 변질되고 만다. 양측은 모두 승리 아니면 죽음이라는 기치 하에 피비린내 나는 골육상쟁의 비극에 뛰어들었고, 특히 16세기 후반 프랑스에서 광란적인 종교전쟁의 비극이 그 정점에 달했다. 한편 이러한 비극에 참여적으로 뛰어들거나 비극의 참상을 고발하는 문학작품들도 등장하였는데 그 대표적인 작가로 신교도인 아그리파 도비녜를 들 수 있다. 그가 남긴 종교적 서사시 『비극』은 시대적 비극에 대한 통찰력 있는 증언과 더불어 열렬한 개혁주의자로서의 그의 신앙고백이 담겨있는 걸작으로 인정받고 있다.

1) 프랑수아 라블레, 『가르강튀아』
François Rabelais (1494?~1553) - *Gargantua*

모든 게 잘 될 거야. 폭풍우는 지나갔으니. Tout va bien; l'orage est passé. 『팡타그뤼엘*Pantagruel*』

프랑수아 라블레는 1494년 경 투렌 지방의 쉬농 근처에서 유명한 법률가 앙투안 라블레의 아들로 태어났다. 유년시절에 대한 기록은 거의 남아있지 않고, 다만 그가 전통적인 교육을 받은 후 1510년 경 프란체스코회의 수련수사가 된 이후의 행적만이 알려지고 있다. 1520년 사제서품을 받고 성직자가 된 라블레는 일찍부터 그리스어와 히브리어를 배웠으며, 당대 인문주의 운동에 관심을 표명했다. 라블레는 당시 국제적으로 명성을 떨치고 있던 피에르 라미Pierre Lamy를 통해 그리스학에 입문하여 고대 작가들을 탐독했으며, 기욤 보데Guillaume Bodé와 친교를 나누었고, 후일 유명한 인문주의자들과 교류하였다. 1525년 에라스무스가 복음서의 그리스어 텍스트에 덧붙인 주석이 화근이 되어 소르본 대학에서 그리스어와 그리스 원전 공부가 금지되었고, 그 여파로 인해 라블레와 피에르 라미가 기거하던 수도원에서도 그리스어 서적 몰수 조치가 취해지자 라블레는 수도원을 바꾸기로 결정하고, 프란체스코회를 떠나 베네딕트회로 들어간다.

베네딕트 수도회에 들어간 라블레는 주교였던 조프르와 데스티삭 Geoffroy d'Estissac의 보호 하에 푸아투로 거처를 옮기고 일반 민중들의 언어와 풍습을 배우는 한편, 프와티에 대학에서 법률 공부를 시작한다. 하지만 자유로운 성향의 라블레는 이곳에서도 수도원의 엄격한 규율에 적응하지 못하고 1530년 수도원을 나와 재속 성직자로서의 길을 가게 된다. 그는 이미 1524년부터 일종의 방랑생활을 통해 삶의 기쁨과 공부의 기쁨을 맛보고 있었다. 맨 처음 파리에서 의학 공부를 시작한 라블레는 1530년 몽펠리에로 가서 의과대학에 등록하였고, 그로부터 얼마 후 의사로 활동을 시작함과 동시에 히포크라테스와 갈레노스 등 유명한 의사들의 그리스어 저서 주해 강의를 맡기도 하였다. 이 시기에 라블레는 이름을 알 수 없는 과부와 관계하여 두 아이를 낳았다.

1532년 리옹에 정착한 라블레는 의사로 활동하면서 의학을 강의하고, 고대 의술에 관한 비평서를 집필하였다. 당대 리옹은 박학과 인쇄술, 서적 산업의 중심지였다. 이러한 도시의 분위기 속에서 라블레는 곧 인문주의자들 그룹에 합류하게 되었고 익명으로 학술서와 대중적인 이야기들을 출판하기 시작한다. 특히 1532년부터 2년 간격을 두고 가명으로 발표한 『팡타그뤼엘』과 『가르강튀아』는 작가로서의 그의 명성을 높이는 결정적인 계기가 되었다. 유명한 의사이자 작가로 알려진 라블레는 당대 권세 있는 파리 주교 장 뒤 벨레Jean Du Belley의 눈에 들게 되었고, 그의 보호를 받게 되었다. 그 덕분에 라블레는 1534년부터 1550년 사이에 여러 차례에 걸쳐 인문주의의 탄생지인 이탈리아로 떠나 의술활동을 펼치기도 하였다. 의술과 더불어 글쓰기로 대중의 사랑을 받았던 라블레는 마지막 소설을 미완성으로 남긴 채 1553년 파리에서 사망하였다.

주요작품

1532 *Pantagruel* (*Les horribles et épouvantables faits et prouesses du très renommé Pantagruel Roi des Dipsodes, fils du Grand Géant Gargantua.*)

1534 *Gargantua* (*La vie très horrifique du grand Gargantua, père de Pantagruel, fils de Grandgousier*)

1546 *Le Tiers Livre*

1552 *Le Quart Livre*

1564, posthume *Le Cinquième et dernier livre des faits et dits héroïques du bon Pantagruel*

『가르강튀아*Gargantua*』

1534년 가명으로 발표된 『가르강튀아』는 라블레가 두 번째로 내놓은 장편 소설로 그의 작가적 명성을 확인시켜준 작품이라고 할 수 있다. '팡타그뤼엘의 아버지 위대한 가르강튀아의 경이로운 생애'라는 제목을 달고 있는 이 작품은 전작 『팡타그뤼엘』의 주인공 팡타그뤼엘의 아버지 가르강튀아의 이야기를 다룬 것으로, 전작에 비해 길이도 길고, 작품의 구성이나 완성도 면에서 한결 성숙한 모습을 보이고 있다. 여기서 라블레는 거인들의 삶의 경이로운 측면보다는 꽤 사실적인 풍속의 묘사에 몰두하면서, 그가 꾸준하게 관심을 가지고 있던 문제들, 예를 들면 교육, 전쟁, 종교적인 광신, 소르본에서 교육되는 신학 혹은 수도승들의 취약함과 나태 등에 대해 여러 차례에 걸쳐 의견을 피력하고 있다.

물론 이처럼 진지한 주제를 다룬다고 해서 가르강튀아의 이야기가 사실적인 차원에만 머물고 있는 것은 아니다. 라블레는 이 작품 속에서 있음직하지 않은 이야기들과 익살스러운 상황을 통해 이야기의 재미를 배가시키고 있다. 이 이야기 속에 등장하는 희극성은 가장 저속하고 외설적인 짙은 농담에서부터 보다 미묘하고 섬세한 풍속 연구에 이르기까지 실로 다양한 스펙트럼을 자랑한다. 또한 언어적 차원에서도 라블레는 제한 없는 창조적 상상력을 발휘하는 동시에 풍자와 해학을 통해 당대의 관습과 구태를 조롱하기도 한다. 예를 들어 그는 임신기간이 11개월, 심지어는 13개월이라고 주장하는 의사들을 등장시켜 이들을 웃음거리로 만드는 한편, 수도승들을 기도문을 반복해서 읽는 헛된 즐거움이나 추구하는 겁쟁이나 게으름뱅이로 묘사하면서 수도회의 양태를 풍자하고 있다. 가르강튀아의 경이로운 이야기는 가난과 금욕 및 복종을 자율의 이름으로 거부하는 텔렘 수도원의 건설에 관한 이야기로 끝을 맺는다. 자유분방한 상상력의 소산이면서도 상징적인 가르강튀아의 이야기는 스토리 차원에서 독자를 끌어들이는 흡입력을 지니고 있을 뿐 아니라 시적인 매혹을 불러일으키는 걸작이다.

TEXTE

Toute leur vie était employée non par lois, statuts ou règles, mais selon leur vouloir et franc arbitraire. Se levaient du lit quand bon leur semblait, buvaient, mangeaient, travaillaient, dormaient quand le désir leur venait; nul ne les éveillait, nul ne les parforçait ni à boire, ni à manger, ni à faire chose autre quelconque. Ainsi l'avait établi Gargantua. En leur règle n'était que cette clause:

FAIS CE QUE VOUDRAS,

parce que gens libères, biens nés, bien instruits, conversant en compagnies honnêtes, ont par nature un instinct et aiguillon qui toujours les pousse à faits vertueux et retire de vice, lequel ils nommaient honneur. Iceux, quand par vile sujétion et contrainte sont déprimés et asservis, détournent la noble affection, par laquelle à vertu franchement tendaient à déposer et enfreindre ce joug de servitude; car nous entreprenons toujours choses défendues et convoitons ce que nous est dénié.

Par cette liberté entrèrent en louable émulation de faire tous ce qu'à un seul voyaient plaire. Si quelqu'un ou quelqu'une disait : "Buvons", tous buvaient. si disait : "Jouons", tous jouaient; si disait: "Allons à l'ébat ès champs", tous y allaient. Si c'était pour voler ou chasser, les dames, montées sur belles haquenées avec leur palefroi gorrier, sur le poing, mignonnement engantelé, portaient chacune ou un épervier, ou un laneret, ou un émerillon: les hommes portaient les autres oiseaux.

Tant noblement étaient appris qu'il n'était entre eux celui ni celle qui ne sût lire, écrire, chanter, jouer d'instruments harmonieux, parler de cinq à six langages, et en iceux composer, tant en carmes qu'en oraison solue ; jamais ne furent vus chevaliers tant preux, tant galants, tant dextres à pied et à cheval, plus verts, mieux remuant, mieux maniant tous bâtons, que là étaient ; jamais ne furent vues dames tant propres, tant mignonnes, moins fâcheuses, plus doctes à la main, à l'aiguille, à tout acte mulièbre honnête et libre, que là étaient.

Par cette raison, quand le temps venu était qu'aucun d'icelle abbaye, ou à la requête de ses parents, ou pour autre cause, voulût issir hors, avec soi il emmenait une des dames, celle laquelle l'aurait pris pour son dévot, et étaient ensemble mariés; et si bien avaient vécu à Thélème en dévotion et amitié, encore mieux la continuaient-ils en mariage: d'autant s'entr'aimaient-ils à la fin de leurs jours comme le premier de leurs noces.

François Rabelais, *Gargantua*, chap. 57, éd. Pierre Michel (orthographe modernisée), © Librairie Générale Française, 1972.

생각해 볼 문제

1. 앞의 텍스트에서 묘사된 텔렘 수도원의 생활방식을 지배하는 최고의 계율은 무엇인가? 이 계율은 인간에 대한 어떤 관념에 근거하고 있는가? 또한 이는 위마니스트들의 이상과 어떤 관계를 맺고 있는가?
2. 텔렘 수도원과 관련해 엘리트주의를 말할 수 있다면 어떤 차원에서 그러한가?
3. 텔렘 수도원에서 이루어지는 생활은 어떤 면에서 전통적인 수도원 생활과 정반대라고 할 수 있는가?
4. 인용된 텍스트의 마지막 부분으로 미루어 작가는 남녀 관계 혹은 결혼생활에 대해 어떤 입장을 취하고 있는가?

참고문헌

Mikhaïl Bakhtine, *L'Œuvre de François Rabelais et la culture populaire au Moyen âge et sous la Renaissance,* Paris, 1970; 이덕형, 최건영 옮김, 『프랑수아 라블레의 작품과 중세 및 르네상스의 민중문화』, 아카넷, 2001.

Michel Ragon, *Le Roman de Rabelais*, Albin Michel, Paris, 1993.

Marcel De Grève, *La Réception de Rabelais en Europe du XVIe au XVIIIe siècle, études réunies par Claude De Grève et Jean Céard*, préface de Jean Céard. Éditions Honoré Champion, 2009.

2) 롱사르, 『송가집』
Pierre de Ronsard (1524~1585) – *Odes*

속삭이는 사랑도 우리 죽은 뒤에는 아무것도 아니리니 나를 사랑해주렴 지금, 너 아리따운 동안
Et des amours, desquelles nous parlons, Quand serons morts, n'en sera plus nouvelle. Pour c' aimez-moi cependant qu'êtes belle. 『연애시집 후편*Amours*』

흔히 "시인들의 왕자요, 왕자들의 시인"으로 불리는 피에르 드 롱사르는 1524년 방돔 현에서 귀족 가문의 차남으로 태어났다. 그는 이탈리아를 숭배했던 부친의 영향으로 예술과 문학에 대한 관심과 숭배 속에서 자라났다. 1536년 프랑스 왕가의 시동으로 들어간 그는 승마와 펜싱 등 운동에도 두루 뛰어난 자질을 보여 가장 매력적인 시동으로 궁중에서 사랑을 듬뿍 받았다.

마들렌 공주가 스코틀랜드의 제임스 5세와 결혼하면서 공주와 함께 에든버러로 떠났던 롱사르는 2년 뒤 프랑스로 돌아온다. 그의 앞에는 궁중 대신으로 봉사하거나 군인 또는 외교관이 될 수 있는 길이 열려 있었다. 1540년 외교관 라자르 드 바이프Lazare de Baïf와 함께 알자스 지방으로 여행을 떠났던 롱사르는 이 여행에서 병에 걸렸고, 불행히도 어린 나이에 귀가 어두워지는 시련을 겪게 되었다. 이에 롱사르는 동경하던 군인의 길을 접고, 시에서 소명을 발견한다.

1545년 스무 살의 롱사르는 열 세 살짜리 소녀 카산드라 살비아티 Cassandre Salviati와 운명적으로 조우한다. 만나자마자 곧 시야에서 사라져 버린 카산드라는 롱사르에게 "접근할 수 없는" 존재였다. 이듬해 프레 공과 결혼한 그녀는 페트라르카에게 라우라가 그러했듯 롱사르에게 플라토닉한 사랑을 노래하게 하는 시의 뮤즈가 된다.

1547년 롱사르는 죠아생 뒤 벨레를 알게 되었다. 당시 그는 고전문학에 심취해 있었다. 그는 훌륭한 스승인 장 도라에게서 그리스어를 배우는 한편, 그리스어 시와 라틴어 시를 탐독하였고, 이탈리아 시에 대해서도 어느 정도 지식을 쌓아놓고 있었다. 그는 당대 프랑스어의 선양에 앞장섰던 뒤 벨레와 의기투합하여 다른 몇몇 젊은 시인들을 모아 문학 그룹을 형성하게 된다. 이것이 후일 '플레이아드' 또는 칠성파라 불리게 되는 문학 유파이다. 그들의 목적은 프랑스어를 옹호하고, 프랑스어의 어휘와 문체를 풍부하게 하고, 고대 그리스 로마 작가들의 영감을 받아 고대의 운문과 어깨를 나란히 할 수 있는 프랑스 시를 짓는 것이었다.

1550년 롱사르는 그의 첫 작품집인 『송가집』을 발표하면서 일약 당대 최고 시인의 자리에 등극하게 된다. 마르그리트 드 프랑스Marguerite de France와 샤를 9세로부터 열렬한 환영을 받은 이 "시인들의 왕자"는 계속해서 『찬가집*Hymnes*』, 『연애시집*Amours*』 등을 발표하며 향후 20년 간 프랑스 시 무대를 지배하게 된다. 한편 당시 프랑스에서는 종교전쟁이 발발하여 신교도와 구교도가 첨예하게 대립하는 상황에 놓이게 되었다. 롱사르는 이 전쟁에서 극단적 왕당파로 구교도의 입장을 지지함으로써 신교도들의 적개심을 불러일으켰다. 반대자들을 반역자요 위선자라고 비난한 『이 시대의 불행에 대한 논설시*Discours des misères de ce temps*』, 『논설시*Discours*』 등이 이 시기에 쓴 글들이다.

당시 어떤 의미에서 프랑스의 계관 시인이었던 롱사르는 1572년 지금까지와는 규모가 다른 거대한 계획에 착수한다. 베르길리우스의 위대한 라틴어 서사시 『아에네이스』를 본 따 프랑스의 국민 서사시로 만들고자 했던 『라 프랑시아드*La Franciade*』 집필이 그것이다. 하지만 이 계획은 샤를 9세가 사망한 후 중단되었고, 1572년 네 권으로 출판되었지만 실패로 끝나게 된다. 선왕에 비해 그를 별로 좋아하지 않았던 앙리 3세가 즉위한 뒤 롱사르는 거의 은퇴생활을 하게 되었지만 창조력은 줄어들지 않았다. 이제 젊은 농촌처녀인 마리와 카트린 드 메디시스Catherine de Médicis 궁정의 시녀 중 하나인 엘렌이 젊고 금욕적인 카산드라를 대신해 그의 뮤즈가 된다. 특히 오늘날 그의 작품집 가운데 가장 유명한 『엘렌을 위한 소네트*Sonnets pour Hélène*』에서 이 노련한 시인은 다시 한 번 궁정 연애시의 정수를 보여주고 있다.

롱사르는 1585년 12월 그가 원장으로 있던 생 코슴 수도원에서 사망했다. 그의 시신이 수도원 묘지에 안장된 지 두 달 후에 거행된 조문 행사에는 왕실과 귀족사회 구성원의 행렬이 끊이지 않고 이어졌다. 그러나 롱사르가 오랜 세월을 지나 오늘날의 독자들에게까지 호소력을 지니는 이유는 무엇보다 그가 남긴 사랑의 송가와 소네트 덕분일 것이다.

주요작품

1552 *Les amours de Cassandre*
1578 *Sonnets pour Hélène*
1556 *Hymnes*
1572 *La Franciade*

『송가집*Odes*』

롱사르는 살아생전 이미 국가적 명사로 왕실과 귀족층은 물론 문인들 사이에서 명성을 누렸다. 17세기에 들어서서 이른바 고전주의 문학

규범이 확립되면서 이전 세기와의 거리두기가 시작됨에 따라 롱사르의 명성은 다소 빛을 바랬지만, 그의 이름은 여전히 프랑스 문학사에 한 장을 차지하고 있다.

그가 1550년 발표한 첫 번째 시집인 『송가집』은 모두 네 권으로 구성되어 있다. 이 작품의 목적은 고대의 작품들에 필적할 만한 프랑스 송가를 쓰기 위한 것이었다. 롱사르는 서문에서 이 작품이 "특별한 문체, 특별한 작품"임을 강조하고 있는데, 이는 프랑스 문학을 쇄신하고, 그것에 그리스, 로마, 이탈리아의 문학들과 같은 지위를 부여하고자 하는 강렬한 바람을 표명한 것이다. 롱사르는 핀다로스와 호라티우스를 이 작품의 모델로 삼고 있다. 형식적 차원에서 볼 때, 이 시집에서는 6절시, 7절시, 8절시가 뒤섞여 있으며, 주제 면에서도 귀족들에 대한 찬사와 더불어 삶에 대한 쾌락주의로 독자를 이끄는 보다 경쾌한 소품들이 동시에 수록되어 있다.

『송가집』 제1권에 실려 있는 <애인아, 보러 가자. 장미꽃이......>로 시작하는 송가는 작품이 발표된 당시부터 이미 유명세를 탔다. 이 송가의 원래 제목은 "카산드라에게 바치는 송가"였다. 1553년 처음으로 출판된 이 작품은 후일 롱사르에 의해 『송가집』에 첨가되었다. 이 작품은 16세기의 많은 시들이 그러했듯이 노래로 불려졌다. 덕분에 이 시가 지니는 남다른 음악성이 더욱 부각된 것이 사실이다.

TEXTE

«Mignonne, allons voir...»

Mignonne, allons voir si la rose
Qui ce matin avait déclose
Sa robe de pourpre au soleil,

A point perdu cette vesprée
Les plis de sa robe pourprée,
Et son teint au vôtre pareil.

Las! voyez comme en peu d'espace,
Mignonne, elle a dessus la place,
Las, las, ses beautés laissé choir!
Ô vraiment marâtre Nature,
Puisqu'une telle fleur ne dure
Que du matin jusques au soir!

Donc, si vous me croyez, mignonne,
Tandis que votre âge fleuronne
En sa plus verte nouveauté,
Cueillez, cueillez votre jeunesse:
Comme à cette fleur, la vieillesse
Fera ternir votre beauté.

Odes, I, 17.

생각해 볼 문제

1. 롱사르와 뒤 벨레를 중심으로 결성된 칠성파 시인 그룹의 탄생 배경과 의미는?
2. 롱사르가 시를 집필했던 당시 문학계에서 프랑스어가 처해있던 상황은?
3. 인용된 송가 제 2절에서 어조의 변화가 일어나고 있는데, 그 변화를 설명하면?
4. 인용된 송가 마지막 절에서 롱사르는 스스로에게 어떤 이미지를 부여하고 있는가?

참고문헌

François Rouget, *Pierre de Ronsard,* Paris-Rome, Memini, Bibliographie des Écrivains français*,* n° 27, 2005.

André Gendre, *L'Esthétique de Ronsard*, SEDES, Paris, 1997.

Yvonne Bellenger, *Lisez la Cassandre de Ronsard*, Champion, Unichamp, Paris, 1997.

Michel Simonin, *Pierre de Ronsard*, Fayard, Paris, 1990.

Oliviert Pot, *Inspiration et mélancolie dans les Amours de Ronsard*, Droz, Genève, 1990.

3) 미셸 드 몽테뉴, 『수상록』
Michel de Montaigne (1533~1592) - *Essais*

철학을 한다는 것은 죽는 법을 배우는 것이다. Que philosopher c'est apprendre mourir. 『수상록*Essais*』

몽테뉴는 1533년 보르도에서 동쪽으로 약 50km 떨어진 곳에 위치한 몽테뉴 성에서 부유한 상인의 아들로 태어났다. 몽테뉴 성은 포도주와 생선 장사로 치부한 그의 증조부 라몽 에캉Ramon Eyquem이 1477년 거기에 딸린 귀족 칭호와 함께 사들인 영지로, 그의 자식들과 후손들은 대대손손 이 성지와 함께 몽테뉴라는 이름을 물려받게 된다.

몽테뉴의 부친은 아들 미셸이 말을 배우기 시작할 무렵부터 당시 지식인에게 필수적인 라틴어를 가르쳤다. 그는 프랑스어를 전혀 모르는 독일인 라틴어 교사를 집에 들여 어린 미셸에게 오직 라틴어로만 이야기를 하도록 했다. 덕분에 몽테뉴는 여섯 살 때부터 라틴 고전을 읽을 정도의 걸출한 라틴어 실력을 갖추게 되었다. 일곱 살이 되던 해 몽테뉴는 라틴어밖에 모르는 상태에서 보르도의 기옌 중학교에 입학한다. 그는 그곳에서 프랑스어와 그리스어, 사학과 연극을 배우게 된다. 몽테뉴는 그곳에서 뛰어난 웅변 솜씨와 수사학적 논쟁에서의 탁월한 기량, 그리고 연극에의 취향으로 두각을 나타냈다.

그 후 법률을 공부하고, 페리괴의 조세 재판소에서 일을 시작한 몽테뉴는 후일 평판이 높은 보르도 고등법원으로 옮겨 1570년까지 심사관으로 일했다. 이곳에서 동료인 에티엔 드 라 보에시Etienne de la Boétie를 만나 짧지만 강도 높은 우정을 나누게 된다. 하지만 라 보에시와의 특별했던 우정은 갑작스레 닥친 그의 죽음으로 끝이 나고 말았다. 절친했던 친구의 요절은 몽테뉴에게 평생 지울 수 없는 상처를 안겨주었다. 몽테뉴는 친구의 죽음으로 인한 상실감을 달래고자 숱한 연애를 했으며, 1565년 7월 보르도 고등법원 판사의 딸인 프랑수아즈 드 라 샤세뉴Françoise de La Chassaigne와 결혼하여 슬하에 여섯 명의 딸을 두었는데, 그 중 레오노르를 제외하고는 모두 어려서 죽었다.

1568년 부친이 사망하자 몽테뉴는 넓은 영지와 막대한 재산을 물려받았다. 1670년 아직 젊은 나이로 고등법원 심사관 자리를 팔아버린 몽테뉴는 영지에 칩거하여 독서와 글쓰기에 몰두한다. 몽테뉴가 그의 대표작 『수상록*Essais*』 제1권과 제2권을 집필한 것이 바로 이 시기였다. 『수상록』이 완성되자 몽테뉴는 이를 국왕 앙리 3세에게 바치고 관광과 담석증 치료를 위한 여행을 떠났는데 특히 1580년부터 81년까지 이탈리아에서 장기체류한 경험은 그가 사망한 지 2세기가 지난 1774년 『이탈리아 여행 일기*Journal de voyage en Italie*』라는 제목으로 출간되었다.

1581년 9월 이탈리아의 라빌라 온천에 머물고 있을 때 몽테뉴는 보르도 시장에 선출되었다는 소식을 듣게 되었다. 그는 종교 전쟁의 참화가 프랑스를 덮쳤던 1581년부터 1585년까지 보르도 시장직을 맡아 후일 앙리 4세가 되는 앙리 드 나바르Henri de Navarre와 신성동맹 간의 중재를 위해 있는 힘을 다했다.

1585년 몽테뉴는 보르도를 떠나 자신의 영지로 돌아왔다. 때론 종교전쟁으로 인해, 또 때론 흑사병이 창궐해서 고향을 떠나있기는 했지만 몽테뉴는 죽을 때까지 고향에 애착을 가졌고 그곳에서 『수상록』을 집필하고 수정 보완하는 데 전념했다. 그러다 편모농양으로 말을 하지 못하게 된 몽테뉴는 1592년 9월 13일, 59세를 일기로 몽테뉴 성에서 눈을 감았다.

주요작품

1571~1595 *Essais*

1774 *Journal de voyage en Italie*

『수상록*Essais*』(1571~1595)

몽테뉴의 방대한 저작 『수상록』은 프랑스 문학에서 가장 혁명적인 의도를 가장 독창적인 형태로 표현한 작품으로 평가받는다. 작품의 제목이 보여주는 것처럼 몽테뉴가 이 글에서 시도한 것은 무엇보다 흘러가는 시간 속에서 일상의 삶과 독서가 그 자신에게 던져주는 다양한 성찰의 대상을 통해 자아를 '시험essai'하는, 다시 말해 '경험'하는 것이었다. 그는 이러한 과정을 통해 인간들이 저마다 다르고, 같은 개인조차도 시간에 따라 달라진다는 진리를 발견해냈다. 그에 따르면, "인간을 묘사하고, 보다 특별하게는 자기 자신을 묘사하는 것"이 자신의 목표이며, 결국 이를 통해 "우리 자신이 타인과 다른 것만큼이나 우리 자신과도 다르다"는 사실이 드러난다는 것이다. 그러면서 그는 가변성과 불안정성을 인간의 첫 번째 특징으로 꼽고 있다. 몽테뉴는 자신의 이름을 걸고 말을 하고, 과거의 위대한 텍스트들을 참조하는 것이 아니라 자기 자신을 대상으로 인간의 육체적 정신적 기능을 관찰함으로써 이루어낸 통찰력 있는 담론 속에서 권위를 찾고 있다는 점에서 근대적인 의미에서 최초의 "저자auteur"라고 할 수 있다.

『수상록』은 1580년 제1권과 제2권이 출판되었고, 1588년에는 이전

판본의 증보판에 덧붙여 제3권이 출간되었다. 마지막으로 1595년 그의 사후에 또 다른 판본이 빛을 보았다.

『수상록』 제1권과 제2권은 총 94장으로 이루어져 있다. 그 중 1574~75년경에 집필된 글들은 모순과 야망, 불행과 죽음 등 당대의 몽테뉴가 붙들고 있던 인생의 제반 문제에 대한 성찰이 주를 이룬다. 여기서 이미 몽테뉴는 이러한 문제에 대한 금욕주의적인 해결책에 대해 조금씩 신중한 입장을 취하기 시작한다. 이러한 경향은 점차 두드러져 몽테뉴는 앞으로 금욕주의를 비롯한 모든 독단론에 맞서게 된다. 몽테뉴의 유명한 명제 "나는 무엇을 아는가?Que sais-je?"가 등장하는 <레몽 스봉을 위한 변명*Apologie de Raimond Sebond*>이라는 글(제2권 제12장)이 그 중 대표적인 예가 될 것이다. 『수상록』에 실린 글 중 가장 긴 편에 속하며 사상적으로 가장 많은 영향을 끼치는 한편 동시에 해석의 난점을 제공하기도 한 이 텍스트에서 몽테뉴는 회의주의적 관점에서 출발하여 결국 자아에 대한 인식이 가능하며, 그것이 지식과 지혜의 출발점이 되어야 한다는 입장을 취하게 된다. 이후 1578~80년에 쓰인 글들은 인간의 한계보다는 재능에 관심을 가지게 된 몽테뉴의 낙천적 견해가 드러난다. 한편 『수상록』 제3권은 13장으로 구성되어 있다. 제3권 첫 장에서부터 몽테뉴는 인류와 개인에 대한 신뢰와 유대감을 표명하고 있다. 자기 자신의 자화상은 이제 인류의 자화상으로 확대된다.

몽테뉴는 『수상록』에서 인간의 윤리적, 지적 취약함을 지적하면서 비관주의적, 회의주의적 태도를 보였다. 하지만 그는 이를 넘어서서 삶의 기쁨과 행복을 발견하는 데까지 이르렀다. 몽테뉴는 인간이 자신을 있는 그대로 받아들일 때 행복해질 수 있다고 믿었다. 인간은 "자기 존재를 충실하게 즐길 수 있을" 때 더없이 완벽해질 수 있다는 것이다. 궁극적으로 진리와 조화를 추구했고, 스스로 질병을 겪으면서 고통과 쾌락을 조화시키는 법을 배운 몽테뉴가 『수상록』의 마지막을 삶에 대한 고마움을 노래한 찬가로 끝내고 있는 것은 아마도 우연은 아니었을 것이다.

TEXTE

De l'amitié

Au demeurant, ce que nous appelons ordinairement amis et amitiés, ce ne sont qu'accointances et familiarités nouées par quelque occasion ou commodité, par le moyen de laquelle nos âmes s'entretiennent. En l'amitié de quoi je parle elles se mêlent et confondent l'une en l'autre, d'un mélange si universel, qu'elles effacent et ne retrouvent plus la couture qui les a jointes. Si on me presse de dire pourquoi je l'aimais, je sens que cela ne se peut exprimer, qu'en répondant: «Parce que c'était lui; parce que c'était moi.»

Il y a au-delà de tout mon discours, et de ce que j'en puis dire particulièrement, ne sais quelle force inexplicable et fatale, médiatrice de cette union. Nous nous cherchions avant que de nous être vus, et par des rapports que nous oyïons l'un de l'autre, qui faisaient en notre affection plus d'effort que ne porte la raison des rapports, je crois par quelque ordonnance du ciel; nous nous embrassions par nos noms. Et à notre première rencontre, qui fut par hasard en une grande fête et compagnie de ville, nous nous trouvâmes si pris, si connus, si obligés entre nous, que rien dès lors ne nous fut si proche que l'un à l'autre. Il écrivit une satire latine excellente, qui est publiée, par laquelle il excuse et explique la précipitation de notre intelligence, si promptement parvenue à sa perfection. Ayant si peu à durer, et ayant si tard commencé, car nous étions tous deux hommes faits, et lui plus de quelques années, elle n'avait point à perdre temps et à se régler au patron des amitiés molles et régulières, auxquelles il faut tant de précautions de longue et préalable conversation. Celle-ci n'a point d'autre idée que d'elle-même, et ne se peut rapporter qu'à soi. Ce n'est pas une spéciale considération, ni deux, ni trois, ni quatre, ni mille: c'est je ne sais quelle quintessence de tout ce mélange, qui, ayant saisi toute ma volonté, l'amena se plonger et se perdre dans la sienne; qui, ayant saisi toute sa volonté, l'amena se plonger et se perdre en la mienne, d'une faim, d'une concurrence pareille. Je dis perdre, à la vérité, ne nous réservant rien qui nous fût propre, ni qui fût ou sien, ou mien.

Essais, Livre I, 28.

생각해 볼 문제

1. 『수상록』을 통해 몽테뉴가 창안한 글쓰기 방식은 무엇인가?
2. "나는 무엇을 아는가?"라는 명제로 대표되는 몽테뉴의 이른바 '회의주의'에 관해 논한다면?
3. 인용된 텍스트에서 몽테뉴는 어떤 근거로 우정을 설명할 수 없는 것이라 말하고 있는가?
4. 인용된 텍스트는 어떤 면에서 우정만이 아니라 사랑의 문제에도 적용될 수 있는가?

참고문헌

Pierre Villey, *Montaigne devant la postérité*, Boivin, Paris, 1935.

D. Frame, *Montaigne, une vie, une œuvre,* Champion, Paris, 1994.

이환, 『몽테뉴의 『엣세』, 근대 자아 최초의 자화상』, 서울대 출판부, 2004.

박홍규, 『몽테뉴의 숲에서 거닐다: 박홍규, 에세를 읽으며 웃다』, 청어람, 2004.

3
17세기 문학

개요

1598년 부르봉 왕조의 창시자 앙리 4세가 신교도들에게 종교의 자유를 허락하는 낭트 칙령을 선포함으로써 드디어 오랜 종교 전쟁의 참화에 종지부가 찍혔다. 이로써 프랑스에서는 다양한 사상과 종교가 존재하게 되었으며 경제적으로도 번영의 시기를 맞이할 준비를 갖추게 되었다. 흔히 프랑스의 가장 위대한 시기라 일컬어지는 17세기는 통상적으로 앙리 4세가 암살당한 1610년부터 루이 14세가 사망한 1715년까지를 가리킨다. 역사적으로 볼 때 이 시기는 무엇보다 절대왕권의 구축을 위한 지속적이면서도 가속적인 움직임으로 특징지어진다. 이미 16세기부터 프랑수아 1세와 앙리 4세 같은 유능한 왕들에 의해 크게 신장되어 온 왕권은 앙리 4세의 사망 후 시작된 마리 드 메디시스 Marie de Médicis의 섭정 체제와 이후 루이 13세 통치기에 다소 주춤한 양상을 보인다. 한편으로는 강화되는 왕권 앞에서 자신들의 지위에 불안을 느낀 대공들과 대귀족들의 끊임없는 음모와 다른 한편으로는 고등법원을 중심으로 한 진보적 부르주아층의 반발로 '프롱드의 난'과 같은 크고 작은 사건들이 지속되었다. 하지만 프랑스 왕실에는 퍽이나 다행스럽게도 이 시기에는 절대왕정 수립이라는 목표를 달성해줄 두 명의 위대한 재상, 즉 리슐리외와 마자랭이 있었다. 왕실이 어려움에 처했던 어려웠던 시기에 리슐리외는 탁월한 정치적 재능과 강인한 성격으로, 마자랭은 교묘한 외교적 수단을 바탕으로 왕실 반대 세력들을 무력화시키고 중앙집권을 위한 행정체제를 구축함으로써 절대왕정의 기틀을 닦아놓았던 것이다.

이렇게 오랜 기간 동안 준비된 절대왕정 체제를 이끌어 갈 위대한 왕은 다름 아닌 태양왕 루이 14세였다. 1661년 마자랭이 사망하자 친정 체제를 선포한 루이 14세는 정치는 물론 문학과 예술을 포함한 사회의 모든 권력을 장악했으며 17세기 후반 프랑스 사회의 유일무이한 구심점이 되었다. 절대 권력을 장악한 절대군주 루이 14세는 문학과 예술에 대한 통제자인 동시에 관대한 후원자이기도 했다. 그는 기존의 아카데미 프랑세즈를 비롯해 새롭게 창설된 여러 아카데미들을 통해 문학과 예술을 자기 자신과 자신의 통치를 찬양하는 선전도구로 이용하는 한편, 국가 메세나 제도를 도입, 문인들과 예술가들에게 연금을 지급하는 등 다양한 방식으로 문인들과 예술가들을 지원함으로써 찬란한 프랑스 문화를 꽃피우게 한 장본인이었다. 우리가 흔히 고전주의라 부르는 루이 14세 시대의 문학과 예술 사조는 루이 14세로 구현된 절대왕정의 정치적 이데올로기 형식과 떼려야 뗄 수 없는 관계라고 할 수 있다.

17세기의 문학은 크게 두 부분으로 나누어질 수 있다. 문학사적 용어로 '바로크 시대' 혹은 '전기 고전주의 시대' 등으로 불리는 전반기와 루이 14세의 절대왕정과 함께 꽃핀 소위 '고전주의 시대'가 그것이다. 17세기 전반기 문학을 거칠게 요약하자면, 다양성에서 규칙으로의 이행과정이라고 말할 수 있다. 이 시기에는 바로크와 리베르티나주, 프레시오지테, 뷔를레스크를 포함하는 여러 경향과 함께 후일의 고전주의를 예고하는 규칙을 추구하는 경향이 공존했다. 연극의 경우 1630년대까지 희비극과 목가극, 비희극 등이 유행하였다면 1630년대에 들어서서 규칙을 지향하는 정통 비극과 희극 등이 관객과 비평가의 사랑을 받게 되었다. 하지만 발레극이나 오페라, 서정 비극처럼 바로크적 경향을 간직한 극들은 계속해서 무대에 올랐다. 시 분야에서는 16세기

인본주의 전통의 연장선상에서 인간의 세속적이고 현세적인 쾌락을 추구하는 이른바 '자유사상'을 노래한 시들이 많았고, 살롱에서의 경쾌한 언어유희를 주제로 한 시들 또한 지속적으로 발표되었다.

루이 14세의 친정 통치 기간과 일치하는 1660년대 이후 프랑스 문학은 흔히 '고전주의'라는 이름으로 불린다. 고전주의 시대는 무엇보다 코르네유, 라신, 몰리에르라는 세 명의 걸출한 극작가들이 활동한 연극의 시대였다. 특히 라신은 엄격한 비극 형식을 이용하여 절제된 언어로 내적 갈등을 완벽하게 표현해 내어 고전주의의 이상을 가장 잘 구현한 작가로 간주되며, 몰리에르는 희극에서 인간의 보편적 진실을 추구함으로써 중세 전통의 소극의 차원을 뛰어넘어 새로운 희극을 창조한 인물로 칭송 받고 있다. 그밖에 고전주의 문학의 장을 넓힌 작가들로 브왈로, 라 로슈푸코 공작, 라파예트 부인, 세비녜 부인, 라퐁텐, 보쉬에, 페늘롱 등을 들 수 있다.

바로크

'바로크'라는 말은 원래 포르투갈어로 모양이 고르지 못한 진주를 뜻한다. 이 용어를 문학에 적용시키면 대략 16세기 후반에서 17세기까지 쓰인 작품들 가운데 복잡함, 기교, 기이함에 대한 공통적 취향을 보이는 것들을 통칭한다고 할 수 있다. 물론 실제적으로 바로크는 그보다 훨씬 다양하며 유동적인 현실을 포괄하는 용어로 정의내리기가 쉽지 않은 것이 사실이다. 그러나 주제적인 측면에서 볼 때 바로크 문학은 대략 다음과 같은 몇 가지 공통요소를 가지고 있다. 첫째, 16세기 후반 내내 당대인들에게 참혹한 현실이었던 종교전쟁의 여파로 인한 죽음과 잔혹하고 끔찍한 이미지들에 대한 매혹, 둘째, 이해할 수 없고 불안정하며 변화하는 세상에 대한 불확실함, 셋째, 장식과 가장, 과시,

환상에 대한 취향과 더불어 형식과 장르 구분의 파괴 등이 그것이다. 바로크는 질서를 염원하는 고전주의적 이상과는 반대로 소용돌이치듯 변화하는 세상에 대한 나름대로의 시각을 보여주는 것으로, 일견 피상적이고 가벼우며 가장과 유희에 머무는 듯한 외관 너머로 세상의 불안정성과 존재의 비극에 대한 깊은 통찰을 보여주고 있다.

리베르티나주libertinage

흔히 '자유사상'이라고 번역되기도 하는 17세기 리베르티나주는 오늘날 이 단어를 보고 떠올리게 되는 '방종' 혹은 '방탕'한 생활과는 거리가 멀다. 이 용어는 오히려 어떤 지적인 태도 혹은 하나의 세계관을 지칭한다. 17세기의 리베르탱, 즉 자유사상가는 종교적인 차원의 미신이나 도덕적 선입견으로부터 벗어난 자유로운 정신, 다시 말해 일반 대중들의 어리석음에서 해방되고, 이성의 절대적인 빛으로 일깨워진 사람을 뜻하는 것이다. 이러한 자유사상은 특히 17세기 초반 섭정 통치기를 거쳐 루이 13세와 루이 14세 통치 초반에 활발하게 꽃피었다. 물론 이들이 추구한 자유사상이 품행의 방종을 동반하지 않았다고 할 수는 없다. 이른바 풍기문란에 해당하는 리베르티나주는 주로 어느 정도 사회적 특권을 가지고 있으며, 철학적인 야망은 없었던 일부 귀족 계층에서 행해졌다. 이들의 행동과 생각이 직접적으로 글로 표현된 것은 18세기 사드에 이르러서였지만, 17세기에도 이들의 삶의 양식은 몰리에르의 『돈 주앙』을 비롯한 여러 작품들에 영감을 주었다. 한편 사상과 생각의 리베르티나주는 대개 지적인 부르주아 가문 출신의 교양인들과 학자들에게서 널리 찾아볼 수 있는 것으로, 다음 세기에 도래하는 계몽철학을 예고하는 것이었다.

고전주의와 고전비극

고전주의는 17세기 중반 절대 권력을 장악한 절대 군주의 통치와 불가분의 관계에 있다. 절대왕정의 통제, 규율, 엄격한 형식이 문학·예술에 반영된 것이 바로 고전주의의 이상이기 때문이다. 즉 왕이 권력의 핵으로서 절대적인 존중을 받는 것과 같이 이성은 정신계를 다스리는 지배 개념으로 존중되고, 그 지배 하에서 조화, 균형, 질서의 미덕이 추구되고 엄격한 형식과 규칙에의 복종이 요구되었던 것이다. 17세기 문학사에서 이러한 고전주의의 이상을 가장 엄격하게 그리고 가장 완벽하게 구현했던 분야가 바로 비극 장르이다. 고전주의 시대 비극은 규칙적인 연극을 지향한다. 17세기 초반 전원극, 비희극, 목가극 등 소위 반규칙적 연극이 성행하는 가운데 규칙극에 대한 요구가 거세졌고 비극의 규칙에 관한 논의는 1637년 코르네유가 발표한 『르 시드』 논쟁을 통해 본격화되었다. 격렬하게 진행된 논쟁에서 결과적으로 규칙극을 지지하는 비평가들과 작가들이 승리를 거두게 되면서 향후 프랑스 연극 무대는 규칙극에 의해 장악되게 된다. 고전주의 비극은 이제 사건, 시간, 장소의 단일을 요구하는 이른바 '삼일치trois unités의 원칙'을 준수해야만 했다. 삼일치의 원칙은 시간(연극에서 사건이 일어나는 시간은 '일출과 일몰 사이'로 엄격히 제한되어야 함), 장소(모든 행동은 하나의 장소에서 일어나야 함), 행동(부차적인 줄거리나 둘 이상의 상황을 극적으로 다루는 것은 피해야 함)의 단일성을 요구하는 극작법으로, 이는 재현된 이야기를 몇 시간 동안 단일한 무대에서 이루어지는 재현의 조건에 근접시킴으로써 사실임직함vraisemblance의 효과를 극대화시키기 위해서 필요했던 것이었다.

신구(新舊) 논쟁

신구논쟁은 17세기 후반 프랑스 문학장을 뜨겁게 달군 중요한 사건으로 당대 프랑스 지식인들은 누구든 이 논쟁에 대해 자신의 입장을 표명할 수밖에 없었다. 고대파는 고대 그리스 로마 문학이야말로 이미 완벽한 이상에 도달하였으므로 남은 것은 오직 고대 문학을 숭배하면서 제대로 모방함으로써 그에 필적하는 작품을 만들어내는 것이라 생각한 반면 근대파는 무엇보다 자연 조건이 동일한 상태에서 역사가 진행되면 될수록 인간 정신과 기술문명은 진보하기 마련이기 때문에 근대인들의 작품이 고대의 것보다 우수할 수밖에 없다는 논지를 펼쳤다. 특히나 근대파들은 위대한 군주 루이 14세를 고대 그리스의 페리클레스나 로마의 아우구스투스에 비교하며 루이 14세 시대의 문학과 예술이 고대시대에 뒤질 이유가 없다고 주장하였다. 고대파와 근대파 간의 대립은 사실 이 시대의 프랑스에서만 발견되는 것도 아니고 특별히 새로운 일이라고 말할 수는 없다. 16세기의 이탈리아나 17세기 중반 프랑스에서도 이미 신구논쟁적 성격을 가진 것으로 규정할 만한 대립이 여러 차례 있어왔기 때문이다. 하지만 오늘날 프랑스 문학사에서 통용되는 문자 그대로의 신구논쟁은 1687년 샤를 페로Charles Perrault가 아카데미 프랑세즈에서 근대파의 입장을 담은 「루이 14세의 세기」라는 시를 공개적으로 읽은 데 대해 분개한 고대파 브왈로와 라 브뤼예르 등이 근대파에 대해 신랄한 공격을 펼쳤고, 이에 다시 페로가 『고대인과 근대인의 비교』라는 저서를 통해 고대파들에게 반격을 가한 사건을 지칭한다. 프랑스 문학장을 양분시키면서 서로 상대에 대한 인신공격을 퍼부을 정도로 뜨겁게 달아올랐던 이 논쟁에서 결과적으로는 페로와 퐁트넬 등이 포진한 근대파가 승리를 거두게 되었다. 어쨌든 이 싸움이 진행되는 동안 그 안에서는 이미 계몽의 시대인 18세기의 싹이 자라고 있었다.

1) 피에르 코르네유, 『르 시드』
Pierre Corneille (1606~1684) - *Le Cid*

위험 없는 싸움은 승리해도 영광이 없다. A vaincre sans péril, on triomphe sans gloire. 『르 시드*Le Cid*』

코르네유는 1606년 프랑스 노르망디 루앙에서 유복한 법조인 가정의 장남으로 태어났다. 고향의 예수회에서 운영하는 학교에서 교육을 받은 코르네유는 변호사 자격증을 따고 1624년부터 루앙에서 변호사로 일하기 시작했다. 1629년부터는 수로 및 삼림을 관리하는 관청의 지방사무소에서 왕의 법률 고문 자격으로 근무한다.

그 해 맛본 실연의 경험은 그를 창작의 길로 이끌었다. 그는 시를 쓰기 시작했고, 마침내 희극 『멜리트*Mélite*』로 루앙의 연극무대에 데뷔했다. 이 작품은 이듬해 파리에서도 상연되었고, 꽤 큰 성공을 거두었다. 용기를 얻은 코르네유는 계속해서 『클리탕드르*Clitandre*』(1631), 『과부*La Veuve*』(1632), 『궁전 회랑*La Galerie du palais*』(1632), 『시녀*La Suivante*』(1634), 『왕의 처소*La Place royale*』, 『희극적 환상*Illusion Comique*』(1635) 등의 희극을 발표하면서 파리 연극계의 관심을 끌게 된다.

코르네유가 희극작가로 데뷔해 잇단 성공을 거두고 있을 무렵, 프랑스 연극계에서는 연극의 수용과 극작법 차원에서 중대한 변화가 일어나고 있었다. 즉, 희극에 비해 비극의 비중이 점차 높아지는 한편, 비극의 극작법과 관련해서 이전과는 달리 이른바 "삼일치"의 원칙을 준수함으로써 "규격"을 추구하는 비극이 점점 더 많은 지지를 얻게 되었다. 1634년 장 메레Jean Mairet는 규칙극 『소포니스브*Sophonisbe*』를 발표하여 상당한 성공을 거두었다. 프랑스 연극무대의 무서운 신예로 성장한 코르네유가 이 시기에 비극 분야로 뛰어든 것은 고로 우연이 아니었다. 코르네유는 1635년 『메데*Médée*』를 통해 비극 형식을 실험한 뒤 1636년 그의 최고의 대표작으로 남게 되는 『르 시드*Le Cid*』를 발표하였다. 『르 시드』가 거둔 성공은 그야말로 엄청난 것이었다. 파리의 관객들은 이 연극에 열광했다. 하지만 이 작품은 대중적 성공과 더불어 비극을 둘러싼 문학 논쟁에 불을 붙였다. 『르 시드』 논쟁의 여파 때문이었을까? 코르네유는 그 후 3년간 새로운 작품을 쓰지 않았다. 그러다 1640년과 1641년 로마를 무대로 한 비극 『오라스*Horace*』와 『신나*Cinna*』가 연이어 발표되었다. 같은 해 코르네유는 지방행정관의 딸인 마리 드 랑페리에르Marie de Lampérière와 결혼했다. 슬하에 모두 7명의 자녀를 둔 코르네유는 평생 자식들에게 헌신적인 아버지 노릇을 하게 된다.

『르 시드』, 『오라스』, 『신나』는 1643년 발표된 『폴리외크트*Polyeucte*』와 더불어 코르네유의 고전주의 사대비극으로 알려져 있다. 코르네유는 이어 『퐁페의 죽음*La Mort de Pompée*』(1643), 『로도귄*Rodogune*』(1645), 『테오도르*Théodore*』(1646), 『헤라클리우스*Héraclius*』 등을 쓰는 한편, 『거짓말쟁이*Le Menteur*』와 『거짓말쟁이 속편*La suite du Menteur*』을 통해 희극작가로서도 여전히 건재함을 알렸다. 1647년 코르네유는 아카데미 프랑세즈의 회원이 되었다. 이후 코르네유는 계속해서 『동 상슈 다라공*Don Sanche D'Aragon*』(1649), 『앙드로메드*Andromède*』

(1650), 『니코메드*Nicomède*』(1651)를 발표했다. 코르네유는 곧 이어 새 비극 『페르타리트*Pertharite*』를 무대에 올렸지만 관객들의 혹평 속에 막을 내려야 했다. 충격 속에서 약 8년간 절필을 했던 코르네유는 1659년 정치가이자 예술 후원자인 니콜라 푸케의 격려로 『외디프*Œdipe*』를 상연함으로써 다시 연극에 복귀했다. 그 후로 그는 1674년 마지막 작품인 『쉬레나*Suréna*』까지 한창 시절 때와 마찬가지로 매년 거의 한 편씩의 희곡을 쓰는 저력을 발휘했다. 이 당시에 발표된 후기작 중 대표적인 것으로 『황금 양털*La Toison d'or*』(1660), 『소포니스브』(1663), 『아제질라스*Agésilas*』(1666), 『퓔셰리*Pulchérie*』(1672) 등이 있다.

하지만 프랑스 연극 무대는 더 이상 코르네유의 시대가 아니었다. 그의 후기작들은 새롭게 등장한 젊은 극작가 라신의 비극에 밀려 관객들의 외면을 받았다. 『쉬레나』 이후 침묵을 지켰던 코르네유의 생활은 점차 어려워졌다. 특히 1640년 『오라스』가 상연된 직후 리슐리외가 지급 보증한 국가연금이 자주 중단되면서 그는 더욱 난처한 상황에 빠졌다. 보다 못한 브왈로가 그를 위해 조속한 연금지급을 요청할 정도였다. 코르네유는 1684년 파리의 아르장퇴유 가(街)에 있는 자택에서 사망했고, 생 로슈 교회에 묻혔다. 그의 무덤에 기념비가 세워진 것은 1821년의 일이었다.

주요작품

1635 *Médée*

1637 *Le Cid*

1640 *Horace*

1641 *Cinna ou la Clémence d'Auguste*

1642 *Polyeucte*

1659 *Œdipe*

『르 시드*Le Cid*』(1637)

흔히 프랑스 고전 비극 작가로 코르네유와 쌍벽을 이루는 라신은 코르네유 사후 아카데미 프랑세즈에서 한 연설에서 코르네유라는 위대한 극작가가 있어 루이 14세의 세기가 더욱 위대해질 수 있었다고 극찬한 바 있다. 코르네유는 거의 40년이라는 오랜 기간 동안 희극과 비극, 비희극을 포함하여 주제나 형식면에서 놀랄 만큼 다양한 희곡을 발표함으로써 프랑스 궁정과 파리의 관객을 즐겁게 해주었다. 그는 프랑스 고전주의 연극의 개척자였고, 아울러 그것을 완성한 대가이기도 했다. 극작가로서 코르네유는 인간과 도덕 사이의 충돌을 탁월하게 그려내면서 둘 사이에서 진퇴양난에 빠진 등장인물들이 어떠한 의지력과 자제력으로 이 상황에서 벗어날 수 있는지를 보여주었다. 그의 등장인물들은 언제나 인간의 고뇌와 인내의 한계를 극복함으로써 관객의 존경심의 대상이 되었다.

코르네유의 데뷔 초기인 1637년 발표된 작품 『르 시드』는 이러한 코르네유 식 극작법의 정수를 오롯이 보여주는 작품이다. 상연 당시 대중의 열렬한 지지를 받았던 『르 시드』는 당대 비극 극작법의 원칙으로 자리를 잡아가던 삼일치의 법칙에 위배되었다는 이유로 식자 계층과 연극 전문가들로부터 신랄한 비판의 대상이 되기도 했다. 『르 시드』를 둘러싼 논쟁은 열기가 식지 않은 채 지속되었고, 마침내 아카데미 프랑세즈에서 <희비극 『르 시드』에 대한 아카데미 프랑세즈의 견해 *Les Sentiments de l'Académie française sur la tragicomédie du Cid*>(1637)를 통해 중재에 나섬으로써 진화되었다. 그런데 아카데미 프랑세즈의 평가는 사실상 이 작품이 지닌 아름다움은 인정하지만 극적으로 어색하고 도덕성이 결여되어 있다는 내용으로 『르 시드』에 대한 교묘한 비판을 담은 것이었다. 물론 코르네유가 이 작품에서 3일치의 원칙을 지키지 않은 것은 사실이지만, 이 작품은 정념적인 사랑과 가문에 대한 충성 혹은 명예 사이에서 갈등하는 두 인물 로드리그와 쉬멘느의 내적인 고뇌와 갈등을 진실하고 아름답게 그려놓음으로써 프랑스 "고전주의" 비극을 처음으로 꽃피운 작품으로 널리 인정받고 있다.

이 비극은 모두 5막으로 구성되어 있다. 대강의 줄거리를 요약하면 다음과 같다. 동 디에고와 고르마스 공작은 각자의 아들, 딸인 로드리그와 쉬멘느를 결혼시키기로 한다. 둘은 이미 사랑하는 사이다. 하지만 늙은 동 디에고가 자기 대신 왕자의 가정교사로 낙점되자 질투에 찬 공작은 동 디에고의 따귀를 때리면서 모욕한다. 나이가 들고 쇠약해진 몸으로 직접 복수를 할 수 없는 동 디에고는 아들인 로드리그에게 복수를 부탁한다. 로드리그는 쉬멘느에 대한 사랑과 자식으로서의 의무 사이에서 갈등하지만 결국 의무를 택하고 쉬멘느의 아버지와 결투를 벌여 그를 살해한다. 쉬멘느는 로드리그에 대한 사랑을 숨기고 왕에게 죽은 아버지의 복수를 해달라고 간청한다. 때마침 무어 족이 왕국을 공격하고, 로드리그는 전쟁터에 나가 무훈을 세워 왕의 용서를 얻어낸다. 왕국의 영웅이 되어 돌아온 로드리그를 그 어느 때보다 사랑하면서도 쉬멘느는 여전히 강경한 입장을 고수하면서 로드리그가 또 다른 구애자인 동 상슈와의 결투에 임할 것을 요구한다. 그녀는 결투의 승리자와 결혼할 것이다. 결투에서 승리한 로드리그는 왕으로부터 쉬멘느의 손을 넘겨받고 둘은 일 년 안에 결혼할 것을 약속한다.

TEXTE

RODRIGUE:
Non, non, en ce combat, quoi que vous veuillez croire,
Rodrigue peut mourir sans hasarder sa gloire,
Sans qu'on l'ose accuser d'avoir manqué de cœur,
Sans passer pour vaincu, sans souffrir un vainqueur.
On dira seulement; «Il adorait Chimène;
Il n'a pas voulu vivre et mériter sa haine;
Il a cédé lui-même à la rigueur du sort
Qui forçait sa maîtresse à poursuivre sa mort:
Elle voulait sa tête; et son cœur magnanime,
S'il l'en eût refusée, eût pensé faire un crime.
Pour venger son honneur il perdit son amour,
Pour venger sa maîtresse il a quitté le jour,
Préférant (quelque espoir qu'eût son âme asservie)
Son honneur à Chimène, et Chimène à sa vie.»
Ainsi donc vous verrez ma mort en ce combat,
Loin d'obscurcir ma gloire, en rehausser l'éclat;
Et cet honneur suivra mon trépas volontaire,
Que tout autre que moi n'eût pu vous satisfaire.

CHIMÈNE
Puisque, pour t'empêcher de courir au trépas,
Ta vie et ton honneur sont de faibles appas,
Si jamais je t'aimai, cher Rodrigue, en revanche,
Défends-toi maintenant pour m'ôter à don Sanche;
Combats pour m'affranchir d'une condition
Qui me donne à l'objet de mon aversion.
Te dirai-je encor plus? va, songe à ta défense,
Pour forcer mon devoir, pour m'imposer silence;
Et si tu sens pour moi ton cœur encore épris,

Sors vainqueur d'un combat dont Chimène est le prix.
Adieu: ce mot lâché me fait rougir de honte.

RODRIGUE
Est-il quelque ennemi qu'à présent je ne dompte?
Paraissez, Navarrais, Maures et Castillans,
Et tout ce que l'Espagne a nourri de vaillants;
Unissez-vous ensemble, et faites une armée,
Pour combattre une main de la sorte animée:
Joignez tous vos efforts contre un espoir si doux,
Pour en venir à bout, c'est trop peu que de vous.

Le Cid, V, 1.

생각해 볼 문제

1. 코르네유는 이 작품을 '영웅적 희극comédie héroïque'이라는 장르로 규정했는데, 이는 무엇을 의미하는가?
2. 이른바 '『르 시드』 논쟁'을 프랑스 극작법의 변화 과정과 관련해서 설명해 본다면?
3. 앞서 인용된 『르 시드』의 구절에서 주인공 로드리그가 처한 딜레마는 무엇인가? 그는 이를 어떻게 해결하는가?
4. 로드리그의 딜레마에 대한 문제와 관련해서, 흔히 라신의 비극 주인공들과 비교해 '코르네유적'이라 불리는 주인공들의 특성을 무엇으로 규정할 수 있는가?

참고문헌

Robert Brasillach, *Corneille*, Fayard, 1938.

Bernard Dort, *Pierre Corneille : dramaturge*, l'Arche, Paris, 1957.

Michel Prigent, *Le Héros et l'État dans la tragédie de Pierre Corneille*, PUF, Paris, 1988.

Georges Forestier, *Essai de génétique théâtrale : Corneille à l'œuvre*, Droz, Genève, 2004.

2) 몰리에르, 『타르튀프』

Jean-Baptiste Poquelin, dit Molière (1622~1673) - *Tartuffe*

아니요, 사랑하는 사람한테는 더 쉽게 속는 법이죠. 그리고 자존심은 자기 자신을 속이도록 만든답니다. Non; on est aisément dupé par ce qu'on aime. Et l'amour propre engage à se tromper soi-même. 『타르튀프 *Tartuffe*』

후일 몰리에르라 불리게 되는 장-바티스트 포클랭은 1622년 파리의 부유한 상인의 아들로 태어났다. 1633년부터 1639년까지 예수회에서 운영하던 클레르몽 중학교에서 양질의 교육을 받았다. 유년 시절 몰리에르는 연극애호가였던 조부 덕분에 부르고뉴 극장을 비롯해 장터에서 펼쳐지는 연극을 구경할 기회를 가졌다. 1637년 몰리에르는 부친의 뒤를 이어 왕실 장식가구상 직위를 물려받을 것을 서약한다. 1642년 오를레앙 대학에서 법학사 자격을 획득하고 파리로 돌아와 6개월 간 변호사로 활동했다. 하지만 곧 연상의 여배우인 마들렌 베자르Madeleine Béjart와 그 일가와 교제하는 것을 못 마땅히 여긴 부친의 권고로 아버지 대신 루이 13세를 수행하여 나르본으로 떠난다. 그러나 억지로 하게 된 일에 전혀 흥미를 느끼지 못한 몰리에르는 1643년 부친의 반대를 무릅쓰고 연극계에 뛰어들었고, 같은 해 6월 '성명 극단 l'Illustre Théâtre'을 결성, 애인인 베자르를 중심으로 활동을 시작한다.

얼마 안 가 극단의 중추적 인물이 된 그는 빚 때문에 곤경에 빠진 극단을 이끌고 지방으로 공연을 떠났고, 1658년이 되어서야 파리로 돌아온다.

파리로 돌아와 루이 14세 앞에서의 공연을 성공적으로 마친 몰리에르 극단은 프티 부르봉 극장에서 정기적으로 공연할 수 있는 허가를 얻었다. 1659년 11월 상연된 『재치를 뽐내는 여인들*Les Précieuses ridicules*』이 거둔 엄청난 성공은 몰리에르와 그의 극단이 희극 분야에서 최고라는 명성을 얻는 데 크게 기여하였다. 그 즈음에 프티 부르봉 극장이 루브르 궁 확장으로 헐리게 되자, 왕은 몰리에르 극단을 파리의 '팔레 루아얄Palais-Royal 극장'에 정착시켰다. 몰리에르는 1660년부터 사망할 때까지 평생 이곳을 근거지로 활동하게 된다. 새로운 터에서 상연된 『남편들의 학교*L'Ecole des maris*』(1661)와 『아내들의 학교*L'Ecole des femmes*』(1662)는 관객들로부터 많은 사랑을 받았다.

1662년 몰리에르는 스무 살 연하의 아르망드 베자르Armande Béjart와 결혼한다. 그의 아내 아르망드는 같은 해 공연되었던 『아내들의 학교』에서 여주인공 아녜스 역을 맡아 몰리에르와 함께 열연하였다. 이듬해 몰리에르는 독신자(dévots, 篤信者)들을 포함한 반대파들로부터 작품은 물론 사생활에 대한 인신공격에 시달리게 된다. 즉 『아내들의 학교』는 외설적이며, 비종교적인 작품이고, 몰리에르는 자기가 낳은 딸과 결혼한 파렴치한이라는 것이다. 몰리에르는 루이 14세 앞에서 공연된 『아내들의 학교 비판*Critique de l'Ecole des femmes*』과 『베르사유 즉흥극*Impromptu de Versailles*』을 통해 이를 반박한다. 하지만 반대파와의 싸움은 계속되었다. 1664년 발표된 『타르튀프*Tartuffe*』는 신성모독이라는 이유로 상연 금지를 당했다.

1665년에는 오늘날 그의 대표작 중 하나가 된 『돈 주앙*Don Juan*』이 상연되었다. 같은 해 몰리에르 극단은 루이 14세의 지지 하에 '국왕의 극단Troupe du Roy'이 되었고 왕실로부터 1년에 육천 리브르의 연금을 받게 되었다. 1666년 아르망드 베자르와 결별한 몰리에르는 『인간 혐오자*Le Misanthrope*』와 『억지 의사*Le Médecin malgré lui*』를 잇달아 무대에 올렸다. 같은 해 11월 지병이 도진 몰리에르는 잠시 동안 무대에 서지 못했다. 그 동안 그는 후일 대배우로 장성하는 당시 열 네 살짜리 꼬마였던 바롱Baron을 교육하는데 몰두했다. 몰리에르는 건강이 악화된 상태에서도 1668년 『앙피트리옹*Amphitryon*』, 『조르주 당댕*George Dandin*』, 『수전노*Avare*』를 연속적으로 써냈다. 그리고 마침내 1669년 『타르튀프』 상연 금지령이 해제되었고, 일반 대중에게 공개된 이 작품은 대성공을 거두었다. 1670년에는 『서민귀족*Le Bourgeois Gentilhomme*』을 필두로 여러 편의 발레극을 썼으며, 1671년에는 『스카팽의 간계*Les Fourberies de Scapin*』와 『여학자들*Les Femmes savantes*』 등을 집필, 상연했다.

1672년 몰리에르의 오랜 동지였던 마들렌 베자르가 사망했고, 몰리에르는 아내 아르망드와 화해했다. 하지만 몰리에르는 점차 국왕의 총애를 잃었고, 1673년 상연된 그의 마지막 작품 『상상병 환자*Le Malade imaginaire*』는 이전과는 달리 궁중에서 공연되지 않았다. 같은 해 2월 17일 『상상병 환자』 4막을 공연하던 몰리에르는 갑작스런 발작으로 쓰러진다. 무대를 내려온 몰리에르는 얼마 후 그의 자택에서 조병성사 없이 연극인으로서 당당히 삶을 마감하였다.

몰리에르가 사망한 후 그의 극단은 1680년 루이 14세의 왕명에 따라 파리의 다른 극단들과 병합하여 '코메디 프랑세즈Comédie Française'가 되었다. 가장 오랜 전통을 지닌 프랑스 국립극장인 코메디 프랑세즈가 '몰리에르의 집'이라 불리는 이유가 여기에 있다. 당대에는 물론 오늘날까지 프랑스 연극사에서 가장 뛰어난 희극 작가이자 배우로 평가받고 있는 몰리에르는 영원한 생명력을 지닌 그의 작품과 더불어, 평생토록 극작가이자, 배우요, 극단 책임자이자 경영인으로 연극을 위해 살았던 진정한 연극인으로서 추앙받고 있다.

주요작품

1659 *Les précieuses ridicules*

1662 *L'Ecole des femmes*

1664 *Le Tartuffe ou l'mposteur*

1665 *Dom Juan ou le Festin de pierre*

1668 *L'Avare*

1670 *Le bourgeois gentilhomme*

1671 *Les Fourberies de Scapin*

『타르튀프*Tartuffe*』(1664, 1669)

<위선자>라는 부제를 달고 있는 몰리에르의 『타르튀프』는 5막으로 구성된 희극으로 오늘날 가장 유명한 프랑스 연극 중의 하나로 여겨진다. 1664년 베르사유 궁에서 열린 축제에서 초연된 직후, 『타르튀프』는 이른바 '독신자들'의 분노를 사게 되어 곧 바로 상연 금지되는 운명을 맞이하였다. 당시 몰리에르를 총애하던 젊은 군주 루이 14세는 이 연극에 압력을 행사하는 데 관심이 없었지만, 당대 궁중에서 '독신자'들이 행사하던 영향력이 실로 상당하였기 때문에 마지못해 이러한 조치를 취할 수밖에 없었다.

이에 맞서 몰리에르는 자신의 작품에서 희화화한 것은 독실한 신앙이 아니라 거짓신앙과 종교라는 이름으로 온갖 위선을 일삼는 기회주의적인 위선자들의 태도라고 주장하였다. 그럼에도 이 연극이 자신들을 겨냥한 것이라 믿었던 당시 권력을 지닌 대다수의 '독신자'들은 몰리에르에 대한 강도 높은 공격을 계속하였다. 결국 『타르튀프』의 상연 금지 조치는 1669년에 가서야 풀렸고, 처음으로 대중 앞에 선보인 이 작품은 파리 관객의 큰 사랑을 받았다. 이런 과정 속에서 몰리에르는 세 차례에 걸쳐 대본을 수정하였고, 마지막 본이 오늘날까지 공연 텍

스트로 쓰이고 있다.

작품의 줄거리를 간략하게 요약하면 다음과 같다. 오르공은 전처소생 자녀 둘을 데리고 젊고 아름다운 엘미르와 재혼한 돈 많은 소시민이다. 그는 어머니 페르넬 부인과 함께 위선자이며 거짓 독신자인 타르튀프에게 속아 그를 집안에 들이고 성인군자처럼 대하고 있다. 한편 두 사람을 제외한 집안의 모든 사람들은 이 떠돌이가 위선자이며 사기꾼에 불과하다는 것을 알고 있다. 하지만 오르공은 타르튀프의 말을 철석 같이 믿으며 이미 애인이 있던 딸 마리안을 그의 아내로 삼고자 한다. 한편 오래 전부터 오르공의 후처 엘미르에게 관심이 있던 타르튀프는 그녀를 유혹하기에 이른다. 이 현장을 우연히 목격한 아들 다미스는 오르공에게 이를 즉각 알리지만 오르공은 오히려 아들을 꾸중하며 자기 전 재산을 타르튀프에게 증여한다는 결정을 내린다. 이에 엘미르가 지략을 발휘해 타르튀프의 구애에 거짓으로 응하는 척하면서 이 자의 사기와 위선을 폭로하기에 이른다. 이 장면을 숨어서 지켜보고 있던 오르공은 분노하여 그를 쫓아내려 하지만 타르튀프는 뻔뻔스럽게도 집주인인 오르공을 쫓아내려 한다. 이미 집안의 재산 전부가 그의 것이 된 상태였다. 게다가 오르공은 타르튀프에게 넘겨준 비밀문서로 인해 경찰에 쫓기는 처지가 된다. 그러나 뜻밖에도 체포된 것은 타르튀프였다. 오르공은 과거의 행적을 고려한 국왕의 뜻에 따라 용서를 얻게 된 반면, 타르튀프는 당국이 수사하던 죄인으로 판명되었기 때문이다. "국왕폐하께서는 사람의 마음을 꿰뚫어보시기 때문에 절대로 사기꾼의 술책에는 속지 않으신다"는 경찰관의 대사는 아마도 거짓 독신자들의 위선에 대해 몰리에르가 던지고자 했던 메시지였을 것이다.

TEXTE

ELMIRE:
Pour moi, je crois qu'au Ciel tendent tous vos soupirs,
Et que rien ici-bas n'arrête vos désirs.

TARTUFFE:
L'amour qui nous attache aux beautés éternelles
N'étouffe pas en nous l'amour des temporelles;
Nos sens facilement peuvent être charmés
Des ouvrages parfaits que le Ciel a formés.
Ses attraits réfléchis brillent dans vos pareilles;
Mais il étale en vous ses plus rares merveilles:
Il a sur votre face épanché des beautés
Dont les yeux sont surpris, et les cœurs transportés,
Et je n'ai pu vous voir, parfaite créature,
Sans admirer en vous l'auteur de la nature,
Et d'une ardente amour sentir mon cœur atteint,
Au plus beau des portraits où lui-même il s'est peint.
D'abord j'appréhendai que cette ardeur secrète
Ne fût du noir esprit une surprise adroite;
Et même à fuir vos yeux mon cœur se résolut,
Vous croyant un obstacle à faire mon salut.
Mais enfin je connus, ô beauté toute aimable,
Que cette passion peut n'être point coupable,
Que je puis l'ajuster avecque la pudeur,
Et c'est ce qui m'y fait abandonner mon cœur.
Ce m'est, je le confesse, une audace bien grande
Que d'oser de ce cœur vous adresser l'offrande;
Mais j'attends en mes vœux tout de votre bonté,
Et rien des vains efforts de mon infirmité;
En vous est mon espoir, mon bien, ma quiétude,

De vous dépend ma peine ou ma béatitude,
Et je vais être enfin, par votre seul arrêt,
Heureux, si vous voulez, malheureux, s'il vous plaît.

ELMIRE:
La déclaration est tout à fait galante,
Mais elle est, à vrai dire, un peu bien surprenante.
Vous deviez, ce me semble, armer mieux votre sein,
Et raisonner un peu sur un pareil dessein.
Un dévot comme vous, et que partout on nomme...

TARTUFFE:
Ah! Pour être dévot, je n'en suis pas moins homme;
Et lorsqu'on vient à voir vos célestes appas,
Un cœur se laisse prendre, et ne raisonne pas.
[...]

Le Tartuffe, TEXTE de 1669, III, 3.

생각해 볼 문제

1. 이 작품이 탄생한 시대적 배경은?

2. 몰리에르의 이 작품 덕분에 "타르튀프"는 오늘날 프랑스어로 "위선자"의 동의어로 사용되는 보통명사가 되었다. 그 의미를 설명하면?

3. 타르튀프가 엘미르에게 하는 사랑의 고백에서 그가 표현하는 사랑은 신에 대한 사랑인가, 속세적인 사랑인가? 사용된 어휘와 은유적 표현 차원에서 분석해 보자.

4. 타르튀프의 긴 독백 장면에서 그는 엘미르를 설득하기 위해 어떤 논리를 펼치고 있는가?

5. 당대의 희극과 비교해 볼 때 몰리에르 희극이 지니는 독창성은?

참고문헌

A. J. Guibert, *Bibliographie des œuvres de Molière publiées au XVIIe siècle*, CNRS, Paris, 1961–1973, 2 vol. + suppléments.

Madeleine Jurgens et Elisabeth Maxfield-Miller, *Cent ans de recherches sur Molière, sur sa famille et sur les comédiens de sa troupe*, Archives Nationales, Paris, 1963.

Patrick Dandrey, *Molière ou l'esthétique du ridicule*, Klincksieck, Paris, 1992.

Roger Duchêne, *Molière*, Fayard, Paris, 1998.

3) 블래즈 파스칼, 『팡세』
Blaise Pacal (1623~1662) - *Pensées*

힘이 없는 정의는 무능하고, 정의 없는 힘은 포학하다. La justice sans la force est impuissante. La force sans la justice est tyrannique. 『팡세*Pensées*』

블래즈 파스칼은 1623년 프랑스 오베르뉴 지방 클레르몽페랑에서 태어났다. 그의 나이 세 살 때 모친이 사망하자, 당시 클레르몽페랑 세무 법원 판사였던 그의 부친 에티엔 파스칼Etienne Pascal은 공직을 떠나 파리로 거처를 옮기고, 세 자녀의 교육에 전념하였다. 어린 파스칼은 부친의 뜻에 따라 학교에 가지 않고, 부친의 손에서 그가 교류했던 박학한 학자들을 통해 사유의 폭을 넓혀나갔다. 일찍부터 수학 분야에서 천재성을 보인 파스칼은 1640년 열여섯의 나이로 『원뿔 곡선론*Essai pour les coniques*』을 집필하여 큰 성공을 거두었다. 또한 열아홉 살에는 루앙 시 행정관으로 임명된 아버지의 업무를 돕기 위해 계산기를 발명하기도 하였다.

1646년 파스칼은 얀센주의를 만나게 된다. 인간의 자유의지를 거부하고 신의 예정설을 채택하면서, 구원의 열쇠가 인간의 선행이 아니라 신의 은총에 있다는 얀센주의의 가르침은 젊은 파스칼의 영혼에 큰 파장을 일으켰으며, 후일 그를 심오한 종교의 세계로 이끄는 계기가 된다. 1647년 파스칼은 갑작스런 마비 증세를 겪게 된다. 건강이 악화되면서 그는 불같은 성격에 화를 잘 내고 거의 웃지 않는 어두운 성격으로 변해갔다. 동시에 그를 사로잡았던 종교적 열망 또한 점차 사그라져 갔다. 그는 후일 스스로 "사교계 시기"라고 부르게 될 1648년부터 1654년까지 진공 문제를 비롯한 다양한 실험에 몰두하여 '파스칼의 원리(밀폐된 유체에 주어진 압력은 그 압력이 주어진 범위에 관계없이 모든 방향에 같게 전달됨)'를 발견한 것을 비롯하여 공기의 무게와 밀도, 그리고 산술 삼각형 등에 대한 크고 작은 성과들을 잇달아 발표하였다. 그러는 가운데 1651년 부친이 사망한 후 물려받은 유산으로 호화로운 저택을 소유하고 사교계의 사람들과 어울려 지내며, 과학 실험과 더불어 사랑을 경험하기도 하였다. 한편 그의 동생 자클린은 1651년 오빠의 반대를 무릅쓰고, 얀센주의의 본거지인 포르루아얄 수도원에 입회하였다. 수녀가 된 자클린은 파스칼의 경박함을 비난하며, 삶의 태도를 바꿀 것을 간청하였다.

그러던 중 1654년 말 파스칼은 큰 사고를 당하게 되었다. 그가 타고 있던 마차를 몰던 말들이 난간을 넘어 뇌이유 다리 아래로 떨어져 버린 것이었다. 다행히도 마차는 다리 끝에 멈추어 섰으며, 그와 친구들은 무사히 마차에서 빠져나올 수 있었다. 그러나 극도로 예민한 철학자 파스칼에게 죽음을 목전에 둔 경험은 너무도 큰 충격이었다. 그는 기절했고 무의식 상태로 여러 날을 지내야만 했다. 마침내 1654년 11월 23일 정신이 든 그는 밤 10시 반에서 12시 반 사이에 강렬한 종교적 체험인 "은총의 불"을 경험하였다. 이것이야말로 그에게는 새 삶의 시작을 알리는 신의 계시였다. 다시 예전의 믿음과 종교적 신념을 되찾은 파스칼은 이듬해 1월 동생이 있는 포르루아얄 수도원에 들러 2주간 머물렀다. 그는 비록 은둔자가 되지는 못했지만 파리와 포르루아얄을 빈번하게 오가는 생활을 계속하면서 믿음을 전파하고 예수회와 왕권의 핍박을 견뎌야 했던 포르루아얄 수도사들을 옹호하는 글을 쓰면서 여생을 보내게 된다. 그의 대표적 저작인 『시골 친구에게 쓴 편지*Les Provinciales*』와 『팡세*Pensées*』는 바로 이 시기에 집필된 것이다.

그의 건강 상태는 점차 악화되었다. 병으로 인해 정상적으로 일하는 것이 불가능해지자 파스칼은 금욕적이고 헌신적인 생활에 몰두했다. 물론 그는 그 와중에도 이따금씩 얀센주의를 옹호하기 위한 논쟁에 참여했다. 하지만 포르루아얄의 신학자들과 의견 차이가 생기고, 동생 자클린마저 사망하자 파스칼은 얀센주의 논쟁에서 완전히 손을 떼게 되었다. 1662년 그의 건강 상태는 심각한 상황에 이르렀고, 마침내 8월 19일 끔찍한 경련을 동반한 고통을 겪은 끝에 파리에서 숨을 거두었다. 그의 유해는 생 테티엔 뒤몽 교회에 안장되었다.

주요작품

1656~1657 *Les Provinciales*

1670 *Pensées*

『팡세*Pensées*』(1670)

서른 아홉이라는 젊은 나이로 세상을 떠난 파스칼은 물리학자이자 수학자로 이름을 떨쳤을 뿐 아니라 문장가로서 혹은 예술가로서의 면모를 지닌 다재다능한 인물이었다. 그의 작품 세계는 전체적으로 몇 가지 특징을 보인다. 우선 작품이 전반적으로 조숙하고 종종 미완으로 끝나는 경향이 있으며 구체적인 개념들에 대한 집착을 보인다는 것이다. 또한 그의 작품은 진리와 그것이 출현하는 조건에 대한 열정적인 탐구와 더불어 다양한 분야에 대한 폭넓은 관심으로 특징지어질 수 있다.

수학과 과학 분야의 이론서를 제외한다면 『시골 친구에게 쓴 편지』

와 『팡세』를 파스칼의 대표적 저작으로 꼽을 수 있을 것이다. 뛰어난 시사평론가로서의 면모를 보여준 『시골 친구에게 쓴 편지』는 1656년부터 1657년 사이에 집필된 것으로 얀센주의자인 아르노를 옹호하고, 예수회의 정치적 야심과 도덕적 해이를 비판하기 위한 목적을 지니고 있다. 예수회 수사들에 대해 유머감각을 잃지 않으면서도 통렬한 비판을 던지고 있는 이 작품은 즉각 성공을 거두었고, 그 후로도 지속적인 인기를 얻게 되었다. 특히 간결하고 명확한 그의 문체는 후일 브왈로가 인정하듯이 근대 프랑스 산문의 기초를 확립하는 데 기여하였다는 평가를 받고 있다.

오늘날 우리에게 『팡세』라는 제목으로 전해지는 작품은 본래 파스칼이 기적을 비롯한 기독교 교리의 증거에 대한 명상의 결과로 집필하고자 했던 가칭 "그리스도교 변명*Apologie de la religion chrétienne*"의 부산물이다. 즉 파스칼은 이 작품을 쓰기 위해 1657년 여름부터 1658년 여름까지 대부분의 기록과 단편을 모아두었는데, 결국 작품은 완성되지 못했고, 나중에 편집자들이 이를 『팡세』라는 제목으로 출간한 것이다.

파스칼은 여기서 다양한 철학적 체계를 빌어 인간의 조건을 검토한다. 그는 쾌락주의를 통해 인간의 불행과 행복에 대한 헛된 추구를 보여주고, 금욕주의를 통해 위대함에 대한 인간의 열망이 결국은 오만함 속에 좌초하고 마는 것을 증명한다. 그가 보기에 오로지 기독교적 계시만이 유일하게 인간이 처한 모순적 상황을 설명해 줄 수 있다. 인간이 본질적으로 진리와 최고선을 갈망하면서도 진실할 수 없고 최고선에 도달할 수도 없는 이유는 다른 것이 아니라 그의 원죄에서 비롯된다. 고로 오직 자비 또는 신에 대한 사랑만이 육체적 외관 뒤에 가려진 정신의 진실을 파악하게 하고, 십자가에 못 박힌 가련한 예수 그리스도에게서 진정한 마음의 주인을 알아보게 할 것이다.

파스칼의 『팡세』를 구성하는 단편적 형태는 성경과 성 아우구스티

누스, 몽테뉴의 사상에서 자양분을 공급 받은 역동적인 상상력과 대조법적인 사유의 힘을 집결시키는 데 기여한다. 『팡세』에 수록된 단편적 사유들은 앞으로 출현할 산문시를 예고하고 있기도 하다. 시대의 시련을 견뎌내고 지금까지 살아남은 『팡세』는 매 시대마다 새로운 해석을 불러일으켰다. 볼테르, 보들레르, 니체를 비롯해 마르크스주의자들, 실존주의자들, 구조주의자들에게 이르기까지 이 작품을 자기 나름의 관점으로 해석하고자 하지 않은 적이 없다. 『팡세』는 프랑스에서 그 어떤 작품보다도 큰 영향력을 미친 작품이라고 할 수 있다.

TEXTE

230

Que l'homme étant revenu à soi consdière ce qu'il est au prix de ce qui est, qu'il se regarde comme égaré dans ce canton détourné de la nature, et que de ce petit cachot où il se trouve logé, j'entends l'univers, il apprenne à estimer la terre, les royaumes, les villes et soi-même, son juste prix.

Qu'est-ce qu'un homme, dans l'infini?

Mais pour lui présenter un autre prodige aussi étonnant, qu'il recherche dans ce qu'il connaît les choses les plus délicates, qu'un ciron lui offre dans la petitesse de son corps des parties incomparablement plus petites, des jambes avec des jointures, des veines dans ses humeurs, des vapeurs dans ces gouttes, que divisant encore ces dernières choses il épuise ses forces en ces conceptions, et que le dernier objet où il peut arriver soit maintenant celui de notre discours. Il pensera peut-être que c'est là l'extrême petitesse de la nature.

Je veux lui faire voir là-dedans un abîme nouveau, je lui veux peindre non seulement l'univers visible, mais l'immensité qu'on peut concevoir de la nature dans l'enceinte de ce raccourci d'atome. Qu'il y voie une infinité d'univers, dont chacun a son firmament, ses planètes, sa terre, en la même proportion que le monde visible, dans cette terre des animaux, et enfin des cirons, dans lesquels il retrouvera ce que les premiers ont donné, et trouvant encore dans les autres la même chose sans fin et sans repos, qu'il se perde dans ces merveilles aussi étonnantes dans leur petitesse, que les autres par leur étendue! Car qui n'admirera que notre corps, qui tantôt n'était pas perceptible dans l'univers imperceptible lui-même dans le sein du tout, soit à présent un colosse, un monde ou plutôt un tout à l'égard du néant où l'on ne peut arriver?

231

L'homme n'est qu'un roseau, le plus faible de la nature, mais c'est un roseau pensant. Il ne faut pas que l'univers entier s'arme pour l'écraser, une vapeur, une goutte d'eau suffit pour le tuer. Mais quand l'univers l'écraserait, l'homme serait encore plus noble que ce qui le tue, puisqu'il sait qu'il meurt et l'avantage que l'unviers a sur lui. L'univers n'en sait rien.

Pensées, fragments 230, 231.

생각해 볼 문제

1. 당대 프랑스에서 포르루아얄 수도원을 중심으로 발전했던 얀센주의란 무엇인가?
2. 파스칼에 따르면, 우주 속에 처한 인간의 상황은 어떠한가?
3. 231번 텍스트에서 인간의 위대함이 어떤 면에서 역설적인가?
4. 파스칼의 유명한 '내기 이론'에서 저자가 궁극적으로 주장하는 바는 무엇인가?

참고문헌

Marie Pérouse, *L'Invention des Pensées de Pascal. Les éditions de Port-Royal (1670-1678)*, Éditions Honoré Champion, 2009.

Albert Béguin, *Pascal,* Seuil, Paris, 1952; nouvelle éd. 1981.

André Bord, *La vie de Blaise Pascal*, Beauchesne, Paris, 2000.

André Bord, *Lumière et Ténèbres chez Pascal*, Pierre Téqui, Paris, 2006.

Pierre Magnard, *Pascal – La clé du chiffre*, La Table ronde, 2007.

Hervé Pasqua, *Pascal, penseur de la grâce*, Téqui, 2000.

Laurent Thirouin, *Le Hasard et les règles : le modèle du jeu dans la pensée de Pascal,* Préface de Jean Mesnard, Vrin, Paris, 1991.

4) 장 라신, 『페드르』
Jean Racine (1639~1699) - *Phèdre*

사랑은 영혼 속에 감춰두는 불꽃이 아닙니다. L'amour n'est pas un feu qu'on renferme en une âme. 『앙드로마크*Andromaque*』

장 라신은 1639년 프랑스 북쪽의 라 페르테 밀롱이라는 작은 도시에서 태어났다. 세 살 때 부모를 여의고, 조부모 밑에서 자라다가 조부가 사망한 뒤 조모를 따라 파리 근교에 있는 얀센주의의 본산지 포르루아얄 수도원에 들어가게 된다. 1649년부터 4년간 포르루아얄의 선생들이 지도하는 프티트 에콜Petite Ecole에서 수학한 뒤 잠시 거처를 옮겨 보베의 기숙학교를 다닌 라신은 55년 다시 포르루아얄로 돌아와 니콜P. Nicole, 랑슬로Lancelot, 앙투안 르메트르Antoine Le Maistre 등에게 그리스·라틴어를 비롯하여 고대 문학의 정수를 배우면서 문학에 대한 꿈을 키워나갔다.

먼 친척뻘인 니콜라 비타르Nicolas Vitart의 주선으로 슈브뢰즈 공작 저택에서 집무를 맡아보던 라신은 우화작가인 라퐁텐La Fontaine을 비롯한 문인들을 사귀게 되고, 1660년 17세 때 루이 14세의 결혼을 축하하는 <센 강의 요정*la Nymphe de la Seine*>을 발표하여 당대 문단의 원로였던 샤플랭Jean Chapelain과 페로의 칭송을 받는다. 첫 작품의 성공으로 한껏 고무된 라신은 두 편의 비극을 썼으나 불행히도 파리의 극단들이 모두 상연을 거부함으로써 경제적인 어려움에 봉착하였다. 이에 라신은 경제적 안정을 보장하는 성직을 얻을 요량으로 위제스에서 주교 총대리로 있는 백부에게 갔다가 성직을 둘러싼 소송 사건에 환멸을 느끼고 63년 파리로 다시 돌아온다. 파리에 정착한 라신은 곧바로 시작에 착수하여 <왕의 쾌유에 관한 송가*Ode sur la convalescence du roi*>를 발표하였고, 이 시를 통해 국가에서 문인들에게 수여하는 연금 수혜자의 반열에 오르며 문인들과 폭넓게 교류할 기회를 얻었다.

1664년 라신은 몰리에르의 도움을 받아 왕권을 놓고 벌이는 두 형제간의 싸움을 그린 최초의 비극『라 테바이드*La Thébaïde*』를 발표하지만 관객의 관심을 끄는 데 실패하였다. 이듬해 영웅담이라기보다는 사랑의 감정에 치중한 연애 비극『알렉산더 대왕*Alexandre le Grand*』을 몰리에르 극장과 더불어 비극 전문인 부르고뉴 극장에서 이중으로 상연시킴으로써 몰리에르와 불화를 빚었지만 작품은 큰 성공을 거두게 된다. 이때부터 라신은 1677년까지 희극『소송광들*Les Plaideurs*』을 비롯해,『앙드로마크*Andromaque*』,『브리타니퀴스*Britannicus*』,『베레니스*Bérénice*』,『바자제*Bajazet*』,『미트리다트*Mithridate*』,『이피제니*Iphigénie*』,『페드르 *Phèdre*』로 이어지는 비극들을 계속해서 발표하면서 코르네유와 더불어 최고의 비극작가로 군림하게 된다.

1677년 라신은 삶의 전환기를 맞게 된다.『페드르』가 초연된 지 8개월 만에 루이 14세로부터 브왈로와 함께 왕실 사료편찬관으로 임명된 라신은 당대 문인에게 주어지는 최고의 영예라고 할 수 있는 새로운 부름에 헌신하기 위해 파리의 세속적이고 상업적인 무대와 완전히 결별하게 된다. 그와 함께 사생활에서도 큰 변화가 일어났다. 연극 무대에서 여러 배우들과 염문을 뿌렸던 라신은 같은 해 신심이 깊고 얌전한 규수 카트린 드 로마네Cathrien de Romanet를 아내로 맞이하여, 향후 모두 일곱 명의 자녀를 둔 건실한 가장의 삶을 시작한다.

하지만 루이 14세의 치적을 역사에 담고, 궁중대신으로 생활하면서도 여전히 라신은 글을 쓰는 사람으로 남아있었다. 그는 자신의 희곡을 계속 수정하여 개정판(1687, 1697)을 내놓았고, 왕실 구성원들이나 대귀족들의 요구가 있을 때에는 언제든지 펜을 들어 그에 응했다. 예를 들어 성서에서 줄거리를 따온 그의 종교극『에스테르*Esther*』와『아탈리 *Athalie*』는 루이 14세의 곁에서 막강한 영향력을 행사하던 멩트농 부인Mme de Maintenon의 청에 따라 생 시르 여학교의 학생들을 위해 쓴 작품이며, 1685년 쓴『평화에 관한 전원시*Idylle sur la Paix*』의 경우는 콜베르 대재상의 아들 세느레 후작Marquis de Seignelay를 위한 일종의 작은 오페라 대본이었다. 그 외에 라신이 쓴 작품으로는 성서의 아가서를 바탕으로 한『캉티크 스피리튀엘*Cantiques spirituels*』과 그의 사후에 발표된『포르르루아얄의 역사*Abrégé de l'histoire de Port-Royal*』가 있다. 이 작품들은 작가의 편지를 비롯한 기록들이 증언하듯 생애 말년에 되찾은 신앙심의 흔적이 짙게 배어 있다.

극작가로서의 유명세와 더불어 라신은 아카데미 프랑세즈와 문학·금석학 아카데미의 회원으로 활동하였으며, 루이 14세가 임명한 왕실 사료편찬관으로 루이 대왕의 위업을 세상에 널리 알리는 데 제몫을 다하였다. 1699년 파리에서 간 종양으로 사망하였다.

주요작품

1664 *La Thébaïde*
1667 *Andromaque*
1669 *Britannicus*
1670 *Bérénice*
1677 *Phèdre*
1689 *Esther*

『페드르*Phèdre*』(1677)

라신은 후일 '고전주의'라고 불리게 된 17세기 프랑스 비극에 최고의 형태를 부여했다. 그는 인간의 피할 수 없는 정념과 그로 인해 파멸에 이르는 주인공들의 심리를 섬세하고 자연스럽게 그려냄으로써 17세기 프랑스 고전 비극의 정수를 보여주었다. 특히나 음악과 가까운 12음절 알랙상드랭으로 쓰인 우아한 그의 문체는 프랑스어의 아름다움 그 자체라 해도 과언이 아닐 것이다.

그가 남긴 한 편의 희극과 열 한 편의 비극 가운데 1677년 파리의 연극계를 떠나기 직전에 발표된 『페드르』는 많은 이들로부터 라신의 최고 대표작으로 꼽힌다. 아마도 이 작품을 끝으로 너무나 갑작스럽게 파리 연극무대를 떠난 라신에 대한 아쉬움 혹은 궁금증 때문이었을까? 이 작품은 초연 당시 라신의 반대파들의 방해로 흥행에 실패하였지만 곧바로 그 작품성을 인정받아 1680년 코메디 프랑세즈 창립 후 첫 번째 공연작으로 선정되는 영광을 누렸을 뿐 아니라, 그 이후로 오늘날까지 연극계와 학계에서 가장 많이 다루어지며, 가장 많은 해석을 불러일으키는 작품이 되었다. 의붓아들 이폴리트에 대한 숙명적 사랑 때문에 자신은 물론 상대까지도 죽음이라는 파국으로 몰아넣게 되는 페드르의 비극적 운명을 다룬 이 작품의 소재는 고대 그리스의 비극 작가 에우리피데스와 세네카에게서 따온 것이다. 라신은 주인공 페드르의 숙명적인 정념을 소재로 가장 시적이면서도 심오한 작품을 만들어 냄으로써 이 작품에 고전주의 최고의 비극이라는 영예를 안겨주었다.

모두 5막으로 구성된 이 작품의 대략적인 줄거리를 소개하면 다음과 같다. 트레젠 왕국의 왕 테제의 부재가 길어지는 가운데 그의 젊은 아내 페드르는 의붓아들 이폴리트에 대한 고백할 수 없는 불륜의 사랑으로 나날이 쇠잔해져 가고 있다. 한편 이폴리트 역시 아버지가 금한 대상인 아리시에 대한 연정을 막을 길이 없다. 그러던 중 테제의 사망 소식이 들린다. 이에 페드르는 유모 외논의 권고에 따라 이폴리트에 대한 사랑을 고백하며, 아리시는 이폴리트의 사랑 고백에 화답한다. 이폴리트의 냉담한 태도로 고통스러워하던 페드르에게 남편 테제의 귀환 소식이 전해진다. 수치심과 절망으로 죽기를 결정한 페드르를 살리기 위해 유모 외논은 죄를 이폴리트에게 뒤집어씌운다. 이에 분노한 테제는 바다의 신 넵튄에게 아들 이폴리트를 죽여 달라고 간청한다. 페드르는 무고한 이폴리트를 살리고자 왕 앞에 나서지만 이폴리트가 아리시를 사랑한다는 말을 듣고 질투에 사로잡혀 진실을 고하려던 마음을 거둔다. 이폴리트의 결백을 증언하는 아리시와의 대면으로 테제가 마음의 동요를 느끼던 차, 외논이 자살했다는 소식이 들려온다. 테제가 황급히 저주의 말을 거두는 순간 테라멘은 이폴리트의 사망 소식을 전하고, 독약을 마시고 테제 앞에 나타난 페드르는 자기의 죄를 고백한 뒤 쓰러져 죽는다.

TEXTE

HIPPOLYTE :
Dieux! qu'est-ce que j'entends? Madame, oubliez-vous
Que Thésée est mon père, et qu'il est votre époux?

PHEDRE :
Et sur quoi jugez-vous que j'en perds la mémoire,
Prince? Aurais-je perdu tout le soin de ma gloire?

HIPPOLYTE :
Madame, pardonnez. J'avoue, en rougissant,

Que j'accusais à tort un discours innocent.
Ma honte ne peut plus soutenir votre vue;
Et je vais...

PHEDRE :

Ah! cruel, tu m'as trop entendue.
Je t'en ai dit assez pour te tirer d'erreur.
Hé bien! connais donc Phèdre et toute sa fureur.
J'aime. Ne pense pas qu'au moment que je t'aime,
Innocente à mes yeux, je m'approuve moi-même;
Ni que du fol amour qui trouble ma raison
Ma lâche complaisance ait nourri le poison.
Objet infortuné des vengeances célestes,
Je m'abhorre encore plus que tu ne me détestes.
Les Dieux m'en sont témoins, ces Dieux qui dans mon flanc
Ont allumé le feu fatal à tout mon sang;
Ces Dieux qui se sont fait une gloire cruelle
De séduire le cœur d'une faible mortelle.
Toi-même en ton esprit rappelle le passé.
C'est peu de t'avoir fui, cruel, je t'ai chassé;
J'ai voulu te paraître odieuse, inhumaine;
Pour mieux te résister, j'ai recherché ta haine.
De quoi m'ont profité mes inutiles soins?
Tu me haissais plus, je ne t'aimais pas moins.
Tes malheurs te prêtaient encore de nouveaux charmes.
J'ai langui, j'ai séché, dans les feux, dans les armes.
Il suffit de tes yeux pour t'en persuader,
Si tes yeux un moment pouvaient me regarder.
Que dis-je? Cet aveu que je te viens de faire,
Tremblante pour un fils que je n'osais trahir,
Je te venais prier de ne le point haïr.
Faibles projets d'un cœur trop plein de ce qu'il aime!

Hélas! Je ne t'ai pu parler que de toi-même.
Venge-toi, punis-moi d'un odieux amour. [...]
Voilà mon cœur. C'est là que ta main doit frapper.
Impatient déjà d'expier son offense,
Au-devant de ton bras je le sens qui s'avance.
Frappe. Ou si tu le crois indigne de tes coups,
Si ta haine m'envie un supplice si doux,
Ou si d'un sang trop vil ta main serait trempée,
Au défaut de ton bras prête-moi ton épée.
Donne.

생각해 볼 문제

1. 의붓아들 이폴리트에 대한 페드르의 사랑이 숙명적이라 얘기할 수 있는 이유는?
2. 라신의 비극에서 그리스 신화가 차지하는 역할은 무엇인가?
3. 자신의 사랑을 바라보는 페드르의 태도는 어떠한가? 이를 얀센주의와 연결시켜본다면?
4. 이 텍스트를 바탕으로 라신의 정념이 지니는 특징을 설명해본다면?

참고문헌

Georges Forestier, *Jean Racine*, Gallimard, Paris, 2006.

Jean Dubu, *Racine aux miroirs*, Sedes, Paris, 1992.

Jean Rohou, *Jean Racine : entre sa carrière, son œuvre et son Dieu*, Fayard, Paris, 1992.

Jean Rohou, *L'Evolution du tragique racinien*, Sedes, Paris, 1991.

Alain Viala, *Racine, la stratégie du caméleon*, Seghers, Paris, 1990.

Roland Barthes, *Sur Racine*, Seuil, Paris, 1963.

Raymond Picard, *La Carrière de Jean Racine*, Gallimard, Paris, 1961.

심민화, 『라신느 비극 연구』, 문학과 지성사, 1987.

4
18세기 문학

개요

넓게는 1685년 낭트칙령의 폐기에서 1815년 왕정복고까지, 좁게는 1715년 루이 14세의 죽음에서 1789년 대혁명까지의 기간을 프랑스 문학사에서는 18세기로 구분한다. 그리고 이 세기를 흔히 '빛의 세기 le siècle des Lumières'라고 부른다. 우리가 '계몽주의'라는 단어로 표현하는 이 거대한 문화적, 사상적 움직임은 시기와 강도의 차이가 있을지언정 유럽 공통의 현상으로, 영국에서는 'Enlightenment', 독일에서는 'Aufklärung'이라는 단어로 표현된다. 이 단어들에 공통적으로 들어있는 이미지인 '빛'은 기독교가 내세우는 신앙의 빛이 아니라, 이성의 빛이자 자연의 빛을 의미하며, 그것은 지적 이상과 동시에 삶의 태도를 함축한다.

인간 이성에 대한 신뢰는 계몽주의 정신의 핵심이다. 칸트가 정의했듯이, 계몽주의는 "인간이 그때까지 자신의 책임 때문에 머물러 있었던 미성년의 상태에서 탈출"하는 것이다. 즉, 계몽주의는 인간 이성이 그때까지 종속되어 있던 권위, 즉 교회와 정부의 권위에서 벗어나서 자신의 성숙과 독립을 선언하는 행위이다. 이제 자유를 되찾은 이성은 자연과 사회의 모든 영역에서 성역 없는 철저한 탐구를 수행할 권리를 요구할 것이다. 그리고 그 합리적 탐구는 진리에 도달하기 위해 여러 미신과 편견을 파괴할 것이다.

인간과 자연에 대한 신뢰는 새로운 도덕을 낳는다. 각 사회마다 다르고, 평화보다는 끊임없는 투쟁과 갈등의 원천으로 작용해 온 종교는 선과 악의 기준이 될 수 없다. 자신이 속한 사회의 편견을 버리고 자신의 본성을 이성적으로 살펴볼 때, 인간은 선과 악의 진정한 기준을 찾을 수 있다. 인간에게 쾌감과 유용성을 제공하는 것이 곧 선인 것이다. 여기서 '위마니떼humanité'라는 중요한 개념이 새롭게 등장한다. 그것은 인간들의 총체를 뜻하는 동시에 인류의 불행에 공감하는 태도를 뜻한다. '박애philanthropie'와 '선행bienfaisance'의 개념이 '기독교적 사랑charité chrétienne'의 개념을 대체한다.

계몽주의자들에게 인간은 본질적으로 사회적인 동물이다. 당시의 용어로 표현하자면 사회성sociabilité은 인간의 본성인 것이다. 그러나 이는 존재하는 사회의 상태가 모두 합리적이거나 필연적이라는 의미가 아니라 반대로 인간의 사회성에 맞추어 사회를 개혁해야 함을 의미한다. 정치적, 사회적 진보가 필연적으로 이루어지는 것은 아니지만, 모든 사람의 행복을 위해서는 필수적인 것이다. 그리고 여기서의 행복은 내세에서의 행복이 아니라 바로 현세에서의 행복이다. 계몽사상가들을 지칭하는 '철학자philosophe'라는 단어는 전문적인 교육을 받고 연구실에서 책 속에 파묻힌 지식전문가를 가리키는 것이 아니라, 자신의 이성을 사용하여 사회를 개혁하려는 태도를 전제로 하는 것이다.

기독교 비판

이성이 자신의 권리를 회복하기 위해 극복해야 했던 가장 큰 권위는 바로 교회의 권위이다. 이미 17세기말 퐁트넬의 여러 저작과 피에르 베일의 『역사 비평 사전*Dictionnaire historique et critique*』등으로 흔들리기 시작한 기독교의 권위는 18세기에 큰 타격을 입는다.

사상적 측면에서 18세기 프랑스에서 가장 두드러지는 사건 가운데 하나는 바로 유물론의 등장이다. 물론 일종의 형이상학 체계로서의 유물론은 고대부터 존재했고, 이미 17세기에도 몇몇 대담한 가설들이 지하에서 유통되었다. 그러나 이 시기에 와서 유물론은 자연과학의 발전에 힘입어 과학적 토대를 갖추게 된다. 라메트리의 『인간기계*L'Homme-machine*』, 디드로의 『달랑베르의 꿈*Le Rêve de d'Alembert*』 등은 당시 생물학의 가장 앞선 연구 결과를 바탕으로 급진적인 유물론을 전개한다. 디드로의 친구이자 후원자였던 돌바크는 이러한 유물론을 대중에게 보급하는 데 기여한다.

그러나 '철학자'의 대부분이 유물론자였던 것은 아니다. "이신론자 인터내셔널"이라는 한 역사가(G. Gusdorf)의 표현처럼 대부분의 계몽사상가들은 이신론자였다. 이신론은 기독교의 신을 비롯한 특정 종교의 신의 존재는 부정하지만, 이 우주의 창조자로서, 또는 우리가 자연에서 관찰하는 모든 조화와 질서의 원천으로서 최고의 지적 존재를 인정하는 것이다. 그런데 실제로 기독교에 대한 가장 강력한 공격은 바로 이신론자들에게서 나왔다. 그들에게 기독교를 비롯한 실증종교는 유일하게 진정한 종교인 자연종교의 퇴화되고 변질된 형태일 뿐이다. 신앙에서 어떤 일탈도 허락하지 않는 교회의 입장과는 반대로, 모든 인간은 자기가 적합하다고 생각하는 방식으로 신과 진리를 추구할 수 있다. 이러한 개인적 진리 추구권의 옹호가 바로 '톨레랑스'라는 개념이며, 계몽사상가의 대표자인 볼테르는 종교적 불관용의 희생자들의 면죄와 복권을 위해 투쟁하며 '톨레랑스'의 옹호자가 된다. 사상의 자유를 위해 벌인, 유럽 전역에 걸친 여론 전쟁에서 볼테르와 그의 동지들 간의 구호였던 "비열한 자를 짓밟아버리자Écraser l'infâme"는 이신론자들의 투쟁의 치열함을 보여준다.

왕정 비판

17세기에 완성된 '왕권신수설'에서 보듯이 구체제에서 종교와 정치는 매우 밀접한 관계를 갖는다. 그리고 18세기에 들어 종교와 함께 정치의 권위도 전면적인 비판의 대상이 된다.

왕권신수설과, 보다 일반적으로는, 기독교가 정치권력의 근원을 신에게서 찾은데 반해, 18세기의 정치사상은 전적으로 세속적이다. 사회계약론은 그 대표적인 예다. 한편으로는 그로티우스, 푸펜도르프 등 자연법 사상가들에 의해, 다른 한편으로는 홉스, 로크 등에 의해 발전된 사회계약론은 국가의 기원을 상호절멸을 피하려는 인간의 이성적 행동에서 찾았다. 그들은 왕정만이 유일하게 자연스러운 것이 아니라, 가능한 여러 정부형태 가운데 하나에 불과하며, 정치권력의 원천은 국민에게 있고, 국민은 일정한 쌍무적 계약조건에 따라 자신이 자연권을 지배자에게 위임한 것이라고 설파했다. 이러한 계약론적 전통은 바르베락Barbeyrac, 뷔를라마키Burlamaqui 등에 의해 계승되었고, 루소는 자신의 『사회계약론』에서 이 전통을 새롭게 급진적으로 해석했다. 다른 한편, 몽테스키외는 『법의 정신』에서 전제정치에 대한 날카로운 분석을 전개하고, 권력들의 분립과 견제라는 새로운 해결책을 제시했다. 이들의 사상은 디드로와 달랑베르의 『백과사전』 등을 통해 널리 퍼져나갔고, 미국 혁명과 프랑스 대혁명을 통해 이후 실제 정치에 지대한 영향을 미치게 된다.

물론 프랑스 대혁명이 계몽사상의 직접적인 결과라고 볼 수는 없다. 그리고 18세기 프랑스의 여러 움직임은 물론이고 계몽주의 역시 혁명의 관점에서 회고적으로 해석하는 것은 잘못된 태도임에 분명하다. 그러나 계몽사상이 없었다면 대혁명도 없었으리라고 주장하는 것은 큰 잘못은 아닐 것이다.

문학

17세기 고전주의의 완성미나 19세기 낭만주의의 새로움에 가려서 18세기 계몽주의 문학은 그 미학적 가치를 오랫동안 인정받지 못한 것이 사실이다. 또한 그 문학의 형식적인 독창성보다는 그 사상적 가치를 중시하는 경향이 있었던 것도 사실이다. 그러나 계몽주의의 비판 정신은 문학 영역에서도 많은 혁신을 가져왔다.

18세기 문학에서 가장 큰 역설은 극의 위치다. 볼테르 자신도 극작가로서 기억되고 싶어했고, 거의 모든 작가들이 극으로 성공을 꿈꾸었을 만큼 당시 극 장르는 문학 생활의 중심을 차지했다. 그러나 특히 많은 작가들이 자신의 운명을 걸었던 비극 장르에서는 볼테르의 몇몇 작품을 제외하고는 오늘날 우리에게 기억되는 작품이 거의 없다. 희극 장르는 조금 나은 편이다. 심리희극을 대표하는 마리보의 작품과 사회 풍자극을 대표하는 보마르셰의 작품들은 오늘날에도 자주 상연된다. 18세기는 또한 새로운 장르를 개발했다. 이 개혁에서 핵심적 역할을 한 사람은 디드로로서 그는 현실세계의 고민과 관심사를 담아낼 '진지한 장르genre sérieux'로서 '부르주아 드라마drame bourgeois'를 제시하고, 『사생아』, 『가부장』 등의 작품과 『사생아에 관한 대담』, 『극론』 등의 이론적 저작을 통해 그 가능성을 증명했다. 루이-세바스티엥 메르시에와 보마르셰는 장르의 혼합, 사회의 리얼리즘적 묘사 등 새로운 요구를 자신들의 드라마에서 실현한다.

그러나 무엇보다도 18세기는 소설의 세기로 기억될 것이다. 몽테스키외가 1721년 발표한 『페르시아인의 편지』는 문학과 계몽사상의 새로운 결합을 알린 바 있다. 볼테르의 경우에도 오늘날 독자들에게는 '철학 콩트'의 저자로 더욱 익숙하다. 그는 『자디그』, 『캉디드』, 『앵제뉘』 등의 작품을 통해 세상의 악과 불행, 인간의 운명 등을 다루었다. 심리 묘사에 있어서도 마리보와 아베 프레보의 작품은 새로운 경지를 열었다. 그러나 여기서도 가장 급진적인 개혁은 디드로에게서 찾아볼 수 있다. 그의 『이것은 콩트가 아닙니다』를 비롯한 몇몇 단편들은 소설 장르 자체에 대한 근본적인 반성을 전개하고 있고, 그의 실험정신은 『운명론자 자크』에 집대성된다.

반계몽주의적 경향들

계몽주의 정신이 이 세기의 주된 경향이었음에는 틀림없지만, 다른 경향들도 존재하며, 때로는 격렬한 논쟁을 야기했다. 감수성과 신비주의가 바로 그것이다.

새로운 감수성은 주로 문학 영역에서 등장한다. '부르주아 드라마'의 경우, 특히 '최루 희극comédie larmoyante'이라는 단어 자체가 보여주듯이 당시 극에서는 관객들의 감정에 주로 호소하는 경향이 지배적이었다. 소설에서도 아베 프레보의 『마농 레스코』와 루소의 『누벨 엘로이즈』는 이성의 메마름에 반대하는 새로운 감수성을 보여준다. 시 장르는 18세기 내내 큰 성과를 보이지 못하다가 세기말에 들어 앙드레 셰니에의 작품과 함께 부활한다.

카톨릭 신앙은 철학자들의 공격으로 전반적으로 약화되었다. 그러나 18세기 민중은 전체적으로 독실한 신자로 남아있었다. 공식적으로는 18세기 초에 금지된 장세니즘과 그 일파인 '경련파convulsionnaires'는 18세기 내내 파리를 비롯한 도시 서민들의 강력한 지지를 받았다. 다른 한편, 독일의 '경건주의piétisme'와 프랑스의 '정적주의quiétisme'는 기존 교회의 의례보다는 신비주의적 열정을 중시하는 새로운 종교적 감수성을 표현한다.

다른 한편 '계시주의illuminisme'라는 이름으로 대표되는 다양한 경향이 존재한다. '빛'을 의미하는 동일한 어원에도 불구하고 이는 계몽주의와 정반대되는 입장으로서 초자연적 현상, 신비주의, 때로는 사기에 가까운 마법에 대한 관심을 표현한다.

1) 몽테스키외, 『페르시아인의 편지』
Montesquieu, Charles-Louis de Secondat, baron de, (1689~1755) –*Les Lettres persanes*

덕성마저도 제약이 필요하다. La vertu même a besoin de limites. 『법의 정신 *De l'esprit des lois*』

몽테스키외라는, 그가 소유한 여러 영지 중 한 곳의 이름으로 잘 알려져 있는 샤를 루이 드 스공다는 전통 있는 보르도 귀족의 맏아들로 라브레드 성château de la Brède에서 태어났다. 보르도 대학과 파리 대학에서 법학을 전공하고, 1713년 아버지의 사망을 계기로 귀향한 그는 이듬해 보르도 법원 판사가 되고, 1715년에는 부유한 신교도 잔 드 라르티그Jeanne de Lartigue와 결혼한다. 1716년 삼촌이 사망하자 몽테스키외 남작령과 법원 의장직président à mortier을 물려받게 된다. 또한 같은 해, 보르도 아카데미 회원이 된다. 채 서른이 안 된 젊은 나이에 직위, 재산, 학식, 명성을 고루 갖춘 보르도의 명사의 위치를 굳힌 것이다.

그러나 몽테스키외는 판사라는 직업에 큰 열정을 가지지는 않았던 것으로 보인다. 또한 지방 귀족의 조용한 삶에 만족하기도 어려웠던 것으로 보인다. 1721년, 암스테르담에서 저자의 이름이 없고, 편집자의 주소와 이름도 가짜인 책 한 권이 출간된다. 서간집의 형태인 이 『페르시아인의 편지』는 "빵처럼 팔려나가게" 되고, 저자는 일약 파리 사교계의 스타가 된다.

1722년부터 1728년까지 약 6년의 '사교계 시기'에 그는 자신의 두 꿈을 실현하려 애쓴다. 그 하나는 아카데미 프랑세즈 회원이 되는 것이며, 다른 하나는 고급 외교관이 되는 것이다. 그 일환으로 1726년에는 그는 법원의장직까지 팔아버린다. 첫 번째 꿈은 그가 만 39세였던 1728년 1월에 실현된다. 그리고 같은 해, 그는 당시 많은 귀족 청년들이 그랬던 것처럼 대여행grand tour을 떠난다. 3년에 걸친 이 여행은 체험을 통해 세상을 배우려는 학문적 욕심뿐만 아니라, 외교적 역량을 인정받아 두 번째 꿈을 이루려는 야망을 충족시키기 위한 것이었다.

두 번째 꿈은 이루어지지 않았다. 그 꿈이 이루어졌더라면 아마 계몽사상가 몽테스키외는 존재하지 않았을지도 모른다. 1731년 6월 고향으로 돌아온 후, 몽테스키외는 2년에 걸친 작업 끝에 1734년 『로마 흥망의 원인에 관한 고찰*Considérations sur les causes de la grandeur des Romains et de leur décadence*』을 발표한다. 우연, 또는 신의 섭리로만 설명되던 역사적 현상들이 이성적으로 파악가능한 객관적 인과 관계를 가지고 있다는 점을 밝힘으로써 이 책은 근대 역사학의 선구적 업적이 된다.

이어서 1734년부터 그는 필생의 대작인 『법의 정신*De l'esprit des lois*』의 집필에 전념한다. 1747년에는 완전한 실명상태가 된다. 1748년에 발간된 이 책은 계몽주의의 대표작이다. 이 책의 목적은 크게 이론적 목적과 실천적 목적 두 가지로 구분할 수 있다. 전자는 법, 습속, 정치 체제, 종교 등 인간 현상의 무한한 다양성 속에서 그 현상들을 관통하는 원칙, 즉 "법의 정신"을 발견하려는 것이며, 후자는 전제주의로 치닫고 있는 프랑스에 "절제된 정부"라는 왕정의 기본 성격을 회복시켜 주는 것이다. 정부와 교회는 이 책에 대해 매우 민감하게 반응하며, 1751년에 이 책은 교황청의 금서 목록에 오르게 된다. 여러 박해 때문에 계몽주의자들 편으로 기울게 된 몽테스키외는 『백과전서』 집필에 참여한다. 또한 『백과전서』는 그의 사상을 널리 알리는 데 크게 기여한다.

1755년 초, 유행성 열병에 감염된 그의 상태는 급속도로 악화되어 곧 죽음을 맞게 된다. 계몽주의자들 가운데 유일하게 디드로만이 장례식에 참석하였다.

주요작품

1721 *Lettres persanes*

1734 *Considérations sur les causes de la grandeur des Romains et de leur décadence*

1748 *De l'Esprit des lois*

1750 *La Défense de «L'Esprit des lois»*

『페르시아인의 편지*Les Lettres persanes*』

두 페르시아인, 위스베크Usbek와 리카Rica는 지식에 대한 열망에 가득 차 고국을 등지고 프랑스에 오게 된다. 파리를 비롯한 프랑스 각지에서 약 10년간 체류하면서 두 주인공들은 서로, 그리고 페르시아에 남아있거나 유럽을 여행 중인 친구들과 서신을 교환한다. 이 작품은 이들을 포함한 여러 발신자와 수신자 사이의 편지 161편을 모은 '서간집'의 형태를 띠고 있다. 이 편지에서 그들은 유럽 사회에서 느낀 점을 말하고, 새로 발견한 유럽의 제도와 관습을 동방의 것과 비교한다. 이 비교 과정에서 18세기 초 프랑스 사회에 대한 독창적인 풍자화가 그려지게 된다. 순진한 이방인의 눈이라는 문학적 장치를 통해 프랑스 사회의 여러 모순과 문제점이 고발되는 것이다. 그 고발은 몇몇 개인적 악습에 대한 희화화에 그치지 않고, 프랑스 왕정의 절대주의, 그 사상적, 이데올로기적 기반으로서의 기독교 등 체제의 모순 자체에 대한 근본적인 비판에까지 이른다.

『페르시아인의 편지』의 명성은 작품의 통렬한 사회비판적 측면에서 기인한 바가 크다. 또한 이 작품에는 『법의 정신』에서 전개될 정치사상가의 깊이 있는 통찰의 맹아를 발견할 수 있다. 그러나 우리는 동시에 이 책이 제목 그대로 '페르시아 편지', 즉 '페르시아 사람이 쓴, 페르시아에 관한 편지'라는 점을 잊어서는 안 된다. 위스베크의 '유학'은 실제로는 정치적 망명이며, '계몽주의자'로서 비판적 사유를 전개하는 위스베크는 동시에 가장 비인간적인 체제인 '하렘의 전제군주'이기도 하다. 이 냉정한 폭군이 고향에 남겨둔 처첩들 및 하렘을 관리하는 내시들과 교환한 편지는 전체 161편의 4분의 1이 넘는 40여 편에 이른다.

이 작품의 '페르시아 이야기'는 전에는 당시 독자들의 이국취향에 대한 양보나, 선정적인 이야기로 사회 비판의 날카로움을 덮는 포장지 역할을 맡고 있는 것으로 평가절하 되기도 했다. 그러나 이 '서간집'이 위스베크가 가장 사랑했던 애첩 록산의 배신과 자살로 끝난다는 점은 매우 의미심장하다. 서구의 관습에 대해서는 통찰력 있는 비판을 제기하는 주인공이 자신을 이미 배척한 자기 사회에서 자신의 사회적, 정치적, 경제적 입장이 가지는 모순에 대해서는 맹목적이며, 변화를 거부하는 맹목적인 주인공의 태도가 자신과 그의 하렘을 파국으로 몰아간다는 결말은 계몽주의적 비판 이성이 이미 계몽주의의 초기에 스스로의 정당성과 보편성에 대해 근본적인 질문을 제기하고 있다는 사실을 보여준다.

TEXTE

Lettre CLXI
Roxane à Usbek, à Paris

Oui, je t'ai trompé; j'ai séduit tes eunuques; je me suis jouée de ta jalousie; et j'ai su de ton affreux sérail faire un lieu de délices et de plaisirs.

Je vais mourir; le poison va couler dans mes veines: car que ferais-je ici, puisque le seul homme qui me retenait à la vie n'est plus? Je meurs; mais mon ombre s'envole bien accompagnée: je viens d'envoyer devant moi ces gardiens sacrilèges, qui ont répandu le plus beau sang du monde.

Comment as-tu pensé que je fusse assez crédule, pour m'imaginer que je ne fusse dans le monde que pour adorer tes caprices? que, pendant que tu te permets tout, tu eusses le droit d'affliger tous mes désirs? Non: j'ai pu vivre dans la servitude; mais j'ai toujours été libre: j'ai réformé tes lois sur celles de la nature; et mon esprit s'est toujours tenu dans l'indépendance.

Tu devrais me rendre grâces encore du sacrifice que je t'ai fait; de ce que je me suis abaissée jusqu'à te paraître fidèle; de ce que j'ai lâchement gardé dans mon cœur ce que j'aurais dû faire paraître à toute la terre; enfin de ce que j'ai profané la vertu en souffrant qu'on appelât de ce nom ma soumission à tes fantaisies.

Tu étais étonné de ne point trouver en moi les transports de l'amour: si tu m'avais bien connue, tu y aurais trouvé toute la violence de la haine.

Mais tu as eu longtemps l'avantage de croire qu'un coeur comme le mien t'était soumis. Nous étions tous deux heureux; tu me croyais trompée, et je te trompais.

Ce langage, sans doute, te paraît nouveau. Serait-il possible qu'après t'avoir accablé de douleurs, je te forçasse encore d'admirer mon courage? Mais c'en est fait, le poison me consume, ma force m'abandonne; la plume me tombe des mains; je sens affaiblir jusqu'à ma haine; je me meurs.

Du sérail d'Ispahan, le 8 de la lune de Rebiab 1, 1720

Montesquieu, *Lettres Persanes*, éd. P. Vernière, Bordas, 1992.

생각해 볼 문제

1. 이 편지를 소리 내어 읽어보고, 그 음악성이 가진 효과를 생각해 보자.
2. 록산의 편지를 위스베크의 편지(L.XXVI)와 비교하여 읽어보고, 그 전복적 성격을 생각해보자.
3. 록산의 여러 행위들이 정당화될 수 있는지, 가능하다면 어떤 근거로 그런지 생각해보자.
4. 이 편지와 141번째 편지를 비교해보자.
5. 이 작품이 가진 사회비판적 기능을 다른 편지들을 통해 찾아보자.

참고문헌

Georges Benrekassa, *Montesquieu. La liberté et l'histoire*, Le Livre de Poche, 1987.

Jean Goldzink, *Charles-Louis de Montesquieu, Lettres Persanes*, PUF, coll. «Etudes littéraires», 1989.

Céline Spector, *Montesquieu, Les «Lettres persanes»*, PUF, coll. «Philosophie», 1997

2) 볼테르, 『캉디드 또는 낙관주의』

Voltaire, François-Marie Arouet (1694~1775) - *Candide ou l'Optimisme*

인간에게 복종하기보다 신에게 복종하기를 더 원한다는, 따라서 당신의 목을 딸 때 천국에 들어갈 자격이 생긴다고 확신한다고 말하는 이에게 무슨 대답을 하겠는가?
Que répondre à un homme qui vous dit qu'il aime mieux obéir à Dieu qu'aux hommes et qui, en conséquence, est sûr de mériter le ciel en vous égorgeant?
『철학사전*Dictionnaire philosophique*』

볼테르라는, 자신이 만든 가명으로 후세에 알려진 프랑수아 마리 아루에의 삶은 18세기의 부르주아 계급과 계몽주의 철학의 운명을 집약하여 대표한다. 프랑스 18세기를 '볼테르의 세기'라고 지칭하는 것은 결코 과장이 아니다.

파리의 부유한 공증인의 아들로 태어난 젊은 아루에는 매우 영리한 학생으로서 콜레쥬 루이 르 그랑에서 예수회 스승들의 수준 높고 개방적인 교육을 받았다. 실제로 볼테르처럼 많은 '철학자'들이 예수회의 교육을 받았지만, 나중에는 예수회의 적이 된다. 그는 어려서부터 사교계 인사들과 교류하고 문필가의 삶을 시작한다. 그의 날카로운 재능과 글은 일찍부터 명성과 시련을 함께 가져다준다. 1716년에 섭정 필립 도를레앙 공을 겨냥한 풍자문 때문에 이미 유배를 경험한 바 있던 그는 다음 해에 다시 비슷한 일을 저질러 바스티유에 11개월 동안 갇히게 된다. 다른 한편, 1718년 비극 『외디푸*Œdipe*』로 엄청난 성공을 거두고, 그는 문단과 사교계의 총아로 등장한다. 그의 재능에 대한 궁정의 총애와 그의 자유로운 글과 말에 대한 처벌이 번갈아 계속된다. 보다 일반적으로 말하자면, 정치권력과의 이중적 관계는 그의 삶 전체를 관통한다.

1726년 한 귀족과의 다툼 때문에 다시 바스티유에 갇힌 그는 석방조건으로 영국으로 망명을 떠난다. 약 2년 반 동안 머무른 영국에서 그는 로크로 대표되는 경험 철학, 뉴턴의 자연 철학, 그리고 입헌주의와 정치적 자유를 발견하게 되며, 이 경험을 '영국 서간'이라고도 불리는 『철학 서간*Lettres philosophiques*』을 통해 프랑스에 알린다. 프랑스에 귀국한 그의 관심사는 문학을 떠나지는 않지만 이제 정치와 철학 쪽으로 기울게 된다. 정치적 탄압의 가능성은 항상 존재했기에, 1734년 이후 그는 당시에는 프랑스 영토에 속해있지 않던 로렌 지방, 시레Cirey의 샤틀레 부인의 집에 거처하게 된다. 지적 동반자이자 연인이었던 에밀리 뒤 샤틀레Emilie du Châtelet와 보낸 시간은 볼테르 개인에게는 가장 행복한 시기였다. 1745년 다시 파리로 돌아온 볼테르는 루이 15세의 호의를 얻어 국왕의 공식 역사가로 임명되나, 곧 다시 왕의 호의를 잃는다. 1749년에는 샤틀레 부인이 죽는다. 1750년 다시 프랑스를 떠나야 할 입장에 처한 그는 프로이센의 국왕 프리드리히 2세의 궁정으로 간다. 볼테르는 이미 전부터 프리드리히 2세와 서신을 교환하였으며, 그를 '계몽전제군주despote éclairé'의 모델로 생각했다. 그러나 철학자와 황제 사이의 관계는 그다지 원만하지 못했고, 1753년 구금과 탈주 등의 비극적이고 폭력적인 종말을 맞는다.

프로이센에서 쫓겨나고 파리로 돌아갈 수도 없는 볼테르는 알자스 지방을 전전하다가 1755년 스위스에 거주하기로 결심한다. 그는 구입한 영지를 델리스Délices라고 이름붙이지만, 신교도의 땅도 그에게 행복과 평화를 주지 못한다. 1758년, 볼테르는 제네바와 프랑스 국경에 위치한 페르네Ferney 성을 구입하고 마침내 정착할 곳을 찾는다. 그는 황무지와 늪지를 개간하고, 비단 공장을 지어 주민들을 가난과 무지에서 해방시켰다. 그러나 그는 외딴 곳에 칩거하며, '족장le Patriarche'의 지위에 만족한 것은 아니다. 반대로, 신교 및 구교 두 교회의 위협과 정치권력의 탄압에서 상당히 자유로워진 그는 종교적 광신과 불관용에 대한 투쟁을 적극적으로 전개한다. '톨레랑스'를 위한 투쟁의 예로 잘 알려진 '칼라스 사건'(1762)을 비롯한 여러 사건들에 여론을 통하여 적극적으로 개입한 것이다. 또한 『캉디드』를 비롯한 많은 작품이 거기서 집필되었다. 1760년대 이후, 페르네 성은 프랑스를 비롯한 유럽 전역의 귀족, 학자, 문필가들이 한 번은 방문해야 할 순례지가 되었다.

1775년, 88세의 나이에 볼테르는 파리로 돌아온다. 그의 귀환은 승전한 왕의 귀환만큼이나 성대한 환영을 받았다. 파리 시민들은 위대한 극작가이자, 소설가, 그리고 억압받는 사람들의 옹호자에게 최고의 환대를 보인 것이다. 그는 그해 5월 파리에서 사망한다. 그러나 볼테르를 둘러싼 싸움은 그의 죽음 이후에도 계속된다. 처음에는 기독교도의 땅에 그를 매장하는 것이 거부되었기 때문이다. 1791년 7월 11일, 혁명 축제 가운데 그의 유해는 팡테옹으로 이장된다.

주요작품

1718 *Œdipe*

1734 *Lettres philosophiques*

1747 *Zadig*

1759 *Candide*

1763 *Traité sur la tolérance*

1764 *Dictionnaire philosophique*

볼테르의 굴욕

1726년, 오래된 귀족 가문 출신인 로앙-샤보 기사le chevalier de Rohan-Chabot가 코메디 프랑세즈에서 만난 볼테르에게 평민 출신의 성을 가진 사실을 비웃는다. 그러자 독설가인 볼테르는 지지 않고 "볼테르라는 성은 내게서 시작되지만, 당신의 성은 당신으로 끝날 거요Voltaire! Je commence mon nom et vous finissez le vôtre."라고 대꾸한다. 화가 난 귀족은 며칠 후 하인들을 시켜 볼테르에게 몽둥이찜질을 한다. 모욕을 당해 분격한 볼테르는 한때 결투 신청을 고려하고, 법에 호소하여 명예를 회복하려 하지만, 그의 귀족 친구들 중 아무도 그의 편을 들어주지 않는다. 오히려 이 사건으로 그는 바스티유에 갇혔다가 영국으로 피신하게 된다. 이는 당시 계급 사회의 모습을 대표하는 예다.

『캉디드 또는 낙관주의*Candide ou l'Optimisme*』

1759년 1월에 출간된 이 작품은 볼테르의 여러 '철학 콩트*contes philosophiques*' 가운데서도 가장 유명한 작품이다.

캉디드라는 이름 그대로 매우 순진한 젊은 주인공은 툰데르텐트롱크 남작의 성에서 "이 세상 모든 것은 최상의 상태에 있다"는 스승 팡글로스의 말을 신탁처럼 굳게 믿으며 행복한 삶을 살다가 어느 날 남작의 딸 퀴네공드와 '금지된 과일'을 맛본 죄로 성에서 쫓겨난다. 이어서 그는 세상의 모든 불행, 또는 악mal을 체험하게 된다. 그 악, 또는 불행은 당시의 용어를 빌자면, 물질계의 악le mal physique과 정신계의 악le mal moral로 나뉠 수 있다.

물질계의 악으로는 우선 추위와 굶주림, 병, 그리고 지진, 폭풍우와 같은 자연 현상을 들 수 있다. 1755년에 일어난 리스본의 대지진은 이 작품에서도 언급되는 사건이지만 볼테르가 이 작품을 쓰게 된 계기 중

하나로 꼽힌다. 그런데 주인공을 더욱 괴롭히는 것은 정신계의 악이다. 유럽뿐만 아니라 신대륙에서도 벌어지는 전쟁과 군인들의 "영웅적 살육", 구걸과 매춘을 강요하는 가난, 네덜란드, 포르투갈, 그리고 역시 신대륙에서도 되풀이되어 목격되는, 종파의 차이를 넘어서는 종교적 광신과 위선, 인간 사이의 교역에 만연한 사기와 파산, 수리남의 흑인이 그 참상을 증언하는 노예제도, 그리고 권력 투쟁과 정치적 살상 등이 그것이다.

이처럼 볼테르는 악 또는 불행이 도처에 존재하는 세계를 그린다. 캉디드의 정처 없는 여정은 지구상 어떤 곳도 재앙에서 벗어날 수 없다는 사실을 독자들에게 일깨워주는 듯하다. 주인공은 어쩌면 다른 곳에서는 행복을 찾을 수 있으리라는 희망을 품지만, 냉혹한 현실은 늘 그의 희망을 깨뜨린다. 선의는 승리하지도 보답을 받지도 못한다. 순진하고 착한 캉디드 역시 악의 소용돌이에 휘말려들어 자신도 살인을 저지르게 된다. 이 여정을 겪으며, 캉디드는 점차 꿈에서 깨어나고 스승 팡글로스의 낙관적 세계관에 의문을 품으며, 마침내 스승의 말을 끊고 자신의 견해를 피력하기에 이른다.

캉디드의 이러한 체험을 통해 이 작품의 부제인 '낙관주의'가 부정되는 듯이 보인다. 이 세상은 피조물들의 행복을 위하여, 인간의 지혜로서는 파악할 수 없지만 분명히 존재하는 전지전능한 존재가 구상한 질서에 따라 만들어진 것이 아니다. 신의 섭리providence란 존재하지 않는다. 선장이 선창의 쥐들의 안위를 걱정하지 않는 것처럼, 신이 존재한다 할지라도 그는 인간의 행복에는 관심이 없다. 실상 팡글로스로 대표되는, "코는 안경을 걸치고, 다리는 양말을 신으라고 존재한다는" 순진한 낙관주의la métaphysico-théologo-cosmolonigologie는 제1장부터 그 터무니없음을 드러낸다. 그러나 작품은 악은 모든 곳에 존재하고 선은 존재하지 않으며, 인간은 본질적으로 악하다고 생각하는 마르탱이 대표하는 '비관주의'의 손을 들어주는 것도 아니다. 캉디드는 "노동은 권태, 죄악, 궁핍이라는 세 가지 불행을 물리친다"는 어느 노인의 가르침을 요약하여 "우리 정원을 가꾸어야 한다"고 선언한다.

주인공의 이 마지막 말은 '철학 소설'에서 철학적이고 엄밀한 논거와 결론을 기대한 독자들에게는 어쩌면 조금은 실망스럽게 들릴지도 모른다. 그러나 우리는 이 작품의 부제가 '반-낙관주의'도 '찬-낙관주의'도 아닌, 그저 '낙관주의'라는 점에 주목해야 한다. 이 작품은 아마도 이 수많은 인간의 불행과 악 앞에서 '낙관주의'의 가능성을 차분히 검토해보라는 권유일 것이다.

TEXTE

Chapitre Troisième
Comment Candide se sauva d'entre les Bulgares, et ce qu'il devint

Rien n'était si beau, si leste, si brillant, si bien ordonné que les deux armées. Les trompettes, les fifres, les hautbois, les tambours, les canons, formaient une harmonie telle qu'il n'y en eut jamais en enfer. Les canons renversèrent d'abord à peu près six mille hommes de chaque côté; ensuite la mousqueterie ôta du meilleur des mondes environ neuf à dix mille coquins qui en infectaient la surface. La baïonnette fut aussi la raison suffisante de la mort de quelques milliers d'hommes. Le tout pouvait bien se monter à une trentaine de mille âmes. Candide, qui tremblait comme un philosophe, se cacha du mieux qu'il put pendant cette boucherie héroïque.

Enfin, tandis que les deux rois faisaient chanter des Te Deum chacun dans son camp, il prit le parti d'aller raisonner ailleurs des effets et des causes. Il passa par-dessus des tas de morts et de mourants, et gagna d'abord un village voisin; il était en cendres: c'était un village abare que les Bulgares avaient brûlé, selon les lois du droit public. Ici des vieillards criblés de coups regardaient mourir leurs femmes égorgées, qui tenaient leurs enfants à leurs mamelles sanglantes; là des filles éventrées après avoir assouvi les besoins naturels de quelques héros rendaient les derniers soupirs; d'autres, à demi brûlées, criaient qu'on achevât de leur donner la mort. Des cervelles étaient répandues sur la terre à côté de bras et de jambes coupés.

Candide s'enfuit au plus vite dans un autre village: il appartenait à des Bulgares, et des héros abares l'avaient traité de même. Candide, toujours marchant sur des membres palpitants, ou à travers des ruines, arriva enfin hors du théâtre de la guerre, portant quelques petites provisions dans son bissac, et n'oubliant jamais mademoiselle Cunégonde. Ses provisions lui manquèrent quand il fut en Hollande; mais ayant entendu dire que tout le monde était riche dans ce pays-là, et qu'on y était chrétien, il ne douta pas qu'on ne le traitât aussi bien qu'il l'avait été dans le château de monsieur le baron, avant qu'il en eût été chassé pour les beaux yeux de mademoiselle Cunégonde.

Voltaire, *Candide ou l'optimisme*, Hachette, coll. «Bibliolycée», 2002.

생각해 볼 문제

1. 이 소설은 그 이전의 전통적 소설들과 형식적인 측면에서 어떤 관계를 갖는가?
2. 반어, 풍자, 과장법 등이 사용된 예를 찾아보고, 그것이 텍스트 전체에 어떤 의미를 부여하는지 생각해보자.
3. 이 텍스트에서 기독교의 위상은 어떻게 그려지는가?
4. 팡글로스의 '조화'의 개념이 여기서 어떻게 비판되는가?

참고문헌

Pierre-Georges Castex, *Micromégas, Candide, l'Ingénu de Voltaire*, SEDES, 1959.
Marie-Hélène Dumestre, *Le Conte philosophique voltairien*, Hatier, 1995.

Jean Goldzink, *Voltaire : la légende de saint Arout,* Gallimard, 1994.
Jacques Van Den Heuvel, *Voltaire dans ses contes*, Armand Colin, 1967.

3) 장-자크 루소, 『고백록』

Jean-Jacques Rousseau (1712~1778) - *Les Confessions*

인간은 자유롭게 태어났으나, 어디서나 쇠사슬에 묶여 있다. L'homme est né libre, et partout il est dans les fers. 『사회계약론*Du contrat social*』

루소는 18세기 프랑스 사회 및 문단에서 매우 독특한 위치를 차지한다. 계몽사상가들, 특히 디드로와 절친한 친구였던 그는 곧 그들의 적이 되었고, 문필가이면서도 학문과 예술이 도덕의 타락을 가져온다고 비난했다. 루소는 이성의 세기에 지나친 합리주의에 대한 경종을 울렸고, 이성 위주의 문학에 새로운 감수성을 불어 넣었다.

장-자크 루소는 1712년 제네바에서 태어났다. 어머니는 출산 후유증으로 며칠 후 죽게 된다. 1722년 아버지가 제네바를 떠나고, 장-자크는 랑베르시에 목사, 외삼촌의 집 등에서 자라다가 1725년 한 조각가의 집에 도제로 들어간다. 고된 도제 생활을 견디지 못한 그는 1728년 제네바를 떠나 안시Annecy에 가서 그의 운명에 결정적인 영향을 준 바랑 부인Mme de Warens을 만나게 된다. 이후 1742년까지 대체로 행복한 시절을 보내는데 이 시기는 그의 『고백록』에 잘 그려져 있다.

1742년 새로운 악보표기법을 가지고 파리에 오지만 기대하던 성공은 얻지 못한다. 1745년 테레즈 르바쇠르Thérèse Levasseur를 만나고 약 30년간 함께 살게 된다. 그들 사이에 다섯 아이가 생기는데, 모두 고아원에 맡긴다. 이 시기에 디드로와 친구가 되고 볼테르와 서신 교환을 시작한다. 1749년경 『백과사전』의 항목들을 집필하고 디종 아카데미의 논문상 공모에 당선된다. 이것이 그의 '첫 번째 논문'이라 불리는 『학문과 예술론*Discours sur les sciences et les arts*』이다. 1752년에는 그가 작곡한 오페라 『마을의 점쟁이*Le Devin du village*』를 퐁텐블로에서 국왕 앞에서 상연하고 큰 성공을 거둔다. 1756년 이후, 데피네 부인의 도움으로 몽모랑시의 '에르미타쥬'에 정착하나, 데피네 부인은 물론 디드로 및 다른 철학자들과의 사이가 급격히 나빠진다.

1761년 큰 성공을 거둔 『누벨 엘로이즈』에 이어, 1762년에는 『에밀』과 『사회계약론』을 출간한다. 교회와 국가를 공격한 이 책들 때문에 루소는 파리와 제네바 양쪽에서 유죄판결을 받는다. 루소는 프랑스와 스위스로부터 당시 프로이센 영토였던 모티에Motiers로 피신한다. 1765년 모티에 주민들에게서 쫓겨난 그는 흄의 도움으로 영국에 건너갔다가 1767년 콩티 공의 보호 아래 프랑스로 돌아온다. 1769년 『고백록』을 완성하고 1772년에서 1776년까지 『루소가 장-자크를 판단하다*Rousseau juge de Jean-Jacques*』를 쓴다. 루소 자신이 정말로 다른 사람들 앞에 죄를 지은 것인지, 아니면 다른 사람들이 자신에 대해 음모를 꾸민 것인지 판단하는 것이 그 글의 목적이다. 1777년 『고독한 산책자의 몽상*Les Rêveries du promeneur solitaire*』을 쓴다. 1778년 사망한 그의 유해는 1794년 팡테옹에, 그의 대표적인 적이었던 볼테르의 유해 맞은편에 안치된다.

벵센의 '계시'

1749년 여름, 디드로는 유물론적 저작인 『맹인에 관한 서간』을 비롯한 몇몇 불온서적을 집필한 죄로 벵센 성château de Vincennes에 갇힌다. 친구 디드로의 면회를 가기 위해, 더운 여름날 파리에서 8킬로미터나 되던 성까지 걸어가던 루소는 『메르퀴르 드 프랑스』를 펼치고 거기서 디종 아카데미가 제시한 논문상의 제목 "학문과 예술의 부흥이 풍속의 순화에 기여하는가?"라는 문제를 본다. "그것을 읽자마자 나는 새로운 세계를 보고, 새로운 인간이 되었다." 루소는 디드로에게 가서 자신의 결심, 즉 그 질문에 부정적으로 대답하리라는 의지를 밝힌다. 디드로는 루소의 생각에 동의하며 격려하고, 루소는 논문상에 응모하여 상을 타고, 그 결과가 『학문과 예술론』이다. "내 인생과 불행의 나머지는 바로 그 한 순간의 길 잃음의 피할 수 없는 결과였다." 그러나 디드로 쪽의 증언에 따르면, 루소는 평범한 긍정적 대답을 가지고 왔고, 역설을 권한 것은 바로 디드로였다고 한다.

주요작품

1762 *La Nouvelle Héloïse*
1762 *Emile*
1762 *Du contrat social*
1765~1770 *Les Confessions*
1776~1778 *Les Rêverie du promeneur solitaire*

『고백록*Les Confessions*』

1765년에서 1770년 사이에 집필된 『고백록』은 탄생에서 1765년 영국으로 떠날 결심을 하게 될 때까지 루소 자신의 삶을 재구성한 글이다. 이 책은 각각 6권으로 이루어진 두 부분으로 크게 나뉜다.

1권에서 4권까지 루소는 자신의 최초 20년의 삶을 그린다. 대체로 행복한 어린 시절은 사회적 불의의 발견으로 어두워진다. 자신이 저지르지 않은 잘못으로 처벌을 받은 경험, 그리고 자신이 저지른 도둑질을 하녀에게 덮어씌운 경험 등이 그것이다. 5권과 6권은 1731년에서 1742년까지 바랑 부인과 함께 보낸 완벽한 행복의 시절을 그리고 있다. 7권은 1742년에서 1749년까지 파리 생활의 시작을 환기한다. 8권에서 루소는『학문과 예술론』집필의 계기가 된 그 유명한 1749년의 벵센의 "계시illumination"와 그 논문 수상이 가져온 불행에 대해 이야기한다. 9권에서 11권은 루소가 파리 근교의 에르미타쥬에 정착한 때부터 체포영장의 발부로 스위스로 떠나게 된 시기까지를 다룬다. 여기서 그는 디드로 및 그 친구들과의 관계가 악화된 이유를 설명한다. 마지막 12권은 스위스에서의 망명 기간의 첫 3년을 다룬다.

서문과 1권의 앞부분에서 루소는 "자연의 모든 진실 속에서 한 인간"의 모습을 조금의 미화도 없이 그리는 것이 바로『고백록』전체의 목적임을 밝힌다. 그런데 이러한 기획의 근본적 동기가 보다 구체적으로 설명되는 것은 바로 7권에서다. 1부에서 그려진 대체로 행복한 삶에 대비되는 "엄청난 과오"와 "유례없는 불행"을 예고하는 7권에서 루소 자신을 겨냥한 "음모complot"가 존재한다는 강박관념이 본격적으로 등장한다. 자신을 박해하며, 특히 자기가 진실을 밝히는 것을 방해하는 적들이 존재한다는 것이다. 이러한 생각은 도처에 자신을 엿보는 첩자가 있으며, 사람들이 이제 자기 명성뿐만 아니라 목숨을 해치려 한다고 상상하는 거의 광적인 단계에 이른다. 하지만 이러한 강박관념은『고백록』이라는 "전례도 모방자도 없는" 새로운 텍스트를 낳는다.

『고백록』은 무엇보다도 근대적 의미의 최초의 자서전이다. 루소는 여기서 자신의 삶을 매우 자유롭고 솔직하게 이야기하는데, 이는 후세의 전범이 된다. 이 텍스트는 또한 아주 흥미로운 소설처럼 읽힌다. 비록 실망과 우여곡절로 점철되어 있기는 하지만 장-자크의 여정은 자신의 운명을 믿으며, 독자들의 눈앞에서 점차 성인이 되어가는 한 젊은

이의 성장소설과도 같다. 끝으로 우리는 이 텍스트에서 인간 존재에 대한 깊이 있는 분석을 볼 수 있다. 자신의 삶을 이야기하면서, 루소는 한 개인의 성격 형성에 있어서 자연, 교육, 종교, 그리고 사회의 역할을 평가한다. 『고백록』에서 환기되는 기억들은 단지 우스꽝스럽거나 감동적인 일화가 아니라 인간의 본성에 대한 통찰을 제공한다.

TEXTE

Intus et in cute[1)]

Je forme une entreprise qui n'eut jamais d'exemple, et dont l'exécution n'aura point d'imitateur. Je veux montrer à mes semblables un homme dans toute la vérité de la nature; et cet homme, ce sera moi.

Moi seul. Je sens mon coeur, et je connais les hommes. Je ne suis fait comme aucun de ceux que j'ai vus; j'ose croire n'être fait comme aucun de ceux qui existent. Si je ne vaux pas mieux, au moins je suis autre. Si la nature a bien ou mal fait de briser le moule dans lequel elle m'a jeté, c'est ce dont on ne peut juger qu'après m'avoir lu.

Que la trompette du jugement dernier sonne quand elle voudra, je viendrai, ce livre à la main, me présenter devant le souverain juge. Je dirai hautement: Voilà ce que j'ai fait, ce que j'ai pensé, ce que je fus. J'ai dit le bien et le mal avec la même franchise. Je n'ai rien tu de mauvais, rien ajouté de bon; et s'il m'est arrivé d'employer quelque ornement indifférent, ce n'a jamais été que pour remplir un vide occasionné par mon défaut de mémoire. J'ai pu supposer vrai ce que je savais avoir pu l'être, jamais ce que je savais être faux. Je me suis montré tel que je fus: méprisable et vil quand je l'ai été; bon, généreux, sublime, quand je l'ai été: j'ai dévoilé mon intérieur tel que tu l'as vu toi-même. Etre éternel, rassemble autour de moi l'innombrable foule de mes semblables; qu'ils écoutent mes con-

---

1) Intérieurement et sous la peau

fessions, qu'ils gémissent de mes indignités, qu'ils rougissent de mes misères. Que chacun d'eux découvre à son tour son coeur au pied de ton trône avec la même sincérité, et puis qu'un seul te dise, s'il l'ose: «Je fus meilleur que cet homme-là.»

Rousseau, *Les confessions*, Folio-classique

생각해 볼 문제

1. 이 텍스트가 묘사하고 있는 상황을 머릿속에 그림으로 그려보자.
2. 이야기의 솔직함과 그 진실성의 관계를 생각해보자.
3. 루소의 자아관에 대해 생각해보자.

참고문헌

Jean-Louis Lecercle, *Rousseau et l'art du roman*, Genève, Slatkine, 1979.

Jean Starobinski, *La Transparence et l'obstacle*, Gallimard, 1971.

Tzvétan Todorov, *Frêle bonheur. Essai sur Rousseau,* Hachette, 1985.

4) 드니 디드로, 『운명론자 자크와 그의 주인』
Denis Diderot (1713~1784) - *Jacques le fataliste et son maître*

질서를 부여하려는 자를 경계하라.
질서를 부여한다는 것은 언제나 타인들을 속박하면서 그들의 주인이 되는 것이다.
Méfiez-vous de celui qui veut mettre de l'ordre.
Ordonner, c'est toujours se rendre le maître des autres en les gênant.
『부갱빌 여행기 부록*Le Supplément au voyage de Bougainville*』

동시대 사람들에게서 '철학자le philosophe'라는 호칭을 얻은 디드로는 계몽주의 철학자들의 지적 모험을 대표한다. 그는 어떤 체계적인 학설도 남기지 않았지만, 유물론 철학의 발전에 지대한 공헌을 하였고, 극, 소설, 미술비평 등 여러 문학 장르에서 혁신을 이루었으며, 무엇보다도 계몽주의의 역작인 『백과사전*Encyclopédie ou Dictionnaire raisonné des sciences, des arts et des métiers*』을 완성했다.

드니 디드로는 1713년 랑그르에서 칼을 만드는 장인으로서 지방의 유복한 중소 부르주아였던 디디에 디드로의 맏아들로 태어났다. 그는 예수회 학교에서 스승들의 촉망을 받으며 뛰어난 학업 성적을 보였고, 처음에는 아버지가 원하는 대로 성직자의 길을 택하려는 것처럼 보였다. 1728년 그는 파리로 상경하여 학업을 계속한다. 그의 젊은 시절의 삶은 아직도 정확히 밝혀지지 않았다. 확실한 것은 그는 지금의 리세 앙리 IV인 콜레쥬 다르쿠르collège d'Harcourt와 소르본에서 철학과 신학을 공부하였다는 점이다. 그렇지만 그의 삶은 아버지가 바라던 대로 모범적이지는 않았고, 실망한 아버지는 그에 대한 경제적 지원을 끊는다. 1735년경 이후의 그의 파리에서의 '부랑아bohême'로서의 삶은 물질적으로는 궁핍했지만, 지적으로는 매우 풍요로웠다. 그는 젊은 사상가들 및 문필가들과 사귀고, 새로운 철학에 심취했으며, 연극에 빠져들었고, 영어를 배우고 수학과 자연과학에 눈을 떴다. 1743년에는 아버지의 반대에도 불구하고 앙투아네트 샹피옹Antoinette Champion과 결혼한다.

이미 몇 권의 영국 서적을 번역한 그는 1747년, 젊은 출판업자들이 연합하여 추진한 『백과사전』 사업의 책임편집자가 된다. 원래는 1728년 영국에서 두 권으로 출간된 챔버스Chambers의 『백과사전*Cyclopaedia*』을 번역하려던 이 사업은 디드로의 재능과 25년간의 헌신적인 노력 덕택에 17권의 텍스트와 11권의 도판본이라는 대작으로 귀결된다.

이 막중한 업무를 수행하면서도 그는 여러 개인적 저작을 발표한다. 1749년에는 『맹인에 관한 편지*Lettres sur les aveugles*』라는 무신론적 저작 때문에 약 100일간 벵센 성에 갇히기도 하였다. 『백과사전』은 정부와 교회 양측의 맹렬한 공격과 탄압을 받는다. 『달랑베르의 꿈*Le Rêve de d'Alembert*』은 그의 대담한 유물론적 자연 철학을 보여주며, 『부갱빌 여행기 부록*Le Supplément au voyage de Bougainville*』은 그 유물론의 도덕적, 정치적 함의를 보여준다. 그는 『사생아*Le Fils naturel*』, 『가장*Le Père de famille*』 등의 작품과 그 작품들을 동반하는 이론적 저작을 통해 '부르주아 극'의 가능성을 연다. 『라모의 조카*Le Neveu de Rameau*』, 『수녀*La Religieuse*』, 『운명론자 자크*Jacques le fataliste*』 등을 통해 소설 장르의 혁신을 이루었으며, 1759년부터 1781년까지 『살롱*Salons*』을 발표하며 미술비평을 개척하기도 했다.

그의 만년의 삶은 '계몽전제군주정'의 체험과 정치사상의 심화로 특징지을 수 있다. 이미 1765년경부터 그의 재정적 후원자였고 서신을 교환했던 러시아의 예카테리나 2세의 초청으로 디드로는 1773년 페테르스부르크에 가서 여제의 곁에 머물며, 여제의 정치 개혁안에 대해 토론한다. 그러나 디드로는 볼테르만큼이나 철학자와 황제의 만남에서 실망하고 이는 그의 정치사상을 더욱 심화시킨다. 계몽전제군주제의 허위성을 인식한 그는 미국혁명을 적극적으로 지지하고, 당시로서는 매우 혁명적인 정치개혁을 요구한다. 1784년 평생의 애인이었던 소피 볼랑Sophie Volland이 죽은 지 몇 달 후 디드로도 숨을 거둔다.

디드로와 살구

1751년 출간된 『백과사전』 1권에서 디드로는 다르장빌d'Argenville이 집필한 <살구Abricots> 항목을 보충하여, 살구잼 만드는 방법을 자세히 기술한다. 보수적인 학자들에게 이 항목은 많은 공격을 받는다. 귀한 지면을 그토록 쓸데없는 정보를 전달하는 데 낭비하느냐는 것이다. 이는 보수적인 학자들과 디드로를 비롯한 백과전서파 지식인들 사이의 학문과 지식에 대한 관점의 차이를 보여준다. 후자들에게는 인간과 관련된 모든 분야는 귀천이 없이 진지한 학문적 성찰의 대상이 될 수 있는 것이다. 아마 디드로는 개인적으로도 살구를 몹시 좋아했던 것 같다. 디드로의 딸이 쓴 전기에 따르면 디드로는 1784년 7월 30일 점심식사에서 후식으로 살구를 집었다. 아내가 말리자, 그는 "도대체 그게 나한테 무슨 해가 된다는 말이오?"라고 말하고는 살구를 먹었고, 몇 번 기침을 한 후, 세상을 떠났다.

주요작품

1746 *Pensées philosophiques*

1749 *Lettre sur les aveugles*

1751~1772 *Encyclopédie ou Dictionnaire raisonné des sciences, des arts et des métiers.*

1757 *Le Fils Naturel*

1758 *Le Père de famille*

1759~1781 *Les Salons*

1760 *La Religieuse*

1762~1773 *Le Neveu de Rameau*

1769 *Le Rêve de d'Alembert*

1771~1786 *Jacques le fataliste et son maître*

1778 *Essai sur les règnes de Claude et Néron.*

『운명론자 자크와 그의 주인*Jacques le fataliste et son maître*』

어디서 와서, 왜, 어디로 가는지 알 수 없는 주인과 하인의 여행 이야기와 그 여행에서 마주치는 사람들이 주고받는 수많은 이야기들이 뒤섞여 무엇이 진짜 줄거리이고, 무엇이 여담인지 알 수 없는 이야기들의 총체인 이 작품은 프랑스에서는 19세기 내내 부정적 평가의 대상이었다가 20세기에 들어서 18세기 최고의 소설 가운데 하나로 꼽히고 있다. 우리는 이 작품의 제목이 암시하는 대로 세 가지 관점에서 이 책에 접근할 수 있을 것이다.

첫째는 철학적 관점이다. '운명론자 자크'라는 표현에서 우리는 이 책이 '운명론'이라는 세상을 해석하는 하나의 관점에 관한 것임을 짐작할 수 있기 때문이다. 그렇다면 여기서 '운명론'은 무엇을 의미하는가? 많은 평자들은 그것이 디드로가 평생 동안 발전시킨 유물론의 논리적 귀결인 결정론을 의미한다고 본다. 그렇다면 우리 '철학자'는 이 소설에서 결정론을 지지하는가, 아니면 결정론의 무의미함을 증명하려는 것인가? 이도 저도 아니라면, 소설을 통해 결정론에 대한 찬반 논거를 저울질하는 것인가? 다른 한편, 그 결정론은 수동적인 숙명론을 의미하는가? 아니면 적극적인 현실 개입을 보장하는 능동적 세계관인가?

둘째는 정치적 관점이다. 우리는 이 소설의 두 주인공의 관계에 주목할 수 있다. 그 관계는 주종관계이며, 따라서 정치적 관계이다. 비록 주인은 끝까지 이름도 밝혀지지 않고 매우 겁 많고 수동적이며 의존적인 인물로 그려지지만, 화가 나면 자크에게 매질을 할 권리가 있다. 물론 자크는 끊임없이 주인에게 실제로는 주인의 주인은 자크라는 사실을 상기시키고, 마치 대혁명을 예고하는 듯한 '큰 사슴' 여인숙에서의 정면충돌 이후에 자크는 주인에게 새로운 '사회계약'을 체결하도록 강요한다. 그러나 자크의 지배는 계속될 것인가? 작품의 끝 부분에 주인의 살인행위 때문에 감옥에 가게 되는 것은 하인 자크라는 점을 상기할 필요가 있다.

셋째는 순전히 문학적 관점이다. 주인과 하인의 여행 이야기라는 점에서 이 작품은 서구 근대소설의 효시로 간주되는 『동키호테』 이야기를 연상시킨다. 직접적으로는 이 소설은 스턴의 『트리스트럼 샌디 Tristram Shandy』의 패러디로 시작하지만, 전체적으로 볼 때, 이 소설은 기존의 서구 소설 전체에 대한 문제제기이자 뒤집기이다. 먼저, 이 소설의 첫 문장은 '작가'에게 건네는 '독자'의 질문으로 시작된다. 전지전능한 작가가 "옛날 옛적 어디에 아무개가 살고 있었다"라고 이야기를 전하는 일반적인 소설 형식 자체가 거부되는 것이다. 물론 작품 속에 등장하는 '작가'는 소설 쓰기의 쉬움을 강조하며 자신의 전지전능함을 과시하려 하지만, 호기심 많고 질문 좋아하는 '독자'의 요구에 자신이 종속되어 있음을 인정하지 않을 수 없다. 마침내 '작가'는 자신이 실제로는 '편집자'에 불과하다면서 세 가지 결말을 제시하고 '독자'에게 선택을 맡기는 매우 특이한 방식으로 이 작품은 끝을 맺는다.

요컨대 이 소설 같지 않은 소설은 인간과 세계, 주인과 하인, 작가와 독자라는 세 가지 관계에 대한 근본적 질문을 제시하면서 그 관계들의 가변성을 지적하는 철학적, 정치적, 문학적 탐구인 것이다.

TEXTE

Comment s'étaient-ils rencontrés? Par hasard, comme tout le monde. Comment s'appelaient-ils? Que vous importe? D'où venaient-ils? Du lieu le plus prochain. Où allaient-ils? Est-ce que l'on sait où l'on va? Que disaient-ils? Le maître ne disait rien; et Jacques disait que son capitaine disait que tout ce qui nous arrive de bien et de mal ici-bas était écrit là-haut.

LE MAITRE. – C'est un grand mot que cela.

JACQUES. – Mon capitaine ajoutait que chaque balle qui partait d'un fusil avait son billet.

LE MAITRE. – Et il avait raison...

Après une courte pause, Jacques s'écria: «Que le diable emporte le cabaretier et son cabaret!»

LE MAITRE. – Pourquoi donner au diable son prochain? Cela n'est pas chrétien.

JACQUES. – C'est que, tandis que je m'enivre de son mauvais vin, j'oublie de mener nos chevaux à l'abreuvoir. Mon père s'en aperçoit ; il se fâche. Je hôche de la tête; il prend un bâton et m'en frotte un peu durement les épaules. Un régiment passait pour aller au camp devant Fontenoy; de dépit je m'enrôle. Nous arrivons; la bataille se donne...

LE MAITRE. – Et tu reçois la balle à ton adresse.

JACQUES. – Vous l'avez deviné; un coup de feu au genou; et Dieu sait les bonnes et mauvaises aventures amenées par ce coup de feu. Elles se tiennent ni plus ni moins que les chaînons d'une gourmette. Sans ce coup de feu, par exemple, je crois que je n'aurais été amoureux de ma vie, ni boiteux.

LE MAITRE. – Tu as donc été amoureux?

JACQUES. – Si je l'ai été!
LE MAITRE. – Et cela par un coup de feu?
JACQUES. – Par un coup de feu.
LE MAITRE. – Tu ne m'en as jamais dit un mot.
JACQUES. – Je le crois bien.
LE MAITRE. – Et pourquoi cela?
JACQUES. – C'est que cela ne pouvait être dit ni plus tôt ni plus tard.
LE MAITRE. –Et le moment d'apprendre ces amours est-il venu?
JACQUES. – Qui le sait?
LE MAITRE. – A tout hasard, commence toujours...

Diderot, *Jacques le fataliste et son maître*, Hatier, 2005.

생각해 볼 문제

1. 자크의 운명론이 등장하는 부분들을 찾아보고 과연 그것이 설득력 있는지 의견을 말해보자.
2. 첫 문단에서 '독자'와 '작가'의 관계가 어떤지 살펴보자.
3. 인용된 텍스트의 앞부분과 뒷부분에 쓰인 'hasard'라는 단어에 유의하여 이 텍스트를 다시 읽어보자.

참고문헌

Huguette Cohen, *La Figure dialogique dans Jacques le Fataliste*, Nizet, 1976.

Béatrice Didier, *Jacques le Fataliste et son maître de Diderot*, Gallimard, 1998.

Elisabeth de Fontenay, *Diderot ou le Matérialisme enchanté*, Le Livre de Poche, 1984.

Roger Kempf, *Diderot et le roman ou Le démon de la présence*, Ed. du Seuil, 1964.

5) 보마르셰, 『피가로의 결혼』

Beaumarchais, Pierre-Augustin Caron (1732~1799) - *La Folle journée, ou le Mariage de Figaro*

내가 내 글에서 권위도, 종교도, 정치도, 도덕도, 현직에 계신 분들도, 신망 있는 기관도, 오페라도, 다른 무대예술도, 뭔가 중요성 있는 인물도 언급하지만 않는다면 나는 무엇이든지 자유롭게 출판할 수 있다. 단지 검열관 두어 명의 감독만 받으면 말이다. Pourvu que je ne parle en mes écrits ni de l'autorité, ni du culte, ni de la politique, ni de la morale, ni des gens en place, ni des corps en crédit, ni de l'Opéra, ni des autres spectacles, ni de personne qui tienne à quelque chose, je puis tout imprimer librement, sous l'inspection de deux ou trois censeurs. 『피가로의 결혼*La Folle journée, ou le Mariage de Figaro*』

보마르셰는 수많은 얼굴을 가진 사람이다. 그는 문필가, 극작가, 편집인인 동시에 시계공, 발명가, 음악인이며 정치인, 첩자, 무기상이자 혁명가이기도 했다. 그의 삶은 '모험 소설'이라고 부를 수 있을 만큼 파란만장한 사건들, 수많은 여행, 소송, 세 번의 결혼, 여러 애정관계, 엄청난 경제적 성공과 실패의 연속으로 이루어져 있다.

피에르-오귀스탱 카롱은 1732년 파리에서 시계공의 아들로 태어났다. 그 역시 어려서부터 이 직업에서도 재능을 보였다. 21세에 그가 발명한 기술을 동업자가 가로채자, 소송을 걸어 권리를 되찾게 되고 이것이 그의 수많은 소송들 가운데 첫 번째가 된다. 1756년, 자기보다 열

살이 많은 과부 마들렌-카트린 오베르탱과 결혼하여, 아내의 영지 이름을 따서 보마르셰라는 이름을 얻게 된다. 그러나 첫 번째 아내는 1년 만에 죽고, 보마르셰는 아내를 살해했다는 의심을 받게 된다. 이 사건 역시 오랜 소송으로 이어진다. 1768년 결혼하여 1770년 많은 유산을 남기고 사망한 두 번째 아내의 사후에도 그는 유산을 횡령하였다는 의혹을 받고 소송에 시달리게 된다.

그의 야심과 매력, 권모술수 덕택에 궁정에 들어가게 된 그는 국왕의 딸들에게 하프를 가르치기도 하고, 몇몇 소희극을 쓰기도 했다. 1774년경부터는 정부를 위해 외국에 파견되어 몇몇 임무를 수행하기도 했고, 간첩 혐의로 감금되기도 했다. 특히 미국독립전쟁에서 그는 중요한 역할을 맡게 된다. 독립군 측에 자금을 전달하기도 하고, 동시에 유령회사를 세워 무기를 밀매하여 큰돈을 벌기도 했다. 프랑스대혁명에서도 혁명군에게 무기를 공급하였지만, 구금과 망명을 겪게 된다. 1796년에야 귀국한 그는 정치활동을 계속하다가 1799년 사망한다.

보마르셰는 어려운 상황에 처할 때마다, 글쓰기의 도움을 받는다. 편지, 팜플렛, 보고서 등을 통해 그는 권력자나 여론을 자기편으로 만들었다. 독자를 감동시키거나 웃게 만드는 표현을 찾아내는 재주를 가졌던 것이다. 그의 극에서도 이런 재주를 찾아볼 수 있다. 그의 대표작인 피가로 삼부작에서 『세비야의 이발사*Le Barbier de Séville*』와 『피가로의 결혼*Le Mariage de Figaro*』은 검열제도와 충돌을 빚었고 상연되기까지 오랜 시간을 기다려야 했다. 전자는 1775년, 후자는 1784년에야 상연될 수 있었다. 많은 논쟁을 촉발했지만, 이 두 작품은 엄청난 성공을 거두었고, 18세기 프랑스 극의 대표작으로 꼽힌다.

그러나 보마르셰의 문학적 업적은 이것이 전부가 아니다. 그는 1777년 '극작가협회Société des auteurs et compositeurs dramatiques'를 창설하여 작가들의 권리를 보호하기 위해 노력했고, 1789년 대혁명이 일어난 후, 마침내 저작권 개념이 인정되는 데 큰 기여를 했다. 그는 또한 최초의 볼테르 전집을 편집하였고, 그 일에 막대한 재산을 쏟아 부었다.

주요작품

1775 *Le Barbier de Séville ou la Précaution inutile*

1778 *La Folle journée, ou le Mariage de Figaro*

1792 *L'Autre Tartuffe, ou la Mère coupable*

『피가로의 결혼*La Folle journée, ou le Mariage de Figaro*』

피가로는 알마비바 백작의 집사이다. 그는 백작부인의 시녀 쉬잔과 결혼을 준비하고 있다. 그러나 『세비야의 이발사』의 줄거리로 짐작하자면, 이미 3년 전 피가로의 도움으로 부인과 결혼한 백작은 쉬잔에게 흑심을 품고 있다. 쉬잔이 자기 요구를 따르지 않자 백작은 복수심에서 그녀와 피가로의 결혼을 방해한다. 두 연인은 백작부인의 도움을 받아 백작의 음모를 폭로하여 그가 쉬잔을 포기하고 그들의 결혼에 동의하도록 만든다.

이러한 중심 줄거리에 여러 부수적인 인물들이 끼어든다. 의사 바르톨로의 하녀인 마르슬린은 피가로에게 사랑을 느낀다. 그녀는 피가로에게서 만일 그가 진 빚을 갚지 못하면 결혼하겠다는 약속을 얻어낸다. 재판을 맡은 백작은 소송을 서두르고, 피가로는 꼼짝없이 마르슬린과 결혼하게 된다. 그때 모두가 놀랍게도 피가로가 마르슬린과 바르톨로 사이에서 태어난 사생아였다는 사실이 밝혀진다. 아래 인용된 텍스트는 바로 그 발견을 뒤잇는 장면이다. 이제 바르톨로가 마르슬린과 결혼하게 되는 것이다. 이밖에도 백작의 시동으로 모든 여자들의 뒤꽁무니를 쫓아다니며 질투를 불러일으키는 젊은 셰뤼뱅의 이야기, 쉬잔으로 가장하여 백작의 부정을 폭로하는 백작부인의 이야기 등이 이 작품의 재미를 더해준다.

자신의 기지로 주인의 불의한 요구를 좌절시키는 하인의 이야기라는 중심 줄거리에서 볼 수 있듯이, 이 작품은 사회 풍자의 성격을 매우 강하게 띠고 있다. 아래 텍스트에서 볼 수 있는 여성의 권리에 대한 적극적인 옹호 외에도, 구체제의 신분제도 자체가 직접 문제시된다. 매우 유명한 5막 3장의 긴 독백에서 피가로는 다음과 같이 말한다. "당신은 태어나는 수고를 했을 뿐, 더 이상 아무런 수고도 하지 않았소. 게다가 그저 평범한 인물일 뿐... 하지만 나는, 맙소사, 이름 없는 대중 속에 파묻혀서, 단지 목숨을 유지하기 위해서만도 에스파냐를 100년 동안 다스리기 위해 필요했던 것보다도 더 많은 학식과 계산을 발휘해야 했소." 이처럼 백작과 피가로의 대립은 자신의 부당한 특권에 매달리며 죽어가는 구체제와 젊음과 희망으로 가득 찬 신세계 사이의 대립을 상징하는 것으로 볼 수 있다. 특히 이러한 비판이 극이라는 형식을 통해 표현되었다는 것은 주목할 일이다. 왜냐하면 그 사회비판은 그 반응이 즉각적인 관객, 즉 대중에게 직접 제시되는 것이기 때문이다. 집필 후 4년 만에야 상연될 수 있었고, 독일 점령기에도 마찬가지로 상연이 금지되었던 것은 바로 이 작품이 가진 전복적 성격을 잘 보여준다.

그러나 이 사회비판적, '혁명적' 성격 때문에 작품의 고유한 문학적 가치를 소홀히 해서는 안 될 것이다. 무엇보다도 이 작품은 여러 줄거리와 등장인물들을 매우 성공적으로 조합한 뛰어난 '줄거리 희극 comédie d'intrigue'이다. 또한 작품에 사용된 뛰어난 문학적 표현과 능숙한 언어 사용에 주의를 기울여야 한다. 감탄문, 의문문, 호격의 적절한 배치, 반어, 풍자, 대조를 통한 설득력의 강화 등이 그것이다. 끝으로 이 작품은 18세기 극 개혁 운동의 핵심이라 할 수 있는 드라마 장르의 개발과 혁신에서 많은 도움을 받았다는 점을 지적할 수 있다. 희극 장르와 진지극 장르, 리얼리즘과 환상, 사회 묘사와 개인의 심리분석, 언어, 음악, 몸짓 등을 적절히 배합함으로써, 이 작품은 고전주의적 극작법을 뛰어넘어 디드로가 꿈꾸던 '총체극spectacle total'의 꿈을 일부나마 성공적으로 실현한다.

TEXTE

Acte III, Scène 16

BARTHOLO. – Des fautes si connues! une jeunesse déplorable.

MARCELINE, *s'échauffant par degrés.* – Oui, déplorable, et plus qu'on ne croit! Je n'entends pas nier mes fautes; ce jour les a trop bien prouvées! mais qu'il est dur de les expier après trente ans d'une vie modeste! J'étais née, moi, pour être sage, et je la suis devenue sitôt qu'on m'a permis d'user de ma raison. Mais dans l'âge des illusions, de l'inexpérience et des besoins, où les séducteurs nous assiègent pendant que la misère nous poignarde, que peut opposer une enfant à tant d'ennemis rassemblés? Tel nous juge ici sévèrement, qui, peut-être, en sa vie a perdu dix infortunées!

FIGARO. – Les plus coupables sont les moins généreux; c'est la règle.

MARCELINE, *vivement.* –Hommes plus qu'ingrats, qui flétrissez par le mépris les jouets de vos passions, vos victimes! C'est vous qu'il faut punir des erreurs de notre jeunesse; vous et vos magistrats, si vains du droit de nous juger, et qui nous laissent enlever, par leur coupable négligence, tout honnête moyen de subsister. Est-il un seul état pour les malheureuses filles? Elles avaient un droit naturel à toute la parure des femmes: on y laisse former mille ouvriers de l'autre sexe.

FIGARO, *en colère.* – Ils font broder jusqu'aux soldats!

MARCELINE, *exaltée.* –Dans les rangs même plus élevés, les femmes n'obtiennent de vous qu'une considération dérisoires; leurrées de respects apparents, dans une servitude réelle; traitées en mineures pour nos biens, punies en majeures pour nos fautes! Ah! sous tous les aspects, votre conduite avec nous fait horreur ou pitié!

FIGARO. – Elle a raison!

LE COMTE, *à part.* –Que trop raison!

BRID'OISON. – Elle a, mon-on Dieu, raison!

MARCELINE. – Mais que nous font, mon fils, les refus d'un homme injuste? Ne regarde pas d'où tu viens, vois où tu vas: Cela seul importe à chacun. Dans quelques mois ta fiancée ne dépendra plus que d'elle-même; elle t'acceptera, j'en réponds. Vis entre une épouse, une mère tendre qui te chériront à qui mieux mieux. Sois indulgent pour elles, heureux pour toi, mon fils; gai, libre et bon pour tout le monde; il ne manquera rien à ta mère.

Beaumarchais, *Le Mariage de Figaro*, GF-Flammarion, 2008.

생각해 볼 문제

1. 몰리에르의 희곡과 비교하여 이 작품이 가진 특징은 무엇인가?

2. 이 텍스트에서 전개되는 여성의 권리 옹호 주장은 어떤 문학적 장치를 통해 뒷받침되는가?

3. Marceline의 기분의 변화를 추적해보고 그 의미를 생각해보자.

참고문헌

Maurice Lever, *Pierre Augustin Caron de Beaumarchais, t. I, L'Irrésistible ascension. 1732-1774,* Fayard, 1999, t. II, *Le Citoyen d'Amérique. 1775-1784*, Fayard, 2003, t. III, *Dans la tourmente. 1785-1799*, Fayard, 2004.

Rene Pomeau, *Beaumarchais ou la bizarre destinée*, PUF, 1987.

6) 쇼데를로 드 라클로, 『위험한 관계』

Pierre Ambroise François Choderlos de Laclos (1741~1803)
- *Les Liaisons dangereuses*

내 원칙들은 내 깊은 성찰의 열매입니다.
내가 그것들을 창조한 것이죠. 그러니 나는 내 자신의 작품이라고 말할 수 있을 것입니다.
Mes principes sont le fruit de mes profondes réflexions;
je les ai créés, et je puis dire que je suis mon ouvrage.
『위험한 관계*Les Liaisons dangereuses*』

피에르 앙브루아즈 프랑수아 쇼데를로 드 라클로는 1741년 아미엥에서 태어났다. 둘째 아들인 그는 군인의 길을 택했지만 뿌리 깊은 귀족 가문은 아니었기에 포병에 만족해야 했다. 하지만 수학적이고 체계적인 그의 성격에 포병은 상당히 어울리는 선택이었다. 그 증거로 그는 나중에 '속이 빈 포탄'이라는 혁신적 발명에 참여하게 된다.

라클로는 상당히 야심에 찬 인물이었던 것으로 보인다. 그러나 그가 군에서 보낸 젊은 시절은 1763년 '7년 전쟁'이 끝난 후 대혁명까지 상대적으로 평화로운 시기였다. 승진의 길도 거의 막힌 채, 답답한 병영 생활을 보내야했던 그는 문학에서 자기 야망을 실현할 계획을 세운다. 1777년 7월 19일 마리-앙투아네트 왕비 앞에서 단 한 번 상연되고 실패한 오페라-코믹 『에르네스틴*Ernestine*』을 비롯한 몇몇 잘 알려지지 않은 작품들을 발표하기도 했다. 1778년 이후, 라클로는 두 번이나 6개월 휴가를 얻어내면서 『위험한 관계』의 집필에 몰두한다. 마침내 1782년 출간된 이 작품은 초판본 2,000권이 한 달 만에 팔리고, 이어서 2년 동안 약 10번 재판을 찍을 정도로 큰 성공을 거둔다.

그러나 군은 풍속을 교란하는 이 책을 용납할 수 없다. 그에게는 브르타뉴의 주둔지로 복귀하라는 명령이 내려지고, 이어 그는 라로셸에 파견된다. 거기서 그는 42세의 나이에 마리-술랑쥬 뒤페레Marie-Soulange Duperré라는 24세의 젊은 여인을 만나 곧 아이를 갖게 된다. 하지만 라클로는 그의 소설의 주인공 발몽과 같은 파렴치한 리베르탱이 아니었다. 라클로는 평생의 유일한 사랑이었던 그녀와 1786년 결혼하고 아이를 자기 자식으로 인정했으며, 결국 두 아이의 자상한 아버지가 되었다.

문필가로서의 라클로의 삶에서 한 가지 더 주목할 만한 사실은 그가 1783년 한 논문상에 응모하기 위해 『여성 교육론*Des Femmes et de leur éducation*』을 썼다는 사실이다. 여성 해방이라는 주제는 이미 『위험한 관계』에서도 상당한 중요성을 차지하고 있다.

1788년 군을 떠난 후, 그는 대혁명 이후 보다 굴곡 있는 삶을 살게 된다. 혁명 초기에는 오를레앙 공을 지지하다가, 공화파로 진영을 바꾸기도 하며 자신의 야망을 추구한 그는 여러 차례 투옥과 처형의 고비를 넘기기도 한다. 그러나 마침내 그와 같은 포병장교 출신인 젊은 장군 보나파르트를 만나게 되고, 1800년 군에 복귀한다. 1803년 이탈리아의 타란토에 주둔하던 그는 병으로 죽게 된다.

주요작품

1777 *Ernestine*

1782 *Les Liaisons dangereuses*

1783 *Des Femmes et de leur éducation*

『위험한 관계*Les Liaisons dangereuses*』

한때 연인이었던 두 리베르탱 메르퇴유 후작부인과 발몽 자작은 서로의 비밀을 털어놓고 정복 대상을 함께 물색하는 협조자이자, 서로 '무훈'을 겨루는 라이벌이다. 쉬운 먹잇감인 세실을 권하는 메르퇴유에게 발몽은 리베르탱으로서의 자신의 명예를 위해 독실한 신앙심을 가진 정숙한 투르벨 부인을 정복하겠다는 계획을 밝힌다. 발몽은 성공하지만, 자신이 실제로 투르벨 부인을 사랑한다는 것을 느끼게 된다. 이는 리베르탱으로서는 패배에 해당한다. 메르퇴유 부인은 질투심을 느끼고, 발몽에게 덫을 놓는다. 리베르탱으로서의 자존심을 위해 발몽은 기꺼이 그 덫에 빠져든다. 동맹관계는 끝이 나고 두 주인공 사이의 전쟁이 벌어진다. 그 전쟁은 모든 사람들에게 비극으로 끝난다.

18세기 프랑스 문학의 최고 걸작 가운데 하나로 꼽히며, 20세기에도 극, 영화 등으로 수차례 각색된 – 배용준 주연의 『스캔들』도 그 하나다 – 이 작품은 크게 두 뿌리 깊은 전통의 산물이라고 할 수 있다.

그 하나는 '서간체 소설'의 전통이다. 몽테스키외의 『페르시아인의 편지』(1721), 비록 영국 작가이지만 당시 프랑스 독자들에게 큰 인기를 끌었던 리차드슨의 『파멜라*Paméla ou la vertu récompensée*』(1740)와 『클라리사 할로*Clarisse Harlowe*』(1747~1748), 그리고 루소의 『누벨 엘로이즈』(1761) 등은 서간체 소설의 여러 요소들을 발전시켰다. 여러 화자들에 의한 다성성polyphonie, 편지의 왕래에서 기인하는 시간차와 오해, 정교한 심리분석 등이 그것이다. 라클로는 이러한 요소들을 성공적으로 결합시켰을 뿐만 아니라, 편지 자체가 행동이며 사건 해결의 능동적 요인이자, 주인공의 파멸의 원인이 된다는 새로운 장치를 개발하여 매우 완성도 높은 서간체 소설을 만들어낸다.

다른 하나는 '리베르티나쥬'의 전통이다. 17세기에는 기독교 및 기존 도덕에 대한 자유를 의미하던 '리베르티나쥬'는 18세기에 들어 풍속의 자유로 연결된다. 라클로의 『위험한 관계』는 리차드슨과 크레비용 피스의 작품들, 그리고 디드로의 『수다쟁이 보석』을 비롯한 수많은 리베르탱 소설의 연장선상에 있고, 실제로 19세기에는 그 이유 때문에 도서관의 금서 서가에 놓이기도 했다. 이성지상주의, 자아 숭배, 귀족적인 자만심과 평범함에 대한 멸시, 자아 절제 등 여러 면에서 『위험한 관계』의 두 주인공은 18세기 리베르탱의 전형을 보여주며, 사드의 몇몇 주인공들을 예고한다. 그러나 이 소설을 '리베르티나쥬'에 대한 찬양으로 읽는 것은, 그것을 교화적 소설로 읽는 것만큼이나 일방적인 독서이다. 서간체 소설이라는 독특한 형식의 여러 요소들이 이 작품에 다양한 해석의 가능성을 부여하고 독자의 능동적 독서를 요구하듯이, 이 작품의 모호한 결말은 그 도덕적 의미에서도 독자들의 자유로운 판단의 여지를 남긴다.

TEXTE

Lettre IV
Du Vicomte de Valmont à la Marquise de Merteuil à Paris

Vos ordres sont charmants; votre façon de les donner est plus aimable encore; vous feriez chérir le despotisme. Ce n'est pas la première fois, comme vous savez, que je regrette de ne plus être votre esclave; et tout monstre que vous dites que je suis, je ne me rappelle jamais sans plaisir le temps où vous m'honoriez de noms plus doux. Souvent même je désire de les mériter de nouveau, et de finir par donner avec vous, un exemple de constance au monde. Mais de plus grands intérêts nous appellent; conquérir est notre destin, il faut le suivre: peut-être au bout de la carrière nous rencontrerons-nous encore; car, soit dit sans vous fâcher, ma très belle marquise, vous me suivez au moins d'un pas égal; et depuis que, nous séparant pour le bonheur du monde, nous prêchons la foi chacun de notre côté, il me semble que dans cette mission d'amour, vous avez fait plus de prosélytes que moi. Je connais votre zèle, votre ardente ferveur; et si ce Dieu-là comme l'autre nous juge sur nos œuvres, vous serez un jour la patronne de quelque grande ville, tandis que votre ami sera au plus un saint de village. Ce langage mystique vous étonne, n'est-il pas vrai? Mais depuis huit jours, je n'en entends, je n'en parle pas d'autre; et c'est pour m'y perfectionner, que je me vois forcé de vous désobéir.

Ne vous fâchez pas, et écoutez-moi. Dépositaire de tous les secrets de mon cœur, je vais vous confier le plus grand projet qu'un conquérant ait jamais pu former. Que me proposez-vous? de séduire une jeune fille qui n'a rien vu, ne connaît rien; qui, pour ainsi dire, me serait livrée sans défense; qu'un premier hommage ne manquera pas d'enivrer, et que la curiosité mènera peut-être plus vite que l'amour. Vingt autres peuvent y réussir comme moi. Il n'en est pas ainsi de l'entreprise qui m'occupe; son succès m'assure autant de gloire que de plaisir. L'amour qui prépare ma couronne, hésite lui-meme entre le myrte et le laurier, ou plutôt il les réunira pour honorer mon triomphe.

Vous-même, ma belle amie, vous serez saisie d'un saint respect, et vous direz avec enthousiasme: «Voilà l'homme selon mon cœur.»

Vous connaissez la présidente Tourvel, sa dévotion, son amour conjugal, ses principes austères. Voilà ce que j'attaque; voila l'ennemi digne de moi; voila le but où je prétends atteindre ;

> Et si de l'obtenir je n'emporte le prix,
> J'aurai du moins l'honneur de l'avoir entrepris.

Du château de··· 5 août 17**.

Laclos, *Les Liaisons dangereuses*, GF-Flammarion, 2006.

생각해 볼 문제

1. 이 텍스트에서 화자의 자아관은 어떠한가?

2. 이 텍스트에서 전쟁에 관한 이미지들을 찾아 그 의미를 생각해보자.

3. 이 텍스트에서 종교에 관한 이미지들을 찾아 그 의미를 생각해보자.

4. 이 편지를 다른 등장인물들의 편지와 비교하여 문체와 심리 사이의 관계를 생각해보자.

참고문헌

Jean-Paul Bertaud, *Choderlos de Laclos l'auteur des Liaisons dangereuses*, Fayard, Paris, 2003.

Georges Poisson, *Choderlos de Laclos ou l'Obstination*, Grasset, Paris, 1985.

Laurent Versini, *Laclos et la tradition, essai sur les sources et la technique des Liaisons dangereuses*, Klincksieck, Paris, 1968.

5
19세기 문학

19세기는 고전주의 문학에서 근대 문학으로의 이행이 마무리되는 시기라고 할 수 있다. 그 분기점에는 프랑스 대혁명이라는 정치적 · 사회적 대변동이 가로놓인다. 귀족 계급은 대혁명을 거치면서 그 이전과는 달리 지배 이데올로기를 상실하고, 그 대신 중산 계급이 문학과 예술 전반에 까지 이르게 되는 폭넓은 영향력을 행사한다. 중산층을 향한 문학은 집단이 아니라 개인의 존재 방식과 개성의 중요성을 발견하기에 이른다. 그 이전에는 귀족 계급이 체제 유지를 위해서도 필요했던 사회적인 규범이나 인간 전체에 대한 보편적 도덕규범이 주로 문학의 중심 주제가 되었었다. 그에 반해 19세기는 개인의 감정과 삶에 대한 다양한 사유들이 한가지로 수렴하기 힘든 복합적인 문학운동들 속에서 펼쳐진다. 그리고 그러한 운동 속에서 고전주의 문학이 일구어냈던 문예 제작상의 법칙과 규정 등이 파기되고 각자가 각각의 개성에 따라 문학의 목표를 세워나가게 된다. 낭만주의에서 사실주의로, 그리고 사실주의에서 상징주의로 이어지는 문학 운동의 변천과 혼재성은 근대 프랑스 문학의 풍요로움과 다양성을 대변하고 있다. 19세기 프랑스 문학의 개괄적인 흐름을 G. 랑송은 다음과 같이 구분하고 있다.

1. 전기 낭만주의 시대 (1795~1820)
2. 낭만주의 시대 (1820~1850)
3. 사실주의 시대 (1850~1890)
4. 상징주의 시대 (1880~1900)

물론 이러한 시대 구분과 어떤 '주의'에 대한 논의는 일정한 문학사적 체계를 위해 분명 필요할 것이나, 특정 작가들의 작품에 일괄적으로 적용할 수는 없을 것이다. 가령 보들레르의 작품 세계는 낭만주의의 정점을 구가하면서 동시에 상징주의를 본격적으로 예고하고 있기 때문이다. 노래 하나에도 어떤 '주의'를 벗어나 그것이 생겨나고 불리게 된 나름대로의 사연이 있을 것이며 그 점을 또한 찬찬히 짚어나갈 때, 19세기에 꽃핀 근대 문학으로의 접근이 보다 더 흥미로워 질 것이다.

낭만주의 Romantisme

낭만주의를 계시(啓示)한 샤토브리앙의 시에는 다음과 같은 짧은 구절이 등장한다. "나는 울었다. 그리고 나는 믿었다." 하나의 믿음이 이성으로서가 아니라 감성으로부터 시작 될 때, 낭만주의 또한 개화한다. 요컨대, 낭만주의 문학은 감정의 권리를 되찾고자 했던 문학 운동이다. 따라서 이성과 합리성에 근거한 과거의 전통은 낭만주의자들에게 있어서 소위 속물성의 근거가 된다. 작품들은 새로운 표현을 지향하기 위해 세련미가 아니라 적나라한 감정의 표출을 우선하고, 현실세계에 실의를 느낄 뿐만 아니라 인간 문명 전체에 대한 반항으로까지 치닫는다. 1820년에 발간된 라마르틴의 『명상시집*Les Méditations*』은 사랑 · 자연 · 죽음에 대한 개인적 감정을 절실하게 표출함으로서 낭만주의 문학의 단초가 된다. 생트-뵈브는 『명상 시집』에 대하여 "자신의 언어, 자신의 색채, 자신의 선율"을 발견하고 제시한 작품이라고 평한다. 낭만주의 문학은 비록 부르주아 사회의 풍토에서 생겨났지만, 유럽의 부르주아지즘bourgeoisisme 또한 낭만주의자들에게 있어서는 극복해야 할 집단적 속물성이 된다. 그들은 이곳 아닌 저곳에 해당하는 이국을 동경하고 중세를 그리워하게 된다. 자신과 자신이 속한 사회와의 단절된 의식, 그리고 이러한 의식에서 비롯된 우수와 불안은 낭만주의의 주요한 주제들의 바탕이 된다.

낭만주의 운동이 조직적으로 이루어지면서 그에 상응하는 선언서들이 스탕달, 비니, 라마르틴, 뮈세, 위고 등에 의해 제시된다. 그 중에서도 빅토르 위고의 『크롬웰 서문*La préface de Cromwell*』(1827)은 가장 중요한 낭만주의 선언서로서 자리매김 되고 있다. 위고는 이 서문에서 고전주의의 '삼일치 법칙'을 배격하고 예술의 해방과 개성을 옹호하면서 낭만주의 문학의 선구자로 등극한다. 1828년부터는 위고의 저택에서 낭만주의자들이 정기적인 모임을 갖게 되며, 특히 위고의 운문극 『에르나니*Hernani*』(1830)는 삼일치의 법칙, 장르의 규칙 등 고전극의 규칙들을 깨트리면서 낭만주의의 승리를 구가한 작품으로 평가받는다. 낭만주의는 감정의 밑바닥에 원천을 둔 작품, 보편성이 아니라 개성을 주목한 작품, 합리성과 규칙이 아니라 열정과 새로움을 담보로 하는 작품들의 탄생이 일구어낸 총화라고 할 수 있을 것이다.

사실주의Réalisme

사실주의는 시와 희곡 등 운문을 중심으로 시작된 낭만주의 정서와 대척되는 지점에서 19세기 프랑스 문학의 또 다른 영역을 구축한다. 발자크, 플로베르, 콩쿠르 형제, 졸라 등으로 이어지는 사실주의 작가들은 주로 소설이라는 장르를 통해서 현실과의 구체적 접촉을 모색한다. 자연주의Naturalsme는 이러한 사실주의를 자연과학을 바탕으로 더욱 첨예하게 밀고나간 경우라고 할 수 있다. 소설은 동시대의 복합적인 사회 현실과 인간상들을 포착하고 그려낼 수 있는 방식들을 통해 폭넓은 독자층을 확보한다. 이에 따라 사실주의는 주관적이고 감정적인 태도를 지양하고 비개인적인, 즉 객관적인 묘사를 견지하고자 한다.

90여 편의 장편소설과 단편소설들로 이루어진 발자크의 『인간희극 *Comédie humaine*』은 약 2,000명에 해당하는 인물들에 대한 세밀한 묘사, 당대의 다양한 풍습과 배경의 진실성 등을 포괄함으로서 사실주의 문학의 정점을 이룬다. 오늘날의 독자 또한 작가의 통찰력과 관찰력을 바탕으로 한 '인간희극'의 군상들을 통해서 자신과 주변 사람들의 모습을 오롯이 재발견하게 된다. 플로베르는 자신의 편지에서 "예술가는 후세의 독자들로 하여금 그가 이 세계에 존재하지 않았었다고 믿도록 처신해야 한다"라고 썼듯이, 주관적인 개입을 걷어낸 소위 "몰개성적 묘사"가 문학의 본질적인 아름다움을 구축한다고 역설한다. 플로베르의 작품들은 크게 낭만적 경향의 작품과 사실적 경향의 작품으로 나뉘는데, 실제 사건과 배경을 토대로 외부 세계를 객관적으로 묘사하고자 한 소설 『보바리 부인*Madame Bovary*』(1857)은 후자를 대표한다. 따라서 이 책은 '객관적 묘사'로 비롯된 예술성을 극명하게 보여주는 작품으로서, 장식적이거나 과장되지 않는 문체의 도도한 힘을 구현하고 있다.

졸라는 사실주의 이론을 극한까지 몰고 간 작가이다. 그는 실험과학의 방법을 소설에 적용함으로서 작품은 하나의 실험보고서가 되어야 한다고 강변한다. 요컨대, 소설 속의 인물은 허구적으로 생각해 내는 것이 아니라 과학자가 실험실에서 연구하듯이 여러 자료와 기록들을 관찰하고 기록함으로서 생겨난다는 요지이다. 다윈의 진화설, 텐느의 환경 영향설 등을 토대로 한 이러한 논리는 그의 『실험 소설론 *Le Roman expérimental*』(1879)에 집약되어 있다. 그리고 졸라는 "제 2제정하의 어느 가족의 박물학적 및 사회학적 연구"라는 부제가 달린 무려 20권의 작품들, 『루콩 마카르 총서*Les Rougon-Macquart*』에서 알코올 중독과 정신질환을 물려받은 가족의 역사를 추적하면서 자신의 논리를 소설 속에서 실제적으로 이루어 내고자 한다.

모파상은 소설 속의 모델에 대한 너무나 정확하고 예리한 묘사 때문에 모델로 추정되는 실제 인물들로부터 끊임없이 항의를 받기까지 한 사실주의 작가이다. 하지만 모파상은 사실주의와 자연주의의 한계 또한 갈파했던 작가이다. 그는 자신의 유일한 소설론인 『피에르와 장 *Pierre et Jean*』(1888)에서 문학은 과학과 결코 일치할 수 없는 나름대로의 '진실'을 담보하고 있다고 역설한다. 작가가 다루는 진실이란 "작가에 의해서 언제나 선택된 진실"이며, 때문에 무선택적이기에 몰가치할 수밖에 없는 과학적인 진실과는 다른 어떤 것이라고 역설한다. 이외의 사실주의 작가들로는 스탕달, 콩쿠르 형제, 알퐁스 도데, 쥘 발레스 등이 있다.

상징주의Symbolisme

1880년 이후 자연주의가 쇠퇴하면서 상징주의 시대가 개막된다. 당대의 독자들은 자연주의의 객관적 치열성을 인정하면서도 그 명료함과 비정함에 지쳐가고 있었던 것이다. 마침내 장 모레아스Jean Moréas는 문예지 『피가로*Figaro*』에서 당시에 데카당스로 비하됐던 일군의 작가들을 처음으로 '상징파 Symbolistes'로 부르면서 새로운 문학운동을 제창한다. 상징파는 고답파에서 비롯된 엄숙주의와 형식숭상, 그리고 자연주의 소설의 사진적 수법 등에 대한 반동에서 비롯된다. 이러한 운동을 바탕으로 당시 유행했던 카바레에서 기묘한 명칭들을 지닌 모임들이 우후죽순 생겨난다. 이를테면, 물의사족 Hydropathes, 털보족 Hirsutes, 귀차니즘족 Zutistes, 무관심주의족 Jemenfoutistes 등과 같이 엄숙주의를 탈피하면서도 모호하거나 신비적인 이름들에 사람들이 공감했기 때문이다. 보들레르, 랭보, 베를렌, 로트레아몽을 이어 상징주의를 완성시킨 시인으로 평가되는 말라르메는 1891년의 한 대담에서 상징주의를 다음과 같이 정의한다. 즉, 시의 묘미란 자연 풍경, 인간행위 등 모든 구체적인 현상들을 포착해서 그대로 보여주는 것에 있지 않고, 암시를 통해 현상들의 신비로운 관련성을 조금씩 터득해가는 상징주의적 과정에서 비롯된다고 본 것이다.

보들레르의 시 작품 「교감」은 모양, 색깔, 소리, 향기 등의 상호 교감을 통해서 신비한 "상징의 숲"으로 들어갈 것을 권유한다. 이는 눈으로 확인할 수 있는 표피적 세계를 불신하고, 논리적인 세계와의 절연을 욕망하는 권유라고 할 수 있다. 또한 보들레르를 "제 1의 투시자, 시인의 진정한 왕"이라고 찬양했던 랭보 또한 50여 편의 운문시와 두 개의 산문시집 『지옥에서 보낸 한 철*Une Saison en enfer*』(1873), 『일뤼미나시옹*Illumination*』(1886)을 통해서 외관의 배후에서 작용하고 있는 모든 감각들의 절대적 해방을 노래한다. 폴 베를렌은 감수성이 고양되는 상태를 음악적인 언어로 상징화한 시들을 발표한다. 독자들은 언어의 의미 보다는 언어의 음악성에 무게 중심을 둔 신비감을 그의 시에서 느끼게 된다. 말라르메는 『목신의 오후*L'Après-midi d'un Faune*』(1876)등을 통하여 언어의 약속된 뜻을 전면적으로 의심하는 상징주의의 근본적 의도에 이른다. 하지만 이와 같은 상징주의적 계열의 시들은 프랑스 문학의 주지주의적 경향을 한층 심화시키면서, 일반 독자층을 외면한 엘리트 문학의 진정성에 대한 논란을 불러일으키게 된다.

1) 샤토브리앙, 『르네』
Chateaubriand, François-René de (1768~1848) - *René*

죽음은 아름답고, 죽음은 우리의 벗이다. 그럼에도 불구하고 우리는 죽음을 알지 못한다. 죽음은 가면을 쓰고 우리에게 나타나 그 가면이 우리를 놀라게 하므로. La mort est belle, elle est notre amie;néanmoins, nous ne la reconnaissons pas, parce qu'elle se présente à nous masquée et que son masque nous épouvante. 『사후 회상록*Mémoires d'outre-tombe*』

샤토브리앙은 브르타뉴 지방의 항구 도시 생 말로Saint-Malo에서 귀족 출신 선주의 아들로 태어났다. 열 명의 아들 중 막내였던 그는 말 없고 무뚝뚝한 아버지, 우수에 잠긴 어머니, 다정하면서도 병적인 사촌 누이 뤼실의 영향을 받으며, 콩부르Combourg의 낭만적인 자연 속에서 우울하고 공상 많은 소년으로 성장했다. 이후 돌, 렌느, 디낭으로 학교를 옮겨 다니며 고전교육을 받았다.

그의 청소년 시절은 방랑의 시기였다. 보병대에 들어가지만 휴가를 이용해 파리에서 살롱과 궁정을 빈번히 출입하는 생활을 하였고 혁명으로 군대가 해산되자 1791년 미국으로 여행을 떠나 미국의 숲들을 섭렵하고 신대륙의 장엄한 자연에 심취되었다. 그러던 중 루이16세의 죽음 소식에 프랑스로 돌아와 군에 재입대한 그는, 티옹빌 Thionville 전투에서 부상을 입는다. 1793년에는 영국으로 망명을 하여 번역 및 가정교사로 생계를 유지하면서 상대적으로 빈곤한 생활을 하였다. 1798년에는 누이 뤼실과 어머니를 잃고 충격으로 한동안 상실했던 기독교로 회귀한다.

혁명이 잔잔해지자 샤토브리앙은 1800년 프랑스로 돌아와 『아탈라 *Atala*』(1801), 『르네*René*』(1802)라는 소설 작품과 『기독교의 정수*Le Génie du Christianisme*』를 출간, 곧 유명세를 타게 된다. 로마교황과 화친조약을 맺었던 나폴레옹은 『기독교의 정수』에 나타난 종교관이 자신의 종교관과 일치한다고 생각하여 1803년 샤토브리앙을 로마 주재 대사의 비서로 임명하고 이어 1804년에는 스위스의 발레Valais 지방의 주재공사로 임명한다. 그러나 1804년 부르봉 왕자인 앙겡 공의 처형으로 격분하게 된 샤토브리앙은 사직서를 제출하고 1806년과 1807년에 중동지방 여행을 하고 돌아온다. 이후 귀국해 발표한 논문이 발단이 된 『메르퀴르*Mercure*』지 발매금지 사건, 아카데미 회원 취임연설문 사건, 사촌형 아르망의 총살형 등 일련의 사건으로 나폴레옹과 적대관계가 된다.

1811년 이후, 샤토브리앙은 문학인의 삶보다 정치가로서의 삶에 열중한다. 백일천하 시기에는 내무부 장관에 임명되고 왕정복고시기에는 프랑스 귀족의원이 되었다가 과격 왕당주의자의 진영에 들어가 『보수주의자*Le conservateur*』라는 잡지를 창간하고, 1821년에 베를린 주재 대사, 1822년에 런던주재 대사, 1823년에는 외무부장관에 임명된다. 그러나 1830년 7월 혁명 이후엔 프랑스 귀족의원직을 사직하고 정통왕조파가 되었다. 그 무렵 여자친구 레카미에 부인Mme Récamier을 알게 되어 오랜 친분을 유지하고, 고결한 태도로 학구적인 말년을 보내다가 1848년 파리에서 생을 마감하였다.

샤토브리앙의 대표작들은 위에서 언급한 『아탈라』(1801), 『르네』(1802), 『기독교의 정수』 이외에 『사후의 회상록*Les mémoires d'Outre-Tombe*』(1848~1850), 『파리에서 예루살렘까지의 여행기*L'itinéraire de Paris à Jérusalem*』

(1811), 『순교자들*Les Martyres*』(1809) 같은 작품이 있다. 이들 작품들은 샤토브리앙을 위대한 여행가이자 정치가이면서 동시에 낭만주의 문학의 특징인 멜랑콜리의 감정을 일찍이 표현한 전기 낭만주의 시대의 위대한 소설가로 칭하게 한다. 그는 루소와 베르나르뎅 드 생 피에르가 이미 느낀 바 있던 여러 가지 감정과 주제를 선명히 하고 더욱 색채 있게 하였으며, 끊임없는 상상력의 표현으로 '근대적 상상력을 혁신했다.'는 평을 에밀 파게Emile Faguet로부터 받았다.

주요작품

1801 *Atala*

1802 *René*

Le Génie du christianisme

1809 *Les Martyrs*

1811 *Itinéraire de Paris à Jérusalem*

1826 *Les Natchez,* commencée en 1797

1844 *La Vie de Rancé*

1848~1850 *Mémoires d'outre-tombe*

오! 여자들이여!

프랑수아 르네도 고백했듯이, 샤토브리앙의 인생에서 가장 큰 사건은 바로 여자들이었다. 그가 정복한 여자들을 언급하자면 한 권의 책으로도 부족할 것이다. 그 가운데는 미국여행에서 돌아와 어머니의 강요로 결혼하게 된 공식적인 부인 셀레스트 뷔송 드 비니 부인을 포함하여 플린느 드 보몽, 스타엘 부인, 벨로이 부인, 줄리에트 레카미에, 쿠스틴느 부인, 노아이유 부인, 오르탕스 알라가 있다. 그밖에 영국 체류 때 사랑에 빠진 목사의 딸이었던 열다섯 살의 어린 소녀 샤를로트까지…

『르네*René*』

샤토브리앙의 작품들 중 『기독교 정수』는 모든 작품의 핵이 되는 작품으로, 이 작품에서 작가는 기독교야말로 가장 시적인 아름다움을 지닌 종교이며 문학과 예술에 영감을 주는 종교임을 강조한다. 따라서 이 작품이 주는 가치는 신학적, 철학적인 면에 있기보다 그 예술성에 있다고 할 수 있다.

『아탈라』와 『르네』도 사실 이 작품의 일부를 이루는 것이기도 한데 『아탈라』가 신대륙 자연의 장엄함과 주인공의 비통한 사랑 이야기로 당시 독자들을 매혹했다면, 『르네』는 무한에 대한 정열에 휩싸이면서도 제 갈 길을 찾지 못하고 방황하는 당시 젊은이들의 감정을 대변함으로써 독자들을 사로잡았다.

『르네』의 주인공 르네는 칵타스와 소우엘신부에게 자기의 청소년 시절의 불행과 방황에 관해서 이야기 한다. 몽상의 소년인 르네는 청년기에 들어서면서 마음속에 무엇인지 모를 공허가 더욱 커지고, 무한에 대한 갈망과 까닭모를 불안에 사로잡히게 된다. 각지로 여행도 해 보지만, 그러는 동안 더욱 비애는 커지고, 고독한 자아에 눈을 뜬 그는 도저히 프랑스에 머물러 살 희망을 잃고 아메리카 신대륙으로 떠난다. 같은 해 그가 사랑하는 누이 아멜리는 수녀원으로 들어간다.

결국 자신의 정체성을 추구하지만 찾을 수 없음에서 오는 허무감, 지나치게 예민한 감수성과 상상력에서 오는 고독감, 멜랑콜리와 절망 속에서 느끼는 견딜 수 없는 불안감 등이 이 작품에서 드러난다. 이는 당시의 이른바 '세기병mal du siècle'을 대표하는 감정이기도 하다.

TEXTE

Le père de René vient de mourir. Celui-ci décide de voyager, mais les grands spectacles de la nature ne peuvent calmer sa mélancolie ni distraire son ennui. Il rentre à Paris, désespéré, puis se retire dans la solitude de la campagne.

Mais comment exprimer cette foule de senstations fugitives, que j'éprouvais dans mes promenades? Les sons que rendent les passions dans le vide d'un coeur solitaire ressemblent au murmure que les vents et les eaux font entendre dans le silence d'un désert ; on en jouit, mais on ne peut les peindre.

L'automne me surprit au milieu de ces incertitudes : j'entrai avec ravissement dans les mois des tempêtes. Tantôt j'aurais voulu être un de ces guerriers errant au milieu des vents, des nuages et des fantômes ; tantôt j'enviais jusqu'au sort du pâtre que je voyais réchauffer ses mains à l'humble feu de broussailles qu'il avait allumé au coin d'un bois. J'écoutais ses chants mélancoliques, qui me rappelaient que dans tout pays le chant naturel de l'homme est triste, lors même qu'il exprime le bonheur. Notre coeur est un instrument incomplet, une lyre où il manque des cordes, et où nous sommes forcés de rendre les accents de la joie sur le ton consacré aux soupirs.

Le jour, je m'égarais sur de grandes bruyères terminées par des forêts. Qu'il fallait peu de choses à ma rêverie! une feuille séchée que le vent chassait devant moi, une cabane dont la fumée s'élevait dans la crime dépouillée des arbres, la mousse étang désert où le jonc flétri murmurait! Le clocher solitaire s'élevant au loin dans la sage qui volaient au-dessus de ma tête. Je me figurais les bords ignorés, les climats tourmentaient : je sentais que je n'étais moi-même qu'un voyageur, mais une voix du ciel semblait me dire : "Homme, la saison de ta migration n'est pas encore venue; attends que le vent de la mort se lève, alors tu déploieras ton vol vers ces régions inconnues que ton coeur demande."

"Levez-vous vite, orages désirés qui devez emporter René dans les espaces d'une autre vie!" Ainsi disant, je marchais à grands pas, le visage enflammé, le vent sifflant dans ma chevelure, ne sentant ni pluie, ni frimas, enchanté, tourmenté, et comme possédé par le démon de mon coeur.

La nuit, lorsque l'aquilon ébranlait ma chaumière, que les pluies tombaient en torrent sur mon toit, qu'à travers ma fenêtre je voyais la lune sillonner les nuages amoncelés, comme un pâle vaisseau qui laboure les vagues, il me semblait que la vie redoublait au fond de mon coeur, que j'aurais la puissance de créer des mondes.

René, Gallimard, 1986.

생각해 볼 문제

1. 프랑스혁명 직후의 '세기병mal du siècle'에 대하여 알아보시오.
2. 위 텍스트에서 르네의 멜랑콜리와 불안한 감정을 잘 드러내는 단어들과 구절들을 지적해 보시오.
3. 동시대 작가인 세낭쿠르의 『오베르만 *Oberman*』의 권태와 『르네』의 멜랑콜리를 비교해 보시오.
4. 전기낭만주의시대 이국취향exotisme에 대하여 알아보시오.

참고문헌

P. Barbéris, *René de Chateaubriand, un nouveau roman*, Larousse, 1973.

P. Clarac, *A la recherche de Chateaubriand*, Nizet, 1975.

R. Lebègue, *Aspects de Chateaubriand,* Nizet, Paris, 1979.

J.-P. Richard, *Paysage de Chateaubriand,* Séoul, 1967.

프랑수아 르네 드 샤토브리앙, 『나체즈 족』, 문미영 옮김, 지만지, 2009.

2) 스탕달, 『적과 흑』

Stendhal, dit, Henri Beyle. (1783~1842) - *le Rouge et le Noir*

내가 결정작용이라고 부르는 것은, 눈앞에 나타나는 모든 것으로부터 사랑하는 상대방의 새로운 미점을 발견하는 정신의 활동이다. Ce que j'appelle cristallisation, c'est l'opération de l'esprit, qui tire de tout ce qui se présente la découverte que l'objet aimé a de nouvelles perfections. 『연애론*De l'amour*』

본명이 앙리 베일Henri Beyle인 스탕달은 1783년 그르노블Grenoble에서 태어났다. 7세 때 어머니를 잃은 그는 애정을 주지 않는 완고한 아버지, 위선적이고 까다로운 숙모, 엄격하기만 한 가정교사 신부 밑에서 굴욕적이고 증오에 찬 소년시절을 보냈다. 대신 어머니 쪽 친척인 가니용가의 사람들로부터 상처 입은 영혼을 위안 받고 정신적 영향을 받으며 자랐는데, 그 중에서도 특히 외할아버지로부터는 18세기 계몽주의 사상의 영향을 받았다.

1796년에서 1799년까지 그르노블의 학교에서 학업을 마친 스탕달은 수학을 좋아했으며 이후 공과대학에 들어갈 준비를 하였으나 갑자기 그 계획을 포기하고 모험에의 도전으로 나폴레옹 군에 입대해 1800년부터 1802년까지 이탈리아의 밀라노에서 생활을 한다. 이것이 그가 평생 이탈리아와 깊은 관계를 갖게 된 첫 계기이다.

그러나 1802년 군대 생활에 싫증을 느낀 스탕달은 군직을 사직하고 파리로 가서 1806년까지 지붕 밑 다락방에서 생활을 하다가 같은 해 사랑하던 여배우를 따라 마르세이유로 간다. 그 후 1814년까지 다시 군대 생활을 하며 나폴레옹 원정에 참여하여 독일, 오스트리아, 러시아 등에서 복무한다. 그러나 나폴레옹의 제1제정이 몰락하자 이탈리아의 밀라노에 정착하고 이탈리아의 낭만주의자들과 교분을 갖으며 딜레탕트로서 사교계의 생활을 즐긴다. 그러던 중 오스트리아 경찰에 의해 이탈리아 민족주의자들인 '카르보나리'에의 참여를 의심받고 수배됨으로써 1821년 파리로 돌아와야만 했다.

이후 1830년까지 파리에서 사교계의 우아한 생활을 즐기는 동시에 문학을 향한 열정에 사로잡혀 괄목할 만한 문학작품들, 『연애론 *De l'amour*』(1822), 『라신느와 셰익스피어*Racine et Shakespeare*』(1823), 『아르망스*Armance*』(1827), 『적과 흑*le Rouge et le Noir*』(1830) 등을 차례로 발표한다.

1830년 7월 왕정이 시작되자 그는 트리에스트Trieste 영사로 임명되지만 오스트리아 경찰의 수배를 다시 받게 되자 그곳에서 영사직을 거부당하고 교황청이 있는 시비타 베치아의 영사가 된다. 1836년에는 휴가를 얻어 프랑스로 여행을 갔다가 1841년부터 직무 수행을 위해 다시 이탈리아에 체류한다. 그리고 파리에 휴가차 나온 기간에 몇 권의 작품을 출간하기도 하였는데, 그중 『파름므의 수도원』(1839)을 꼽을 수 있다. 그밖에 스탕달은 비평, 음악비평, 문학비평, 여행기 및 자전적 작품도 썼으며 그들 대부분의 작품들은 사후에 그 진가를 인정받아 출간되었다. 그는 신병 때문에 파리에 돌아온 후 1842년 3월 뇌출혈로 사망하였다. 결국 대부분의 삶을 이탈리아에서 보낸 스탕달은 이탈리아를 제 2의 고향으로 사랑하며 묘비명에 자신을 '밀라노인'이라고 표기하게 한다. 한편 그가 이탈리아를 그처럼 좋아한 것과 그의 인생관

사이에는 적지 않은 연관이 있다. 처음 이탈리아에 도착한 스탕달에게 이탈리아는 음악의 나라이며 예술과 사랑의 나라, 행복의 나라, 정열의 나라로 각인되었고 그것들이 그의 인생관의 바탕을 이루는 '행복추구'라는 삶의 목표에 부합하는 요소들이었기 때문이다.

주요작품

1822 *De l'amour*

1823~1825 *Racine et Shakespeare*

1827 *Armance*

1829 *Promenade dans Rome*

1830 *Le Rouge et le Noir*

1835~1836 *Vie de Henri Brulard*

1840 *La Chartreuse de Parme*

행복한 소수를 위하여

『파름므의 수도원』의 헌사에서 알 수 있듯이, 스탕달은 '행복한 소수를 위하여 To the happy few' 글을 썼다. 이는 자신의 작품이 당대에는 대중적으로 사랑받지 못하고 그 진가를 발휘하지 못하리라는 걸 알았던 때문이다. 그러나 자신의 사후엔 많은 사람들이 자신의 작품을 읽게 될 것이라는 것도 함께 예언하였다.

『적과 흑*Le rouge et le noir*』

스탕달은 인생의 본질은 '행복추구'에 있다고 생각하였다. 그 같은 독특한 인생관과 철학을 우리는 베일리즘Beylisme으로 표현하는데, 소설 『적과 흑』(1830)은 베일리즘 혹은 에고티즘égotisme을 잘 보여주는 스탕달의 대표작 중의 하나이다.

제재소집의 아들로 태어난 줄리앙 소렐은 온갖 어려움을 무릅쓰고라도 크게 출세하고 말겠다는 야망에 불타는 청년이다. 그는 출세하기 위한 지름길이 군직과 성직임을 깨닫는다. 그러나 나폴레옹이 실각하고 난 다음 군인으로서 입신할 세상이 아님을 재빨리 짐작하고 성직으로 뛰어든다. 신학교를 나온 줄리앙은 거기서 배운 라틴어 덕에 명문 레날가의 가정교사로 들어가고 레날 부인을 유혹해 사랑을 얻는데 성공한다. 그리고 성직자의 길도 레날 부인으로 인해 포기하지만 결국은 거기서 해고를 당하자 낙담한다. 그러나 다시 신학교 은사의 알선으로 라몰 후작의 비서로 들어가서 이번에는 후작의 딸인 마틸드를 유혹한다. 마침내 결혼식도 임박하고, 귀족의 칭호와 용기병 중위의 사령까지 받게 된 줄리앙에게 인생의 소망이며 목적인 권력과 높은 지위의 길이 트이기 시작한다. 이 때 레날 부인의 질투로 그 모든 일들이 무산되자 격분 끝에 부인에게 두 발의 권총을 쏘나 미수로 그친 채 체포되어 단두대에 오른다. 줄리앙의 처형을 전해들은 레날 부인은 그 충격으로 곧 병사한다.

TEXTE

Ses regards, le lendemain, quand il revit Mme de Rênal, étaient singuliers; il l'observait comme un ennemi avec lequel il va falloir se battre. Ces regards, si différents de ceux de la veille, firent perdre la tête à Mme de Rênal; elle avait été bonne pour lui, et il paraissait fâché. Elle ne pouvait détacher ses regards des siens.

La présence de Mme Derville permettait à Julien de moins parler et de s'occuper davantage de ce qu'il avait dans la tête. Son unique affaire, toute cette journée, fut de se fortifier par la lecture du livre inspiré qui retrempait son âme.

Il abrégea beaucoup les leçons des enfants, et ensuite, quand la présence de Mme de Rênal vint le rappeler tout à fait aux soins de sa gloire, il décida qu'il fallait absolument qu'elle permit ce soir-là que sa main restait dans la sienne.

Le soleil en baissant, et rapprochant le moment décisif, fit battre le coeur de Julien d'une facon singulière. La nuit vint. Il observa, avec une joie qui lui ôta un poids immense de dessus la poitrine, qu'elle serait fort obscure. Le ciel, chargé de gros nuages, promenés par un vent très chaud, semblait annoncer une tempête. Les deux amies se promenèrent fort tard. Tout ce qu'elles faisaient ce soir-là semblait singulier à Julien. Elles jouissaient de ce temps, qui, pour certaines âmes délicates, semble augmenter le plaisir d'aimer.

On s'assit enfin, Mme de Rênal à côté de Julien, et Mme Derville près de son amie. Préoccupé de ce qu'il allait tenter, Julien ne trouvait rien à dire. La conversation languissait.

«Serai-je aussi tremblant et malheureux au premier duel qui me viendra?» se dit Julien; car il avait trop de méfiance de lui et des autres pour ne pas voir l'état de son âme.

Dans sa mortelle angoisse, tous les dangers lui eussent semblé préférables. Que de fois ne désira-t-il pas voir survenir à Mme de Rênal quelque affaire qui l'obligeât de rentrer à la maison et de quitter le jardin! La violence que Julien était obligé de se faire était trop forte pour que sa voix ne fût pas profondément altérée; bientôt la voix de Mme de Rênal devint tremblante aussi, mais Julien ne s'en aperçut point. L'affreux combat que le devoir livrait à la timidité était trop penible pour qu'il fût en état de rien observer hors lui-même. Neuf heures trois quarts venaient de sonner à l'horloge du château, sans qu'il eût encore rien osé. Julien, indigné de sa lâcheté, se dit: «Au moment précis où dix heures sonneront, j'exécuterai ce que, pendant toute la journée, je me suis promis de faire ce soir, ou je monterai chez moi me brûler la cervelle.»

Après un dernier moment d'attente et d'anxiété, pendant lequel l'excès de l'émotion mettait Julien comme hors de lui, dix heures sonnèrent à l'horloge qui était au-dessus de sa tête. Chaque coup de cette cloche fatale retentissait dans sa poitrine et y causait comme un mouvement physique.

Enfin, comme le dernier coup de dix heures rentissait encore, il étendit la main et prit celle de Mme de Rênal, qui la retira aussitot. Julien, sans trop savoir ce qu'il fait, la saisit de nouveau. Quoique bien ému lui-même, il fut frappé de la froideur glaciale de la main qu'il prenait; il la serrait avec une force convulsive; on fit un dernier effort pour la lui ôter, mais enfin cette main lui resta.

Le Rouge et le Noir, Chap. I.

생각해 볼 문제

1. 작품의 제목 『적과 흑』은 어떤 의미를 지닌다고 생각하는가?
2. 스탕달의 베일리즘Beylisme을 자세히 설명하시오.
3. 줄리앙 콤플렉스란 무엇을 뜻하는 것일까요?
4. 줄리앙의 야망ambition과 감수성sensibilité 사이의 충돌이 작품 속에서 어떻게 나타나고 있는지 설명하시오.
5. 스탕달이 『연애론』에서 말하는 결정작용cristallisation이라는 심리 현상을 설명하시오.

참고문헌

A. Caraccio, *Stendhal, l'homme et l'oeuvre*, Hatier, 1970.

V. Del Litto, *La vie de Stendhal*, Albin Michel, 1965.

F. Marill-Albérès, *Stendhal*, Ed. Universitaires, 1970.

3) 알퐁스 드 라마르틴, 『명상시집』
Alphonse de Lamartine (1790~1869) - *Les Méditations*

흐느끼는 바람, 한숨짓는 갈대, 그대 향한 공기의 가벼운 향기, 듣고 보고, 호흡하는 모든 것, 모두가 말하리라 : <그들은 사랑하였다고!> Que le vent qui gémit, le roseau qui soupire, Que les parfums légers de ton air embaumé, Que tout ce qu'on entend, l'on voit ou l'on respire, Tout dise : Ils ont aimé! 「호수*Le lac*」

낭만주의의 대표적인 시인, 라마르틴은 포도주의 산지로도 유명한 부르고뉴Bourgogne 지방의 마콩Mâcon에서 프랑스 대혁명(1789)이 시작된 이듬해에 태어난다. 왕당파였던 아버지는 가족을 이끌고 혁명의 거센 물결을 피해 마콩에서 좀 더 시골에 위치한 밀리Milly로 이사한다. 전원 속에서 보내게 되는 그의 유년 시절은 시적 서정을 불러일으키는 바탕이 된다. 1803년에서 1807년 사이 예수회소속의 학교에서 학업을 마친 후 다시 고향으로 돌아와서 많은 독서와 습작기간을 거친다. 1811년부터 약 1년간 이탈리아 여행을 한다. 그곳에서 한 나폴리 여성과 순정한 사랑을 나누는데 이때의 감정이 그 후 소설 『그라지엘라*Graziella*』로 형상화된다. 소설 속에서 그라지엘라로 불린 그녀는 1816년 병으로 사망함으로서, 죽음으로 이르는 사랑에 대한 '라마르틴적 낭만주의'를 드높이는 불씨가 된다.

1816년 그는 쇠잔해진 심신을 요양하기 위해서 프랑스 남동쪽에 위치한 온천지 엑스-레-벵Aix-les-Bains에 가게 된다. 그는 그곳에서 폐병으로 요양 중에 있는 샤를 부인을 만나 머뭇거리지 않고 사랑에 빠진다. 라마르틴은 26살, 샤를 부인은 32살, 부인의 남편은 물리학자로서 당시 70살이었다. 자연을 광경Spectacle으로 3주간의 사랑에 빠졌던 두 연인은 다음 해에 자신들이 처음 만났던 장소인 부르제Bourget 호수에서 재회하기로 언약한다. 하지만 부인은 그 다짐을 지키지 못하고 결국 건강이 악화돼 세상을 뜨고 만다. 라마르틴은 자신의 운명적인 슬픔을 형상화한 시 「호수」가 포함되어 있는 『명상시집*Les Méditations*』을 발표한다. 프랑스 낭만주의는 이 시집으로부터 시작된다는 극찬까지 받으며 시인의 비가는 수많은 독자들을 열광하게 한다.

1820년 라마르틴은 나폴리 주재 대사관원으로 일하게 되면서 영국 여성과 결혼한다. 그 후 피렌체 대사관으로 옮겨 외교 업무를 1828년까지 계속 담당한다. 이 기간 동안 라마르틴은 영혼 불멸에 대한 믿음과 종교적 열정에 가득찬 시들을 발표한다.

1830년 7월 혁명이 발발하자 라마르틴은 외교관직을 그만두고 장기간에 걸친 여행을 떠난다. 그리스 · 시리아 등 근동지방을 여행하던 중 어린 딸을 여의면서 또 한 번의 죽음으로 비롯된 커다란 슬픔에 빠진다. 1833년, 그는 자신의 슬픔을 딛고 민중의 복지를 위해 일하고자 국회의원으로 정치에 입문하면서 시인과 정치가라는 이중생활을 영위한다. 이 기간을 통해 출간한 『성찰시집*Les Recueillements*』은 개인적인 추억에 근거한 서정성 보다는 민중의 억압과 고통을 노래하는 '사회적 서정주의'를 포괄하고 있다. 1848년 2월 혁명 이후에는 외무 장관과 임시 정부의 수반까지 지내는 막강한 권력을 누린다. 하지만 그는 소요시민들을 강경하게 진압하고 루이 나폴레옹에 반대하면서 정치적 황혼기에 접어든다. 1851년 12월의 쿠데타로 그의 정치 생활은 마감된다.

노년은 그 동안 쌓여간 500만 프랑의 빚을 갚는데 바쳐진다. 라마르틴 자신의 표현을 빌리자면, 감격도 슬픔도 사라진 원고 집필자로서의 저술 작업이 시작된다. 역사 소설 연재도 대중 잡지의 문학 강좌도 마다하지 않았으며 농업에까지 투기해서 빚을 청산해보려 하지만 기나긴 노년은 조금씩 더 고달파진다. 프랑스 정부는 그의 극빈함을 동정하여 2만 5천 프랑의 연금을 라마르틴이 사망하기 2년 전부터 지급한다. 그는 79세의 일기로 일생으로부터 기진맥진해져서 사망한다.

『명상시집*Les Méditations*』

1820년에 간행된 『명상시집*Les Méditations*』의 중심 주제는 사랑 · 자연 · 죽음이다. 라마르틴의 서정시가 이러한 주제들을 통해 나름대로 독자들의 큰 호응을 얻게 된 까닭은 당시에 만연했던 엄숙주의를 극복하고 있기 때문이다. 특히 「호수」에서는 사랑을 잃고 난 이후의 절실한 슬픔이 음악적 효과를 추구하면서 자연과 어우러진다.

라마르틴의 시는 단순히 자연의 풍경을 예찬하거나 묘사하는데 그치지 않고 자연 속에 아로새겨진 추억들을 불러일으키는 방식을 취한다. 따라서 자연은 다른 그 무엇보다도 사랑과 영혼의 불멸성을 담보해주는 존재로 다가온다. 이미 「호수」라는 제목 자체가 시인이 사랑하는 여인과 누렸던 행복의 흔적들을 발견할 수 있는 곳이 자연이라는 것을 대변해준다. 따라서 호수가 일으키는 물결들은 시간의 덧없음을 함의하고 있으면서도 정겹거나 조화로운 심상으로 재현된다.(“des flots chéris”, “flots harmonieux”)

모두 16개의 연들로 구성되어 있는 시 「호수」에서는 호수뿐만 아니라 나무, 바위, 물 등을 의인화 시켜서 그것들을 살갑게 호칭하고(tutoyer) 대화의 상대로 여기는 방식이 각 연마다 두드러진다. 제 2 연을 예로 들어보자. “오, 호수여! 세월은 이제 겨우 한 해의 운행을 끝냈을 뿐인데 / 그녀가 와서 다시 보아야 했을 정다운 물가에 / 보라, 나 홀로 이 바위 위에 앉았노라. / 너도 보았지. 여기 그녀가 와서 앉았던 것을!” 그렇게 자연은 사랑의 상실을 여실히 일깨워 주기도 하지만, 마음의 상처를 아물게 해주는 장소의 역할 또한 지속적으로 담당한다.

자연적 요소들은 작품 속에서 시간적 분할을 나타내는 다양한 표현들과 더불어 형상화된다(“la nuit”, “le jour”, “l’aurore”, “le soir”, “les heures”, “l’année”, “moments”, “l’éternité” “l’heure fugitive”, “nuit éternelle” etc). 시 「호수」는 결국 흘러가는 시간을 멈추지 못한다는 사실을 영원히 떠나버린 연인을 빗대 가슴 시릴 정도로 각인시켜준다. “사랑하자, 그러므로 사랑하자! / 달아나는 시간을 서둘러 즐기자! / 인간에겐 항구가 없고 시간에겐 기슭이 없으니 / 시간은 흐르고 우리는 지나간다.” 지난 시절의 찬란했던 추억과 회한, 그 추억을 간직한 자연, 시간의 무상함, 그리고 죽음을 동반하는 사랑은 라마르틴 이전에도 다루어져 왔던 문학적 주제들로서 그렇게 새로운 점이 없다고 볼 수도 있을 것이다. 하지만 잉크대신 피를 펜에 묻혀 글을 쓴다는 표현처럼, 라마르틴의 명상시집은 “명상”이라는 상태에 이르기 전까지 시인이 감내해야 했던 슬픔과 절망을 날 것 그대로 표현하고 있다. 따라서 독자는 낭만주의가 아니라 낭만주의의 진정성에 감동되는 것이다.

주요작품

1820 *Les Méditations*
1830 *Les Harmonies*
1836 *Jocelyn*
1838 *La Chute d'un ange*
1839 *Les Recueillements*
1847 *Histoire des Girondins*

TEXT

Le lac

Ainsi, toujours poussés vers de nouveaux rivages,
Dans la nuit éternelle emportés sans retour,
Ne pourrons-nous jamais sur l'océan des âges
        Jeter l'ancre un seul jour?

Ô lac! l'année à peine a fini sa carrière,
Et près des flots chéris qu'elle devait revoir,
Regarde! je viens seul m'asseoir sur cette pierre
        Où tu la vis s'asseoir!

Tu mugissais ainsi sous ces roches profondes,
Ainsi tu te brisais sur leurs flancs déchirés,
Ainsi le vent jetait l'écume de tes ondes
        Sur ses pieds adorés.

Un soir, t'en souvient-il? nous voguions en silence ;
On n'entendait au loin, sur l'onde et sous les cieux,
Que le bruit des rameurs qui frappaient en cadence
        Tes flots harmonieux.

Tout à coup des accents inconnus à la terre
Du rivage charmé frappèrent les échos ;
Le flot fut attentif, et la voix qui m'est chère
        Laissa tomber ces mots :

"Ô temps! suspends ton vol, et vous, heures propices,
        Suspendez votre cours :
Laissez-nous savourer les rapides délices

Des plus beaux de nos jours!

"Assez de malheureux ici-bas vous implorent,
Coulez, coulez pour eux ;
Prenez avec leurs jours les soins qui les dévorent ;
Oubliez les heureux.

"Mais je demande en vain quelques moments encore,
Le temps m'échappe et fuit ;
Je dis à cette nuit : Sois plus lente ; et l'aurore
Va dissiper la nuit.

"Aimons donc, aimons donc! de l'heure fugitive,
Hâtons-nous, jouissons!
L'homme n'a point de port, le temps n'a point de rive ;
Il coule, et nous passons!"

Temps jaloux, se peut-il que ces moments d'ivresse,
Où l'amour à longs flots nous verse le bonheur,
S'envolent loin de nous de la même vitesse
Que les jours de malheur?

Eh quoi! n'en pourrons-nous fixer au moins la trace?
Quoi! passés pour jamais! quoi! tout entiers perdus?
Ce temps qui les donna, ce temps qui les efface,
Ne nous les rendra plus!

Éternité, néant, passé, sombres abîmes,
Que faites-vous des jours que vous engloutissez?
Parlez : nous rendrez-vous ces extases sublimes
Que vous nous ravissez?

Ô lac! rochers muets! grottes! forêt obscure!
Vous, que le temps épargne ou qu'il peut rajeunir,
Gardez de cette nuit, gardez, belle nature,
Au moins le souvenir!

Qu'il soit dans ton repos, qu'il soit dans tes orages,
Beau lac, et dans l'aspect de tes riants coteaux,
Et dans ces noirs sapins, et dans ces rocs sauvages
Qui pendent sur tes eaux.

Qu'il soit dans le zéphyr qui frémit et qui passe,
Dans les bruits de tes bords par tes bords répétés,
Dans l'astre au front d'argent qui blanchit ta surface
De ses molles clartés.

Que le vent qui gémit, le roseau qui soupire,
Que les parfums légers de ton air embaumé,
Que tout ce qu'on entend, l'on voit ou l'on respire,
Tout dise : Ils ont aimé!

Les Méditations (1820)

생각해 볼 문제

1. 라마르틴의 「호수*Le lac*」는 자연 광경Spectacle을 배경으로 지나가 버린 사랑을 추억하고 있습니다. 이 시의 16개의 연들을 통해 각각 다르게 표현되는 동사의 시제들(Le présent, L'imparfait, Le participe passé)이 시인의 정서에 어떻게 개입되고 어떤 효과를 불러일으키는지 이야기해 봅시다.

2. 라마르틴 외에 프랑스 낭만주의에 해당하는 시인들의 작품을 찾아 감상해봅시다.

3. 낭만주의 문학에 나타난 자연의 역할에 대해서 이야기해 봅시다.

참고문헌

Nicolas Courtinat, *Méditations et nouvelles méditations poétiques de Lamartine*, Gallimard, 2004.

Aurèlie Loiseleur, *L'harmonie selon Lamartine, utopie d'un lieu commun*, Honoré Champion, 2005.

Pierre Michel, *Lamartine, reconnaissance et mémoire*, PUL, 2006.

4) 발자크, 『고리오 영감』
Honoré de Balzac (1799~1850) - *Le Père Goriot*

불행은 우리에게 진정한 친구의 가치를 알려준다는 좋은 점이 있다. Le malheur a cela de bon qu'il nous apprend à connaître nos vrais amis.

19세기 프랑스를 대표하는 소설가이자 사실주의 문학의 창시자인 발자크는 프랑스의 정원으로 일컬어지는 아름다운 루아르강(江) 유역의 도시 투르에서 태어났다. 본명은 Honoré Balssa이다. 아버지는 남프랑스의 농민 출신으로 루이 16세와 나폴레옹 시대에 걸쳐 43년 동안 관리로 일했다. 어머니는 파리의 부유한 직물상인의 딸이었다. 발자크가 학교에 다닐 무렵 나폴레옹은 이미 권좌에서 물러나 있었지만, 낭만주의 시대는 시인 · 소설가 대부분이 그러했듯이 발자크도 나폴레옹의 숭배자였으며, 그의 작품에서는 도처에 황제의 이름이 나온다. 발자크는 "이 남자가 칼로 시작한 일을 나는 펜으로 이룩한다."는 맹세를 나폴레옹 동상에 붙여놓고 자신에 대한 훈계로 삼았다. 17세 되던 해 가을부터 아버지의 권유에 따라 소르본대학에서 법학을 공부하는 한편, 법률 사무소와 공증인(公證人) 사무실에서 수습사원으로 일했으나, 문학에 대한 열정으로 집안의 반대를 무릅쓰고 작가의 길을 선택했다. 첫 작품인 비극 『크롬웰』을 포함, 이런저런 익명으로 스무 편 이상의 통속 소설과 공포 소설 등을 썼지만 그다지 주목을 끌지 못했다. 1825년에서 1827년 사이에는 출판업, 인쇄업, 활자주조업 등에 손을 댔으나 모두 실패했다. 그는 죽기 직전에야 그 때 쌓인 부채에서 벗어날 수 있었다. 1829년 30세의 발자크는 처음 본명으로 역사 소설 『올빼미당*Les Chouans*』을 발표하여 주목받기 시작했고, 이후 많은 신문과 잡지에 소설과 희곡을 기고하던 중 소설 『신비로운 도톨가죽*La Peau de chagrin*』(1831)이 대성공을 거두면서 문인으로서 탄탄한 지위를 확보하게 되었다.

발자크는 19세기 프랑스 사회와 인간 군상의 전형을 그리고자 했다. 이를 위해 온갖 직업과 성격을 지닌 수천 명의 인물을 작품 속에 담아냈고, 그들을 둘러싸고 있는 환경을 세세히 묘사하여 그 속에서 인간의 특성을 밝혀 나갔다. 또한 주요 인물을 후속 작품에 다시 등장시키는 '재등장' 기법을 통해 작품과 작품, 인물과 인물을 유기적으로 연관 짓고 통일성을 부여하였다. 이렇게 현실 못지않게 완벽하고 활기 있는 세계를 재창조해 보이려는 발자크의 야심찬 계획은 약 90편의 소설로 구성된 『인간희극*La Comédie humaine*』을 탄생시켰다. 이것은 인간 사회에서 일어나는 희비극, 즉 인간의 드라마를 재현한다는 의미에서 붙여진 제목이다. 『인간희극』은 1842~1848년에 간행되었다. 그 중 마지막 권은 그의 사후인 1854년에 출판되었는데, 그가 원래 계획한 것은 3분의 2만이 완성된 셈이었다.

『인간희극』은 문학사에서 그 짝을 찾기 힘든 원대하고 심오한 구상이다. 발자크는 전쟁과 혁명의 소용돌이 속에서 자본주의가 태동하던 시기의 프랑스를 세밀한 거대벽화로 그려냈다. 놀라운 관찰력과 사진 같은 생생한 기억력으로 시민사회의 인간 군상을 찍어냈다. 『인간희극』은 보통 사람의 비속한 영혼, 부르주아 또는 서민의 풍속, 물질적·감각적인 사물 등을 여실하게 표현함으로써 낭만주의에서 사실주의로 넘어가는 기틀을 마련했다.

1848년에서 1849년 사이에 발자크는 아카데미 프랑세즈의 회원이 되려고 신청했으나 두 번 다 거절당했다. 1848년에 그는 1832년부터 긴밀하게 서간을 주고받았던 폴란드의 에블린 한스카 부인을 만나러 폴란드로 여행을 떠났고, 1850년 3월에 그녀와 결혼했다. 이 시기에 발자크는 과로로 인한 만성 피로에 시달렸으며 심장병과 폐렴을 앓았다. 발자크는 1850년 8월 18일 파리에서 세상을 떠났다.

주요작품

1829 *Les Chouans*

1831 *La Peau de chagrin*

1833 *Eugénie Grandet*

1835 *Le Père Goriot*

1835 *Le Colonel Chabert*

1836 *Le Lys dans la vallée*

1837~1843 *Illusions perdues*

1838~1846 *Splendeurs et misères des courtisanes*

커피, 볼테르와 발자크

커피를 좋아하는 유명한 문화인은 많이 있지만 그중에서도 프랑스 작가 볼테르와 발자크가 유명하다. 하루에도 여러 잔의 커피를 마신 것으로 유명한 이들은 커피에 관련된 에피소드가 있을 정도다. 어떤 문헌에는 볼테르가 하루에 72잔의 커피를 마셨다고 쓰여 있다. 그것이 정말이라면 볼테르야말로 세계 제일의 커피음용가라고 할 수 있다. 그에 관한 재미있는 일화가 있다. 어떤 사람이 "그렇게 여러 잔을 마시면 몸에 좋지 않다"고 충고하자. "몇 십 년 전에도 그런 말을 들었다. 그리고 나는 80년간 커피를 계속 마시지만 아무런 이상도 없다"며 재치있게 대답했다고 한다. 1686년에 문을 연 파리 최초의 '카페 프로코프'는 그의 단골 가게였고, 지금도 그가 사용한 테이블과 의자는 카페 프로코프의 귀중한 기념품이 되었다.

'소설 노동자' 발자크는 오후 8시~밤 12시에 취침하고 밤 12시부터 다음날 오후까지 하루에 많을 때는 18시간, 평균적으로 12시간씩 집필에 몰두했다. 이 시간을 알차게 보내기 위해 발자크는 수도사 같은 흰 실내복을 걸치고 커피의 카페인에 기대어 힘을 냈다. 그는 평생 커피 5만 잔을 마셨고 그 때문에 얻은 심장병으로 목숨을 잃고 만다. "커피가 위 속으로 떨어지면 모든 것이 술렁이기 시작한다. 생각은 전쟁터의 기병대처럼 빠르게 움직이고, 기억은 기습하듯 살아난다. 작중 인물은 즉시 떠오르고 원고지는 잉크로 덮인다." 파리의 발자크 기념관에는 그가 애용한 커피포트가 전시되어 있다.

『고리오 영감*Le Père Goriot*』

파리의 싸구려 하숙집 보케 관에는 하숙하는 사람들이 몇 명 살고 있는데, 그 가운데 고리오 영감이라고 불리는 노인과 외젠 드 라스티냐크라는 이름의 학생이 있다. 원래 제분업자였던 고리오는 예전에 백만장자였지만, 거액의 지참금을 가지고 귀족에게 시집보낸 두 딸(레스토 백작 부인과 뉘싱겐 남작 부인)들에게 돈을 쏟아 붓는 바람에 지금은 거의 무일푼 상태이다. 그러나 지나치리만큼 딸들을 사랑하는 그는 아버지를 창피하게 여기는 딸들을 위해 싸구려 하숙집에 몸을 숨기고 살면서도 있는 돈 없는 돈을 털어서 두 딸이 낭비한 돈을 메워주고 있다.

라스티냐크는 가난한 지방 귀족의 후계자로, 성공을 꿈꾸며 파리로 유학 온 갓 스물 넘은 법과 대학생이다. 재력도 수완도 갖추지 못한 그는 파리 상류 사회에 들어가기 위해 먼 친척 누이인 보세앙 자작 부인을 찾아가고, 사교계 여인들에게 접근할 기회를 얻는다. 그러면서 같은 하숙집에 사는 고리오 영감의 비밀을 알아내어 자신의 출세 수단으로 삼으려 한다. 하지만 성공을 위해서라면 자신의 양심과 영혼까지 파는 젊은이들에 비해 라스티냐크는 아직 순수한 영혼이었다. 그는 같은 하숙집에 살며 사람 좋은 시민으로 변장한 탈옥수 보트랭이 "자네처럼 무일푼인 사람이 재빨리 입신출세하려면 손을 더럽혀야 한다"며 돈과 명예를 한꺼번에 얻을 수 있는 방법을 제안해도 이를 결국 거절한다.

한편 고리오는 딸들이 몇 번이고 돈을 뜯어가는 바람에 완전히 무일푼이 되고 결국 곤경에 처한 딸들을 도와줄 수 없게 되었다는 점에 고민한다. 더구나 눈앞에서 딸들이 보기 싫은 싸움을 하는 것을 보고는 마음이 아픈 나머지 병으로 쓰러진다. 그러나 두 딸들은 병문안조차 오지 않는다. 고리오는 헛되이 그의 딸들의 이름을 부르며 저주와 축복의 말을 교대로 중얼거리다가, 낡은 하숙방에서 비참하게 숨을 거두고 만다. 라스티냐크는 고리오의 장례를 치러 주고는 그의 유해를 페르 라셰즈의 묘지에 매장하면서 청춘의 마지막 눈물을 묻는다. 그리고 파리를 향하여 '사회에의 도전'의 첫걸음을 내디딘다.

TEXTE

Quand le père Goriot parut pour la première fois sans être poudré, son hôtesse laissa échapper une exclamation de surprise en apercevant la couleur de ses cheveux, ils étaient d'un gris sale et verdâtre. Sa physionomie, que des chagrins secrets avaient insensiblement rendue plus triste de jour en jour, semblait la plus désolée de toutes celles qui garnissaient la table. Il n'y eut alors plus aucun doute. Le père Goriot était un vieux libertin dont les yeux n'avaient été préservés de la maligne influence des remèdes nécessités par ses maladies que par l'habileté d'un médecin. La couleur dégoûtante de ses cheveux provenait de ses excès et des drogues qu'il avait prises pour les continuer. L'état physique et moral du bonhomme donnait raison à ces radotages. Quand son trousseau fut usé, il acheta du calicot à quatorze sous l'aune pour remplacer son beau linge. Ses diamants, sa tabatière d'or, sa chaîne, ses bijoux, disparurent un à un. Il avait quitté l'habit bleu-barbeau, tout son costume cossu, pour porter, été comme hiver, une redingote de drap marron grossier, un gilet en poil de chèvre, et un pantalon gris en cuir de laine. Il devint progressivement maigre : ses mollets tombèrent ; sa figure bouffie par le contentement d'un bonheur bourgeois, se rida démesurément : son front se plissa, sa mâchoire se dessina. Durant la quatrième année de son établissement rue Neuve-Sainte-Geneviève, il ne se ressemblait plus. Le bon vermicellier de soixante-deux ans qui ne paraissait pas en avoir quarante, le bourgeois gros et gras, frais de bêtise, dont la tenue égrillarde réjouissait les passants, qui avait quelque chose de jeune dans le sourire, semblait être un septuagénaire hébété, vacillant, blafard. Ses yeux bleus si vivaces prirent des teintes ternes et gris-de-fer, ils avaient pâli, ne larmoyaient plus, et leur bordure rouge semblait pleurer du sang. Aux uns, il faisait horreur; aux autres, il faisait pitié. De jeunes étudiants en Médecine, ayant remarqué l'abaissement de sa lèvre inférieure et mesuré le sommet de son angle facial, le déclarèrent atteint de crétinisme, après l'avoir longtemps houspillé sans en rien tirer. Un soir, après le dîner, madame Vauquer lui ayant dit en manière de raillerie : "Eh! bien, elles ne viennent donc plus vous voir, vos filles?" en mettant en doute sa paternité, le père Goriot tressaillit comme si son hôtesse l'eût piqué avec un fer.

– Elles viennent quelquefois, répondit-il d'une voix émue.

– Ah! ah! vous les voyez encore quelquefois! s'écrièrent les étudiants. Bravo, père Goriot!

Mais le vieillard n'entendit pas les plaisanteries que sa réponse lui attirait, il était retombé dans un état méditatif que ceux qui l'observaient superficiellement prenaient pour un engourdissement sénile dû à son défaut d'intelligence.

Le Père Goriot, 1834~1835.

생각해 볼 문제

1. 발자크는 고리오 영감을 어떻게 묘사하고 있나요? 고리오 영감의 변화 모습을 통해 19세기 부르주아의 이미지를 그려봅시다.

2. 발자크가 고리오 영감을 '부성애의 순교자le christ de la paternité'로 부른 이유를 알아봅시다.

3. 고리오 영감과 셰익스피어의 리어왕을 비교해 봅시다.

4. 이 작품에서부터 사용하기 시작한 '인물 재등장'이라는 수법에 대해 알아봅시다.

5. 입신출세라는 주제로 『고리오 영감』을 다시 읽어봅시다.

참고문헌

Jean-Bertrand Barrère, *Victor Hugo. L'homme et l'œuvre*, Sedes, 1984.
Henri Meschonnic, *Écrive Hugo*, Gallimard, 1977
오노레 드 발자크, 『고리오 영감』, 임희근 옮김, 열린책들, 2008.
김화영, 『발자크와 플로베르』, 고려대학교 출판부, 2000.
미셸 레몽, 『프랑스 현대 소설사』, 김화영 옮김, 열음사, 1991.
박영근, 『발자크의 연구』, 중앙대학교 출판부, 1993.
슈테판 츠바이크, 『발자크 평전』, 안인희 옮김, 푸른 숲, 1998.

5) 빅토르 위고, 『파리의 노트르담』
Victor Marie Hugo (1802~1885) - *Notre-Dame de Paris*

참된 사랑의 최초의 특징은 남성의 경우에는 겁쟁이가 되고, 여성의 경우에는 대담해지는 것이다. Le premier symptôme de l'amour vrai chez un jeune homme c'est la timidité, chez une jeune fille c'est la hardiesse.

빅토르 마리 위고는 1802년 2월 26일 프랑스의 브장송에서 출생하였다. 위고는 어렸을 때부터 나폴레옹 휘하의 장군이었던 아버지를 따라 많은 여행을 하였다. 부모의 별거로 빅토르는 1812년부터 파리의 어머니 집에서 살았다. 그는 1814년부터 기숙학교 교육을 받았다. 아버지는 군인이 되기를 희망하였으나, 그는 문학에 흥미를 갖고 제2의 샤토브리앙을 꿈꾸었다. 1819년 형 아베르와 함께 낭만주의 운동에 공헌한 잡지 『콩세르바퇴르 리테레르*Conservateur Littéraire*』를 창간하였다. 1821년에 어머니가 죽었고, 1년 뒤에 빅토르는 어려서부터 친구였던 아델 푸셰와 결혼했다. 같은 해에 첫 번째 시집인 <송가 및 기타 시*Odes et poésies diverses*>를 냈는데, 이 작품으로 루이 18세로부터 연금을 받게 되었다.

위고는 19세기 프랑스 낭만주의 문학의 맹주였다. "낭만주의란 문학에 있어서의 자유주의다"는 그의 명쾌한 선언 아래 수많은 문인들이 모여들었다. 1827년에 발표한 「크롬웰서문」은 테오필 고티에가 "그것은 우리 앞에서 시나이 산 위의 십계명처럼 빛났다"라고 술회할 만큼 가장 유명한 낭만주의 선언서가 된다. 그는 이 글에서 고전주의 연극의 규칙이라 할 수 있는 '삼일치의 법칙'을 공격했는데, 이후 이 글은 고전파에 맞선 낭만파에 결정적인 승리를 안겨준 연극 『에르나니*Hernani*』(1830)의 토대가 된다.

1827년에서 1843년에 이르는 십 육년간에 위고는 『파리의 노트르담 *Notre Dame de Paris*』(1831)을 비롯하여 수많은 장편 소설과 평론, 기행문 외에 다섯 권의 시집과 여덟 권의 희곡을 출판하였다. 1843년 딸 레오폴딘이 남편과 더불어 센강에서 익사하자, 비탄에 빠져 그로부터 약 10년간 문필을 중단하였다. 당시 위고는 1833년부터 은밀한 관계를 맺기 시작한 아름다운 여배우 쥘리에트 드루에와 여행 중에 있었기 때문에 신문을 보고 그 소식을 알았다. 그는 나중에 『정관시집*Les Contemplations*』(1856)에 실리게 될 시들을 쓰면서 격렬한 슬픔을 달랬다.

1841년에 위고는 아카데미 프랑세즈의 회원으로 임명되었으며, 1843년부터는 적극적으로 정치에 뛰어들었다. 그는 젊은 시절에는 보수적인 성향의 정통 왕당파였으나, 7월 왕정기에는 자유주의와 인도주의로 기울었으며, 1848년 2월혁명 뒤에는 확고한 공화파가 되었다. 위고는 그 뒤로 죽을 때까지 공화파로 살았다. 1851년 루이 보나파르트(나폴레옹 3세)가 쿠데타로 제2제정을 수립하자 위고는 이를 비판하고 망명길에 올라 19년을 벨기에와 영국 해협의 섬들에서 살았다. 이 시기에 황제 나폴레옹 3세를 비난하는 『징벌시집*Les Châtiments*』을 썼고, 장편소설 『레 미제라블*Les Misérables*』(1862년), 『바다의 노동자*Les Travailleurs de la mer*』(1866) 『웃는 사나이*L'Homme qui rit*』(1869) 등을 발표하였다.

1870년 프랑스-프로이센 전쟁에서 프랑스가 지고 제2제정이 붕괴되자 위고는 파리에 돌아왔다. 그는 혁명 소설 『93년*Quatrevingt-treize*』(1874년)의 집필을 완성하고 1876년에는 원로원 의원으로 선출되었다. 1882년에 위고의 마지막 희곡 작품인 『토르크마다*Torquemada*』가 출간되었다. 빅토르 위고는 1885년 5월 22일에 파리에서 세상을 떠났다. 정부는 그를 위해서 국장을 치러주었다. 그의 영구 행렬이 파리의 팡테옹으로 들어설 때에 2백만 명에 달하는 파리 시민들이 거리를 메웠다.

주요작품

1830 *Hernani*

1831 *Notre-Dame de Paris*

1838 *Ruy Blas*

1853 *Les Châtiments*

1856 *Les Contemplations*

1862 *Les Misérables*

1866 *Les Travailleurs de la mer*

1869 *L'Homme qui rit*

1874 *Quatrevingt-treize*

『파리의 노트르담*Notre-Dame de Paris*』

1482년 1월 6일 광인절 축제에서 노트르담의 종지기 콰지모도는 만장일치로 '광인들의 교황'으로 뽑힌다. 최고로 추한 외모를 지녔기 때문이다. 성당 앞에 버려진 흉측한 몰골의 꼽추를 데려다 키운 이는 부주교 프롤로였다. 프롤로는 흰 염소를 데리고 다니며 탬버린에 맞춰 춤추고 노래하는 아름다운 집시여인 에스메랄다를 향한 걷잡을 수 없는 짝사랑에 빠지고 만다. 그는 어떤 대가를 치르더라도 그녀를 소유하고 싶어 하며 그러기 위해서는 어떤 수치스러운 행위를 하는 것도 주저하지 않는다. 하지만 이 순진한 소녀는 야경대장 페뷔스 드 샤토페르 대위를 맹목적으로 사랑한다. 페뷔스 대위는 허영심 가득한 멋쟁이로, 여자들에게 언제나 인기 만점이다. 그러나 그는 이 집시 여인을 일시적인 장난 상대로밖에는 생각하지 않는다. 두 사람이 밀회를 하고 있던 도중에 프롤로는 자신의 연적 페뷔스를 칼로 찔러 쓰러뜨리는데, 에스메랄다가 살인미수죄를 뒤집어쓰게 되고 마녀라는 죄목으로 포박되기까지 한다. 그녀가 처형되려는 순간, 콰지모도는 그녀를 구출하여 성역인 노트르담 성당 안으로 데리고 간다. 얼마 후 에스메랄다를 구출하기 위해 거지 패들이 성당을 습격하고, 이를 폭동으로 간주한 군인들과 충돌하게 된다. 노트르담 성당은 무너지고 만다. 에스메랄다는 체포되어 형장의 이슬로 사라진다. 사태의 전모를 파악한 콰지모도는 자신을 키워준 양부 프롤로를 성당의 첨탑으로부터 아래로 떨어뜨려 죽게 하고 자신도 자살한다. 세월이 흐른 후 어느 날 사람들이 교수형당한 시체들을 보관하는 곳에 찾아가 보니, 그곳에는 에스메랄다의 뼈를 끌어안고 있는 콰지모도의 해골이 있었다.

TEXTE

– Elle a faim, dit Gringoire, charmé d'entamer la conversation.

La Esmeralda se mit à émietter du pain, que Djali mangeait gracieusement dans le creux de sa main.

Du reste Gringoire ne lui laissa pas le temps de reprendre sa rêverie. Il hasarda une question délicate.

– Vous ne voulez donc pas de moi pour votre mari?

La jeune fille le regarda fixement, et dit : – Non.

– Pour votre amant? reprit Gringoire.

Elle fit sa moue, et répondit : – Non.

– Pour votre ami? poursuivit Gringoire.

Elle le regarda encore fixement, et dit après un moment de réflexion :

– Peut-être.

Ce peut-être, si cher aux philosophes, enhardit Gringoire.

– Savez-vous ce que c'est que l'amitié? demanda-t-il.

– Oui, répondit l'égyptienne. C'est être frère et soeur, deux âmes qui se touchent sans se confondre, les deux doigts de la main.

– Et l'amour? poursuivit Gringoire.

– Oh! l'amour! dit-elle, et sa voix tremblait, et son oeil rayonnait. C'est être deux et n'être qu'un. Un homme et une femme qui se fondent en un ange. C'est le ciel.

La danseuse des rues était, en parlant ainsi, d'une beauté qui frappait singulièrement Gringoire, et lui semblait en rapport parfait avec l'exaltation presque orientale de ses paroles. Ses lèvres roses et pures souriaient à demi ; son front candide et serein devenait trouble par moments sous sa pensée, comme un miroir sous une haleine ; et de ses longs cils noirs baissés s'échappait une sorte de lumière ineffable qui donnait à son profil cette suavité idéale que Raphaël retrouva depuis au point d'intersection mystique de la virginité, de la maternité et de la divinité.

Gringoire n'en poursuivit pas moins.

– Comment faut-il donc être pour vous plaire?

– Il faut être homme.

– Et moi, dit-il, qu'est-ce que je suis donc?

– Un homme a le casque en tête, l'épée au poing et des éperons d'or aux talons.

– Bon, dit Gringoire, sans le cheval point d'homme. – Aimez-vous quelqu'un?

– D'amour?

– D'amour.

Elle resta un moment pensive, puis elle dit avec une expression particulière: – Je saurai cela bientôt.

Notre-Dame de Paris, 1831.

생각해 볼 문제

1. 친구와 연인의 차이는 무엇입니까? 만일 여러분이 에스메랄다라면 어떻게 대답하겠습니까?

2. 에스메랄다는 사랑과 우정을 어떻게 정의하고 있습니까? 여러분도 사랑과 우정에 대해 정의를 내려 보십시오.

3. 소설의 배경이 되는 '카테드랄 노트르담 드 파리Cathédrale Notre-Dame de Paris'에 대해 알아봅시다.

4. 『파리의 노트르담』에 등장하는 인물 가운데 가장 부정적으로 묘사된 인물은 클로드 신부입니다. 클로드 신부는 어떤 죄를 지었나요.

5. 『파리의 노트르담』에는 부패한 종교를 비판하거나 소수의 권력자를 비판하기 위한 작가의 생각이 담겨 있습니다. 위고의 정치, 사회사상에 대해 좀 더 알아봅시다.

참고문헌

빅토르 위고, 『파리의 노트르담』, 정기수 옮김, 민음사, 2005.
빅토르 위고, 『노트르담 드 파리』, 이찬규, 박아르마 옮김, 다빈치기프트, 2005.
델핀 뒤사르 , 『빅토르 위고』, 백선희 옮김, 동아일보사, 2003.
앙드레 모르와, 『빅토르 위고』, 최병권 옮김, 우석, 1998.
이규식, 『빅토르 위고』, 건국대학교출판부, 1997.

6) 조르주 상드, 『마(魔)의 늪』
George Sand (1804~1876) - *La Mare au diable*

고통 받고 있는 인류는 우리 문학가들이 아닙니다. 굶주림과 비참함을 몰랐던 내가 아닙니다. 시인인 그대들의 영광 속에서, 그대 형제들의 감사 속에서, 그들의 개인적인 불만의 대가를 찾은 그대들도 아닙니다. 고통 받고 있는 인류는 바로 민중입니다. 아무 것도 모르는 민중입니다. 내버려진 민중입니다. L'humanité qui souffre, ce n'est pas nous, les hommes de lettres ; ce n'est pas moi, qui ne connais (malheureusement pour moi peut-être) ni la faim ni la misère ; ce n'est pas même vous, mon cher poète, qui trouverez dans votre gloire et dans la reconnaissance de vos frères une haute récompense de vos maux personnels ; c'est le peuple, le peuple ignorant, le peuple abandonné... George Sand, *Correspondance*, 23 juin 1842.

본명은 아망틴 오로르 뤼실 뒤팽Amantine-Aurore-Lucile Dupin. 1804년 7월 1일 파리에서 태어났다. 네 살 때 아버지를 여의고 중부 프랑스의 베리주(州) 노앙에서 할머니 밑에서 자랐다. 열여섯 살 때 지방의 귀족 뒤드방Casimir Dudevant 남작과 결혼했으나 오래지 않아 파경을 맞은 뒤 두 아이를 데리고 파리로 옮겼다. 이곳에서 『피가로』지에 짧은 글들을 기고하면서 문필 생활을 시작하였고, 1832년에 친구의 권유로 신문소설 『앵디아나*Indiana*』(1832)를 써서 일약 유명해졌다. 필명 조르주 상드는 연인이었던 쥘 상도Jules Sandeau에서 딴 것이다. 그녀에게 명성을 가져다준 이 소설은 아내를 억지로 남편에게 묶어놓는 사회적 인습에 열렬히 항의하는 한편, 불행한 결혼생활을 버리고 사랑을 찾는 여주인공을 옹호하고 있다.

상드는 여자들도 남자들과 마찬가지로 창조할 권리와 자신의 감정을 표출할 권리가 있다고 믿었다. 그녀는 글쓰기를 밥벌이, 즉 직업으로 선택하였다. 여류 소설가를 혐오하는 사회 풍토에서 감히 글을 써서 생계를 해결할 생각을 했다는 것은 정말 경이로운 일이다. 상드는 남편과 별거 후 파리에서 생활하면서 본격적으로 남자 옷을 입게 된다. 성을 전복한 그녀의 패션은 장안의 화제가 되었다. 그녀는 바지를 입고, 담배를 피우고, 정치적인 삶에 흥미를 느꼈다.

상드의 자유분방한 삶은 사람들의 이목을 집중시켰는데, 특히 시인 뮈세와 음악가 쇼팽과의 연애사건은 너무나도 유명하다. "사랑하라. 인생에서 가장 좋은 것은 그것뿐이다."라고 말한 상드는 자신의 삶을 능동적으로 이끌었다.

상드는 72년의 생애 동안 우정과 사랑을 나눈 사람이 2,000명이 넘는 신비와 전설의 여인이었으며 '정열의 화신'이었다. 화가 들라크루아, 소설가 플로베르와의 우정은 유명하다. 그녀는 당대 일류 인사들과의 우애와 연애를 통해 인간적인 성장과 함께 100권이 넘는 저작을 남겼다.

상드는 여성의 해방과 정열, 사회개혁에 대해 많은 글을 썼지만 전원소설에서 자신의 진정한 형식을 발견했다. 이 전원소설들은 평생 동안 계속된 고향에 대한 사랑과 가난한 사람들에 대한 동정에서 주로 영감을 얻었다. 노앙을 무대로 아름다운 전원과 소박한 농민생활, 젊은 남녀의 순수한 감정을 묘사한 『마(魔)의 늪*La Mare au Diable*』(1846), 『사생아 프랑수아*François le Champi*』(1848), 『소녀 파데트*La Petite Fadette*』(1849) 등은 아마 상드의 소설 가운데 가장 뛰어난 작품일 것이다.

말년에 상드는 나무랄 데 없는 도덕성을 가진 보수주의적 소설과 희곡을 썼다. 후기 작품 가운데 기억될 만한 작품은 자서전인 『내 삶의 이야기*Histoire de ma vie*』(1854～1855)와 상드가 손자들을 위해 쓴 단편소설집 『어느 할머니의 이야기*Contes d'une grand-mère*』(1873) 등이 유명하다.

주요작품

1832 *Indiana*
1833 *Lélia*
1843 *Consuelo*
1845 *Le Meunier d'Angibault*
1846 *La Mare au diable*
1849 *La Petite Fadette*
1855 *Histoire de ma vie*

정열의 여인, 자유주의자 쇼팽의 연인 조르주 상드

'피아노의 시인' 쇼팽(1810~1849)은 여섯 살 연상의 상드와 운명적 사랑에 빠졌다. 이들의 사랑은 당시 파리 사교계의 대단한 스캔들이 되었고 두 사람은 어쩔 수 없이 지중해의 섬 마요르카로 여행을 떠나게 된다. 쇼팽은 이곳에서 그의 유명한 '빗방울 전주곡', '폴로네즈 A장조'(작품 40), '발라드 4번 F단조' 등을 완성한다. 여행의 피로와 그때까지의 스트레스로 병이 난 쇼팽이 결국 폐결핵을 앓게 되지만 상드는 쇼팽의 곁을 떠나지 않고 진심으로 간호해 쇼팽이 병을 이겨낼 수 있게 해 준다.

상드는 쇼팽과 노앙으로 돌아와서 예술만을 위해 살기로 결심한다. 그녀는 금욕적인 생활을 했으며, 내성적이면서 섬세한 성격으로 파리 생활이 그다지 즐겁지 않았던 쇼팽이 편안하고 안정된 상태에서 작곡과 연주 활동에 임할 수 있도록 배려했다. 상드는 모성애에 가까운 애정으로 쇼팽을 9년 동안 극진히 보살폈지만 성격, 기질, 정치적 성향이 다른데다가 자식들과 불화를 겪는 바람에 헤어질 수밖에 없었다.

그 후 쇼팽은 병이 급속도로 나빠지고 경제적 어려움으로 인해 영국 순회공연을 시작했으나 병세가 악화되는 바람에 파리로 다시 돌아왔으며 결국 병마로 고생하다가 38세의 나이로 생을 마감했다.

『마의 늪*La Mare au diable*』

『마의 늪』은 상드가 1844년의 어느 날 홀바인의 명화 <죽음의 무도>에 대해서 생각하면서 고향인 노앙의 들길을 산책하고 있을 때, 제르맹이라는 젊은 농부의 건강미 넘쳐흐르는 모습을 보게 되는데 그 모습이 홀바인의 그림과 좋은 대조를 이룬 것에서 모티브를 얻어 집필한 작품이다. 상드는 이 작품을 4일 만에 완성했다고 한다.

『마의 늪』에서 농부 제르맹의 아내는 세 자녀를 남겨놓고 죽는다. 제르맹은 죽은 아내를 그리워하지만 장인의 뜻을 받아들여 부유한 과부와 재혼할 것을 결심한다. 어느 토요일, 제르맹은 이웃 마을에 사는 과부와 선을 보러 가는 길에 마침 그 마을에 양치기 일을 구해 떠나는 마리를 만나 동행하게 된다. 제르맹의 아들 프티-피에르도 그들을 따라 나서게 되고 마리는 그를 자신의 아들처럼 돌본다. 가는 도중 '마의 늪'에 이르자 날이 저물고 안개까지 자욱해져 세 사람은 그만 길을 잃고 함께 밤을 지새운다. 고요하고 신비로운 밤의 분위기 속에서 그들은 서로 이야기를 나눈다.

이튿날 제르맹은 과부가 경쟁을 통해 남편 될 사람을 선택하려 했다는 사실을 알게 된다. 교만하고 허영심이 강한 과부에 실망한 그는 마리에게 맡긴 아들을 찾으러 간다. 한편 마리와 프티 피에르는 성격이 사나운 농장주인 때문에 홍역을 치를 뻔하다 가까스로 달아나게 된다. 제르맹은 그들을 숲에서 다시 찾아 구하게 되고 마리는 무사히 집으로 돌아간다.

제르맹은 마리를 때가 되면 아내로 삼을 생각이고, 마리는 돈을 좀 더 벌어서 젊은 남자와 결혼할 생각을 가지고 있다. 많은 시간이 흐른 후 마침내 제르맹은 마리에게 사랑을 고백하고 결혼을 신청한다.

TEXTE

Je venais de regarder longtemps et avec une profonde mélancolie le laboureur d'Holbein, et je me promenais dans la campagne, rêvant à la vie des champs et à la destinée du cultivateur. Sans doute il est lugubre de consumer ses forces et ses jours à fendre le sein de cette terre jalouse, qui se fait arracher les trésors de sa fécondité, lorsqu'un morceau de pain le plus noir et le plus grossier est, à la fin de la journée, l'unique récompense et l'unique profit attachés à un si dur labeur. Ces richesses qui couvrent le sol, ces moissons, ces fruits, ces bestiaux orgueilleux qui s'engraissent dans les longues herbes, sont la propriété de quelques-uns et les instruments de la fatigue et de l'esclavage du plus grand nombre. L'homme de loisir n'aime en géneral pour eux-mêmes, ni les champs, ni les prairies, ni le spectacle de la nature, ni les animaux superbes qui doivent se convertir en pièces d'or pour son usage. L'homme de loisir vient chercher un peu d'air et de santé dans le séjour de la campagne, puis il retourne dépenser dans les grandes villes le fruit du travail de ses vassaux.

De son côté, l'homme du travail est trop accablé, trop malheureux et trop effrayé de l'avenir, pour jouir de la beauté des campagnes et des charmes de la vie rustique. Pour lui aussi les champs dorés, les belles prairies, les animaux superbes, représentent des sacs d'écus dont il n'aura qu'une faible part, insuffisante à ses besoins, et que, pourtant, il faut remplir, chaque année, ces sacs maudits, pour satisfaire le maître et payer le droit de vivre parcimonieusement et misérablement sur son domaine.

Et pourtant, la nature est éternellement jeune, belle et généreuse. Elle verse la poésie et la beauté à tous les êtres, à toutes les plantes, qu'on laisse s'y développer à souhait. Elle possède le secret du bonheur, et nul n'a su le lui ravir. Le plus heureux des hommes serait celui qui, possédant la science de son labeur et travaillant de ses mains, puisant le bien-être et la liberté dans l'exercice de sa force intelligente, aurait le temps de vivre par le cœur et par le cerveau, de a foe adre son œuvre et d'aimer celle de Dieu. L'artiste a des jouissances de ce genre, dans la contemplation et la reproduction des beautés de la nature ; mais, en voyant la douleur des hommes qui peuplent ce paradis de la terr, l'artiste au cœur droit et human est troublé au milieu de sa jouissance. Le bonheur serait là l'esprit le cœur et les bras, travaillant de concert sous l'œil de la Providence, une sainte harmonie existerait entre la munificence de Dieu et les ravissements de l'âme humaine. C'est alors qu'au lieu de la piteuse et affreuse mort, marchant dans son sillon, le fouet à la main, le peintre d'allégories pourrait placer à ses côtés un ange radieux, semant à pleines mains le blé béni sur le sillon fumant.

La Mare au diable, chaptire 2, Le labour, 1846

생각해 볼 문제

1. 본문에서 말하는 homme de loisir는 어떤 사람들입니까? 'homme de travail'와 비교해서 설명해 봅시다.

2. 농민과 농촌에 대한 묘사를 읽고 상드가 말하고자 하는 바가 무엇인지 생각해 봅시다.

3. 상드는 발자크에게 "당신은 인간희극을 쓰지만 난 인간목가를 쓰고 싶다"고 말했습니다. 이 말에 나타난 상드의 생각을 정리해 봅시다.

4. 상드와 낭만주의 시인 뮈세와의 '격정적인' 사랑에 대해 알아봅시다.

5. "사랑과 본능은 어디까지 허용되고 통제되어야 하는가?"라는 주제로 토론해 봅시다.

참고문헌

http://www.georgesand.culture.fr/fr/index.htm

Joseph Barry, *George Sand ou le scandale de la liberté*, Seuil, 1982.

Béatrice Didier, *Geroge Sand écrivain*, Presses universitaires de France, 1998.

조르주 상드, 『조르주 상드의 편지』, 이재희 옮김, 지만지고전천줄, 2008.

마르틴 리드, 『조르주 상드』, 권명희 옮김, 창해, 2000.

디안 퀴리, <파리에서 마지막 키스*Les Enfants du Siècle*>, 1999

제임스 라파인, <쇼팽의 연인*Impromptu*>, 1991.

7) 샤를르 보들레르, 『악의 꽃』
Charles Baudelaire (1821~1867) – *Les Fleurs du mal*

내 누이여, 내 사랑이여, 생각해 보아라. 거기 가서 함께 사는 달콤함을! 한가로이 사랑하고, 사랑하다 죽으리.
Mon enfant, ma soeur / Songe à la douceur / D'aller là-bas vivre ensemble! / Aimer à loisir,/ Aimer et mourir
「여행으로의 초대*L'Invitation au Voyage*」

상징주의의 선구자로 평가받는 샤를르 보들레르는 파리에서 태어난다. 이때 그의 아버지는 62세였고, 어머니는 28살이었다. 아버지는 아카데미 프랑세즈의 사무국장으로 일했으며, 특히 미술애호가를 자처하면서 직접 미술을 가르치기도 했던 교양인이었다. 보들레르가 6살 되던 해 아버지는 사망하고, 어머니는 그 이듬해 육군 중령과 재혼한다. 아버지의 사망과 함께 어머니의 재혼은 시인에게 있어서 유년 시절의 가장 슬픈 사건으로 각인된다. 그리고 그는 양부가 요구하는 군대식의 엄격한 가정교육과 규율에 순응하지 못한다.

11살 때 리옹Lyon으로 파견된 양부를 따라 그 곳 학교에서 기숙사 생활을 한다. 양부는 보들레르의 반항적 태도를 교정하기 위한 목적으로 기숙사에 입사시켰으나, 그는 이때부터 위고와 라마르틴 등의 낭만주의 시를 애송하면서 문학적 재능을 발휘한다. 1836년 파리로 돌아온

계부를 따라 명문 고등학교 루이-르-그랑Louis-le-Grand에 입학, 역시 기숙사 생활을 한다. 특히 라틴어 작시에 뛰어난 소질을 보이기도 하지만, 교사에 대한 명령 불복종으로 퇴학처분을 당한다. 개인교사의 지도 밑에서 대학 입학자격시험에 합격한다. 이후 법과 대학에 등록은 하지만 청강하지 않는다.

1939년에서 1941년까지 파리에서의 자유분방한 삶이 시작된다. 세련되고 단정한 옷차림, 반사회적이고 시니컬한 어법, 터무니없는 낭비벽으로 점철된 당디dandy적 삶의 전범을 보여준다. 계부의 주재로 가족회의가 열리고, 보들레르가 인생의 전환기를 맞이할 수 있도록 외국여행을 종용한다. 하지만 보르도를 떠나 인도로 향하던 배는 해상 사고로 동인도양의 모리스Maurice 섬에서 회항한다. 이때의 항해 경험이 그의 작품 속에 나타나는 이국정서Exotisme의 토양이 된다. 한편 그의 전 생애에 걸쳐 애증과 회한, 그리고 권태가 혼재하는 운명적 관계로 점철된 혼혈 여성 잔느 뒤발Jeanne Duval을 만난다. 그리고 시인은 일찍 여읜 친부의 유산을 마침내 상속받게 되나 그것마저 탕진하고, 가족은 법정 관리인을 내세워 그의 재산관리권을 제한하는 금치산자선고를 내린다.

생활고에 쪼들리자 에드가 포우Edgar Poe의 작품을 번역하고 본격적인 미술 비평을 시작한다. 1857년, 죽음과 관능이, 위악과 우울이 사막에 서있는 고대 사원처럼 거대한 음영을 드리우고 있는 『악의 꽃』이 출간된다. 하지만 『악의 꽃』은 문단의 인정을 받기 전에 풍속 문란이란 죄목으로 벌금형과 6편의 시들까지 삭제되는 처벌을 받는다. 당시의 파리 비평계의 거장이었던 F. 브뤼느티에르Brunetière는 "이 시집에서는 부도덕과 광기 외에는 그 어떤 것도 찾아 볼 수 없다."라고 비난한다. 하지만 상투적이고 인습적인 주제와 표현으로부터 결별을 단행한 그의 작품들은 고답파와 낭만주의를 넘어 상징주의의 시원이 된다. 1861년에는 새로운 시들을 추가한 『악의 꽃』 재판(再版)이 출간된다. 계속되는 신경 발작과 실어증에 시달리다가 46살의 나이로 어머니의 품에 안겨 사망한다.

『악의 꽃*Les Fleurs du mal*』

보들레르의 『악의 꽃』은 당대의 시인들이 외면하고 있던 주제들을 형상화하고 있다. 이를테면 썩어가는 시체에서 아름다움을 발견함으로써, 낭만주의 계열에서 생각지 못한 미(美)의 새로운 전범을 제시한다. 그리고 그러한 것이 자기 고백적이라는 점에서 진정성까지 확보하고 있으며, 가히 마술적이라고 할 수 있는 암시와 상징으로 시의 새로운 경지를 보여준다. 그의 작품은 상투적 낭만주의Romantisme를 극복한 것으로서, "예술을 위한 예술L'art pour l'art"을 구가한 것으로서, 혹은 상징주의Symbolisme의 시원으로서 평가받고 있다. 따라서 어느 하나의 경향으로 환원될 수 없는 것이 그의 시적 세계일 것이다. 그의 작품 세계의 특징을 나타낼 수 있는 하나의 수식어가 있다면, 이는 '보들레르적인Baudelairien'이라는 표현일 것이다.

『악의 꽃』에 실려 있는 시들은 총 6부로 나뉘어져 있다. 보들레르는 이 시집이 시작과 끝이 정교하게 형상화 되어 있는 하나의 구조를 이루고 있음을 누누이 강조한다. 제 1부 (85편의 시) 「우울과 이상*Spleen et idéal*」에서는 시인의 저주받은 운명과 여인들과의 관능적 사랑, 권태 혹은 예술에 의한 구원 등을 다루고 있다. 제 2부 (18편의 시) 「파리의 풍경*Les Tabeleaux parisiens*」에서는 파리의 낮과 밤을 통해 펼쳐지는 거리의 인상과 시인의 환상적인 정취를 노래하고, 마지막으로는 적막한 새벽 풍경으로 끝을 맺고 있다. 제3부 (5편의 시) 「포도주*Le vin*」에서는 파리의 현대적인 도시 풍경들에서조차 우울을 느낀 시인이 '인공낙원', 즉 알코올에 젖어 들어간다. 제4부 (9편의 시) 「악의 꽃*Les*

Fleurs du mal」에서는 마침내 절망의 심연 속에서 악의 꽃을 피운다. 악의 꽃은 죄악과 심신의 회복할 수 없는 쇠진을 체험했던 자만이 만날 수 있는 꽃이다. 제 5부 (3편의 시) 「반항*La révolte*」에서는 신을 경멸하고 악을 예찬한다. 제 6부 「죽음*La mort*』」(6편의 시)에서는 인생의 마지막 안식처인 죽음으로 향하는 항해가 시작된다.

주요작품

1847~46 *Les Salons*

1855~62 *Fusées*

1856~65 *Contes d'Edgar Poe*

1857~61 *Les Fleurs du mal*

1859~66 *Mon coeur mis à nu*

1860 *Les Paradis artificiels*

1866 *Les épaves*

1869 *Le spleen de Paris*

TEXTE

Correspondance

La Nature est un temple où de vivants piliers
Laissant parfois sortir de confuses paroles;
L'homme y passe à travers des forêts de symboles
Qui l'observent avec des regards familiers.

Comme de longs échos qui de loin se confondent
Dans une ténébreuse et profonde unité,
Vaste comme la nuit et comme la clarté,
Les parfums, les couleurs et les sons se répondent.

Il est des parfums frais comme des chairs d'enfants,
Doux comme les haubois, Verts comme les prairies,
- Et d'autres, corrompus, riches et triomphants,

Ayant l'expansion des choses infinies,
Comme l'ambre; le musc, le benjoin et l'encens,
Qui chantent les transports de l'esprit et des sens.

Une Charogne

Rappelez-vous l'objet que nous vîmes, mon âme,
Ce beau matin d'été si doux:
Au détour d'un sentier une charogne infâme
Sur un lit semé de cailloux,

Les jambes en l'air, comme une femme lubrique,
Brûlante et suant les poisons,
Ouvrait d'une façon nonchalante et cynique
Son ventre plein d'exhalaisons.

Le soleil rayonnait sur cette pourriture,
Comme afin de la cuire à point,
Et de rendre au centuple à la grande Nature
Tout ce qu'ensemble elle avait joint;

Et le ciel regardait la carcasse superbe
Comme une fleur s'épanouir.
La puanteur était si forte, que sur l'herbe
Vous crûtes vous évanouir.
Les mouches bourdonnaient sur ce ventre putride,
D'où sortaient de noirs bataillons

De larves, qui coulaient comme un épais liquide
Le long de ces vivants haillons.

Tout cela descendait, montait comme une vague
Ou s'élançait en pétillant
On eût dit que le corps, enflé d'un souffle vague,
Vivait en se multipliant.

Et ce monde rendait une étrange musique,
Comme l'eau courante et le vent,
Ou le grain qu'un vanneur d'un mouvement rythmique
Agite et tourne dans son van.

Les formes s'effaçaient et n'étaient plus qu'un rêve,
Une ébauche lente à venir
Sur la toile oubliée, et que l'artiste achève
Seulement par le souvenir.

Derrière les rochers une chienne inquiète
Nous regardait d'un oeil fâché,
Epiant le moment de reprendre au squelette
Le morceau qu'elle avait lâché.

– Et pourtant vous serez semblable à cette ordure,
A cette horrible infection,
Etoile de mes yeux, soleil de ma nature,
Vous, mon ange et ma passion!

Oui! telle vous serez, ô la reine des grâces,
Apres les derniers sacrements,
Quand vous irez, sous l'herbe et les floraisons grasses,
Moisir parmi les ossements.

Alors, ô ma beauté! dites à la vermine
Qui vous mangera de baisers,
Que j'ai gardé la forme et l'essence divine
De mes amours décomposés!

Les Fleurs du mal (1857)

생각해 볼 문제

1. 19세기 중반 유럽의 문화 속에 등장한 당디즘Dandisme의 성격에 대해 이야기해 봅시다.
2. 보들레르의 시 「*Une Charogne*」 속에서 에로티시즘과 죽음이 연결되는 심상들을 찾아보고, 에로스Eros와 타나토스Thanatos가 결합하는 또 다른 문화적 양상들에 대하여 이야기해 봅시다.
3. 다양한 표현방식들(시, 광고, 영상, 노래 등)속에서 보들레르의 「*Correspondances*」를 환기시키는 공감각적 효과들을 찾아봅시다.

참고문헌

Patrick Labarthe, *Poème en prose de Charles Baudelaire*, Gallimard, 2000.
Joëlle Marchall, *Les fleurs du mal de Charles Baudelaire*, Bordas, 2003.
André Guyaux, *Charles Baudelaire*, PUS, 2007.

8) 플로베르, 『보바리 부인』
Gustave Flaubert (1821~1880) – *Madame Bovary*

사랑이란 뇌성이나 번개처럼 별안간 나타나는 것 – 하늘에서 큰 바람이 불어 와서 생활을 뒤덮고 인간의 의지를 나뭇잎처럼 뿌리째 뽑아버리고 사람의 마음을 깊은 못 속으로 끌고 들어가는 것이라고 엠마는 믿고 있었다. L'amour, (…), devait arriver tout à coup, avec de grands éclats et des fulgurations, – ouragon des cieux qui tombe sur la vie, la bouleverse, arrache les volontés comme des feuilles et emporte à l'abîme le coeur entier. 『보바리 부인*Madame Bovary*』

플로베르는 유명한 외과의사의 아들로 루앙Rouen에서 1821년 태어났다. 1832년에서 1839년까지 위고Hugo를 탐독하며 루앙의 고등학교를 졸업한 그는 파리 대학에서 1842년에서 1844년까지 법학을 공부한다. 그러나 법률에 흥미를 못 느끼고 여러 문인들과 사귀며 문학에 대한 열정을 불태우게 된다.

1843년 『감정교육*L'Education sentimentale*』의 초고를 쓰기 시작할 때 갑자기 신경 쇠약이 발병하자 그는 루앙에서 멀지 않은 크롸세Croisset로 갔고 이후 대부분의 세월을 그곳에 묻혀 창작 활동에만 전념하게 된다.

비교적 넉넉한 가산 덕분으로 코르시카 섬으로 이탈리아로 벨기에로 그리고 이집트 시리아 그리스 등지로 여행을 하기도 한 그는 크롸세에서 조르주 상드, 루이 부이에, 막심 뒤 캉 같은 몇몇 친우의 방문을 받으며 그들과 친분을 이어갔다. 특히 상드는 조카딸 카롤린과 함께 플로베르의 소중한 정신적 반려자였다.

일생을 독신으로 산 그는 1836년, 트루빌에서 슐레진저 부인과 사랑에 빠진 적이 있고 1846년 13살 연상의 여류문인인 루이즈 콜레와 연인관계를 갖기도 했다.

이미 몇몇 작품들을 구상하고 쓰고 있었던 플로베르는 1857년에 그의 대표작이 된 『보바리 부인*Madame Bovary*』을 출간한다. 이 책은 내용의 부도덕성으로 스캔들을 일으키며 소송의 대상이 되지만 동시에 플로베르를 문인의 위치에 올려놓으며 영광도 가져다준다. 이어서 출간된 『살람보*Salammbô*』는 그를 제 2제정 시기 살롱의 문으로 들어가게 한 성공작이었다. 그러나 『감정교육』은 성공을 거두지 못하였다. 이에 대한 실망에 어머니의 죽음과 친구들의 죽음, 그리고 다시 발병한 신경증의 위기 등 여러 시련이 연달아 겹치면서 노년에 번민에 사로잡힌 삶 속에서 재정적인 어려움을 겪는다. 다행히 1877년 『세 개의 콩트*Trois contes*』가 성공을 거두어 졸라의 집에 모인 자연주의 학파의 젊은이들에게 환대를 받지만 1880년 뇌출혈로 사망한다.

사실주의의 거장이라고 일컬어지는 플로베르의 작품들은 낭만주의적 환상에서 처음 출발하였다. 따라서 플로베르의 작품들을 두 부류로 나누어, 낭만적 경향의 작품과 사실주의 경향의 작품으로 구별하기도 한다. 전자에 해당되는 작품으로는 『살람보』, 『성 앙트완느의 유혹*La tentation de Saint Antoine*』, 『쥘리앙*Julien*』, 『에로디아*Hérodias*』등 과거의 역사에서 취재한 것들을, 후자에 해당하는 것들로서 『보바리 부인』, 『감정교육』, 『부바르와 페퀴세*Bouvard et Pécuchet*』, 『순진한 마음*Un Coeur simple*』등 당대를 소재로 한 작품을 든다. 그러나 두 가지 성격은 위의 구분에 구애됨이 없이 모든 작품에 드러나고 있다. 예를 들어 『보바리 부인』을 낭만과 사실의 결합에서 이루어진 중간적 작품이라고 보기도 한다.

결국 낭만주의가 한창인 때 긍정적이고 과학적인 가문에서 태어난 그의 배경이 그렇듯이 플로베르의 작품들은 모순적이고 이중적인 특성을 지닌다. 즉 낭만적 기질을 지닌 그였지만, 그의 작품들은 세밀한 관찰과 엄밀한 자료수집을 통하여 레알리즘을 한층 중요하게 표현하였다.

주요작품

1857 *Madame Bovary*

1862 *Salammbô*

1869 *L'Éducation sentimentale*

1874 *La Tentation de saint Antoine*, déjà ébauchée en 1849

1877 *Trois Contes*

1880 *Parution de Bouvard et Pécuchet*, inachevé

엠마 보바리의 실제 이야기

이 작품은 당시 루앙 근처 뤼Ry마을에서 실제 있었던 '들라마르 사건'을 모델로 쓰인 작품이다. 들라마르 사건은 1848년 신문에도 기사화 되어 화제가 되었던 실제 사건으로, 의사인 외젠 들라마르는 플로베르 아버지의 옛 제자였다. 들라마르는 델핀느와 재혼하였는데 두 사람의 관계는 굴욕적인 사건으로 매듭지어 진다. 젊은 델핀이 여러 정부와 놀아나며 사치를 즐기다 마침내 빚에 몰려 26세의 나이로 자살하고 그에 상심하던 남편도 이듬해 사과나무에 목을 매어 자살하기 때문이다.

『보바리 부인*Madame Bovary*』

『보바리 부인』은 1856년 『르뷔 드 파리*Revue de paris*』지에 실렸다가 이듬해 출간된다. 주인공 엠마는 노르망디 농부의 딸로 수녀원 여학교에서 낭만적 독서에 흠뻑 빠져 꿈과 상상의 세계를 키워왔다. 그런데 엠마 보바리의 비극은 이때 수녀원에서 보낸 소녀시절에서 비롯되었는지 모른다. 그녀는 폐쇄적인 교육을 받으며 머릿속으로는 정열, 사랑 그리고 행복에 대해 꿈꾸었다. 그리고 농촌생활에서 벗어나고 싶은 생각에 망설임 없이 시골의사인 샤를르 보바리와 결혼을 한다.

지극한 행복이나 정열, 도취 등 책에서 읽고 아름답다고 느꼈던 말들이 과연 현실 세상에서는 정확하게 어떤 것일까 엠마는 그것을 알려고 애썼지만, 결혼 후 그녀의 기대는 하나씩 무너져 내린다. 아주 평범하고 상식적인 남편은 그녀를 이해할 수 없는 사람이었고, 따분한 일상, 답답한 시골 풍경은 그녀를 견딜 수 없게 만들 뿐이었다.

대신, 그녀의 눈에는 사교계의 화려함이 어른거리고, 귀족들의 상류사회, 파리의 무도회를 선망하게 된다. 자신이 소설 속의 여주인공, 사랑하는 여인이기를 갈망하면서…. 반면에 현실의 자신은 한 번도 행복해 본 적이 없다고 생각되자 엠마는 지옥처럼 느껴지는 자신의 삶으로부터의 탈출구를 대지주인 로돌프, 공증인 사무소의 젊은 서기 레옹과의 연애에서 찾으려 한다. 하지만 그들과의 밀애는 그녀를 타락으로 이끌고 생활을 온통 거짓투성이로 만들며 실패의 쓴 맛 만을 안겨준다. 게다가 분별없는 낭비로 헤어날 길 없는 빚을 지게 되면서 매정한 빚쟁이로부터 궁지에 몰리자 결국 엠마는 비소를 먹고 자살을 한다.

플로베르는 이 소설 속에서, 엠마라는 한 개인적인 여성을 관찰하면서 그의 여주인공을 하나의 '보편적인 유형'으로 만들었으며 "보바리 부인, 그것은 바로 나다."라는 말을 통해 자신 속의 '대단히 인간적인 어떤 결점'마저 고백하고 있다. 이 같은 엠마 보바리의 심리적 현상으로부터 사람들은 '보바리즘Bovarysme'이란 용어를 만들어 냈다.

TEXTE

Les ombres du soir descendaient; le soleil horizontal, passant entre les branches, lui éblouissait les yeux. Ça et là, tout autour d'elle dans les feuilles ou par terre, des taches lumineuses tremblaient, comme si des colibris, en volant, eussent éparpillé leurs plumes. Le silence était partout ; quelque chose de doux semblait sortir des arbres ; elle sentait son coeur, dont les battements recommençaient, et le sang circuler dans sa chair comme un fleuve de lait. Alors, elle entendit tout au loin, au delà du bois, sur les autres collines, un cri vague et prolongé, une voix qui se traînait, et elle l'écoutait silencieusement, se mêlant comme une musique aux dernières vibrations de ses nerfs émus. Rodolphe, le cigare aux dents, raccommodait avec son canif une des deux brides cassée.

Ils s'en revinrent à Yonville, par le même chemin. Ils revirent sur la boue les traces de leurs chevaux, côte à côte, et les mêmes buissons, les mêmes cailloux dans l'herbe. Rien autour d'eux n'avait changé; et pour elle, cependant, quelque chose était survenu de plus considérable! Droite, avec sa taille mince, le genou plié sur la crinière de sa bête et un peu colorée par le grand air, dans la rougeur du soir.

En entrant dans Yonville, elle caracola sur les pavés.

On la regardait des fenêtres.

Son mari, au dîner, lui trouva bonne mine; mais elle eut l'air de ne pas entendre lorsqu'il s'informa de sa promenade ; et elle restait le coude au bord de son assiette, entre les deux bougies qui brûlaient. (...)

Elle se répétait ; "J'ai un amant! un amant!" se délectant à cette idée comme à celle d'une autre puberté qui lui serait survenue. Elle allait donc posséder enfin ces joie de l'amour, cette fièvre du bonheur dont elle avait désespéré. Elle entrait dans quelque chose de merveilleux où tout serait passion, extase, délire; une immensité bleuâtre l'entourait, les sommets du sentiment étincelaient sous sa pensée, l'existence ordinaire n'apparaissait qu'au loin, tout en bas, dans l'ombre, entre les intervalles de ces hauteurs.

Alors elle se rappela les héroïnes des livres qu'elle avait lus, et la légion lyrique de ces femmes adultères se mit à chanter dans sa mémoire avec des voix de soeurs qui la charmaient. Elle devenait elle-même comme une partie veritable de ces imaginations et réalisait la longue rêverie de sa jeunesse, en se considérant dans ce type d'amoureuse qu'elle avait tant envié. D'ailleurs, Emma éprouvait une satisfaction de vengeance. N'avait-elle pas assez souffert! Mais elle triomphait maintenant, et l'amour, si longtemps contenu, jaillissait tout entier avec des bouillonnements joyeux. Elle le savourait sans remords, sans inquiètude, sans trouble.

Madame Bovary, Gallimard, 2001.

생각해 볼 문제

1. 엠마의 상상적 세계와 그 근원이 어디에 있다고 생각하는지 말해보시오.
2. 위 텍스트에서 로돌프의 특징을 알 수 있는 구절들을 말해보시오.
3. 남편 샤를르 보바리의 성격을 분석해 보시오.
4. 보바리즘Bovarysme이 무엇인지 설명해 보고, 그에 대한 자신의 생각을 말해보시오.

참고문헌

V. Brombert, *Flaubert par lui-même*, Seuil, 1970.

M. Bardèche, *L'Oeuvre de Flaubert*, Les sept Couleurs, 1974.

Cl. Digeon, *Flaubert*, Hatier, 1970.

9) 에밀 졸라, 『목로주점』

Émile (Édouard-Charles-Antoine) Zola (1840~1902) – *L'Assommoir*

유전은 중력처럼 고유의 법칙을 가지고 있다. L'hérédité a ses lois, comme la pesanteur. – 『루공 가의 운명*La Fortune des Rougon*』

에밀 에두와르 샤를 졸라는 1840년 4월 2일에 파리에서 출생하여 남프랑스 엑상프로방스에서 자랐다. 이탈리아 출신의 토목 기사였던 아버지가 1847년 세상을 떠나자 그의 가족은 극심한 생활고에 빠졌다. 졸라는 학교에서 훗날 화가가 된 폴 세잔과 사귀었고 낭만주의 문학에 매료되었다. 1858년에 그의 어머니와 함께 파리로 이사했다. 그는 생루이 고등학교에서 학업을 마쳤는데, 몇몇 뛰어난 작가들과 마찬가지로 1859년 대학입학자격시험에서 낙방했다. 그후 2년 동안 그는 일자리를 얻지 못한 채 궁핍하게 지냈다.

1862년 졸라는 루이 크리스토프 프랑수아 아셰트가 경영하는 출판사에 취직하여 그곳에서 당시의 과학적·실증주의적 사상과 결부된 사실주의적인 문학 조류에 눈을 뜨고 시를 버리고 콩트나 예술 비평 칼럼을 쓰기 시작하였다. 1866년 아셰트를 그만둘 때에는 청년비평가가 되어 있었는데, 이 해 봄의 미술전비평을 써서 기성의 대가들을 비판하고 마네 · 피사로 · 모네 · 세잔 등 신진의 불우한 인상파 청년화가들을 강력히 지지하였다. 이 무렵에 플로베르와 공쿠르 형제의 작품을 높이 평가하고, 특히 공쿠르 형제의 작품을 본받아 처음으로 자연주의적인 작품 『테레즈 라캥*Thérèse Raquin*』(1867)을 발표하였다. 이 작품은 에밀 졸라가 28세에 쓴 세 번째 작품으로 그에게 작가로서의 명성을 처음 안겨준 작품이다. 파리의 퐁네프 파사주를 배경으로 한 『테레즈 라캥』은 하층민인 주인공, 불륜과 살인이라는 선정적인 소재 때문에 출간 당시 큰 논란을 일으켰다.

1870년 5월 31일에 졸라는 가브리엘 엘레오노르 알렉산드린 멜레와 결혼했다. 결혼 생활 내내 아이는 태어나지 않았다. 이 무렵 졸라는 유전과 생리학에 관한 글을 읽으며 많은 영향을 받았다. 졸라는 과학적 결정론의 토대 위에 19세기 후반 프랑스 사회에 대한 방대한 문학적 벽화를 그려 나갔다. 그것이 바로 유명한 『루공-마카르 가*Les Rougon-Macquart*』 시리즈로, 졸라 문학의 정수라 할 수 있다.

총 20편으로 구성된 이 시리즈는 정통 혈통인 루공 가와 사생아 혈통인 마카르 가가 여러 대에 걸쳐 사회 여러 분야로 퍼져 나가는 양상을 그린 것으로, "제2제정 시대 어느 집안의 자연적 · 사회적 역사"라는 부제가 말해 주듯 증시, 토목, 도시의 발전, 백화점의 등장, 철도망의 확장, 토지 개혁 문제, 기계의 발달, 자본과 노동의 투쟁, 노동자의 삶, 종교, 교육, 법질서, 억압, 검열, 섹스, 예술, 군중, 권력, 욕망 등 시대의 온갖 문제가 총망라되어 있다.

졸라는 1871년 발표한 『루공 가의 운명*La Fortune des Rougon*』으로부터 1893년에 발표된 『파스칼 박사*Le Docteur Pascal*』에 이르기까지 24년 동안 1,200명 이상의 인물을 등장시켜 총 20권을 완성한다. 『목로주점*L'Assommoir*』(1877), 『나나*Nana*』(1880), 『제르미날*Germinal*』(1885), 『대지(大地)*La Terre*』(1887) 『수인(獸人)*La Bête humaine*』(1890) 등 대표적

인 걸작은 대부분 이 총서에 들어 있다. 1880년에 졸라는 생리학자 클로드 베르나르의 『실험의학 서설』과 루카스의 유전학 이론의 영향을 받아 『실험소설론*Le Roman expérimental*』을 발표해 인간을 결정하는 것이 환경, 유전, 기질이라는 자연주의 문학론을 주장하고 이를 그의 작품에 그대로 적용한다.

졸라는 진실과 정의를 사랑하는 모랄리스트이고 이상주의적 사회주의자였다. 그 때문에 만년에 드레퓌스사건이 일어나자 사이비 애국자들에게 항거하고 군부의 부당성을 공격하였으며 끝까지 드레퓌스의 무죄를 주장하여 결국 승리하였다. 그러나 졸라는 이 때문에 명예훼손죄로 기소돼 감옥에 갇혔으며, 석방된 뒤 영국으로 망명하는 등 고통받다 1902년 9월 28일 파리에서 의문의 가스중독으로 사망했다. 그를 화장한 재는 1908년 파리의 팡테옹에 안치되었다.

주요작품

1867 *Thérèse Raquin*

1876 *L'Assommoir*

1879 *Nana*

1885 *Germinal*

1880 *Le Roman expérimental*

드레퓌스 사건과 지식인의 역할

대혁명 이래 프랑스에서는 지식인과 예술인들이 자신들의 정치·사회적 입장을 적극적으로 피력하는 일이 하나의 전통으로 굳어져 있다. 그 가운데서도 가장 대표적인 사례는 드레퓌스 사건의 흐름을 단숨에 바꾼 에밀 졸라일 것이다. 졸라는 1898년 1월13일 일간지 『여명*L'Aurore*』에 '나는 고발한다J'accuse'는 제목의 글을 발표했다. '프랑스 대통령에게 보내는 편지'라는 부제를 단 이 공개서한은 프랑스 국론을 양분했을 뿐 아니라 전 유럽을 들끓게 만들었던 '드레퓌스 사건'의 흐름을 바꿔놓았다.

1894년 9월 프랑스군 육군대위 알프레드 드레퓌스는 군의 기밀문서를 프랑스 주재 독일대사관에 넘겼다는 혐의로 체포된다. 군 당국은 드레퓌스의 필적이 첩자의 그것과 비슷하다는 이유로 그를 진범으로 지목한 뒤 종신 유형을 선고했다. 2년 뒤인 1896년 새 정보부장 피카르 중령은 진범이 헝가리 태생의 에스테라지 소령임을 밝혀냈다. 그러나 권위 실추를 두려워한 군 지도부는 그 사실을 얼버무리며 오히려 피카르를 좌천시키고 형식적인 재판절차를 거쳐 에스테라지를 무죄석방해버렸다.

드레퓌스의 무죄를 확신하고 있던 졸라는 박해를 각오하고 실명을 거론하며 군부의 비열한 음모를 까발렸다. 그는 "군복을 입은 몇몇 사람들이 국민의 입을 군화로 틀어막고, 정의와 진실의 외침을 억누르고 있다. 그러나 어떤 힘으로도 진실을 덮을 수는 없다.", "진실은 전진하고 있고, 아무 것도 그 발걸음을 멈추게 하지 못할 것입니다."고 썼다.

원고지 80장 분량의 이 격문이 실린 『여명』지는 평소 발행부수의 10배가 넘는 30만부가 팔렸다. 졸라는 한 표현을 빌면 '단 하루 만에 파리를 통째로 뒤흔들었고', 드레퓌스 사건의 진실 규명을 위한 불씨를 다시 살렸다. 그의 논설 한편으로 여론의 향방은 역전되기 시작했고, 1906년 7월 드레퓌스가 최고재판소에서 무죄선고를 받음으로써 이 역사적인 사건은 발생 12년 만에 막을 내렸다.

『목로주점*L'Assommoir*』

제르베즈Gervaise는 고향 플라상에서 늘 술에 취해 폭력을 행사하는 아버지 마카르를 피해 동거남 오귀스트 랑티에를 따라 파리로 상경한다. 가지고 온 몇 푼 안 되는 돈도 다 떨어지자 랑티에는 이들을 버리고 이웃 방에 살던 아델과 도망간다. 홀로 남겨진 제르베즈는 힘들지만 아이들을 위해 열심히 살아가고 함석공 쿠포는 그녀의 이런 모습에 이끌려 그녀에게 결혼을 신청한다. 제르베즈는 처음에 그 청혼을 거절했지만 쿠포의 열의에 감화되어 두 사람은 마침내 결혼을 하게 되고, 어느 정도 저축까지 할 수 있었다. 제르베즈는 그 돈으로 가게를 빌려서 세탁소를 열겠다는 꿈을 가지고 있었다. 이들 부부의 행복한 결혼생활은 나나의 출생으로 더욱 그 기쁨이 배가된다. 이처럼 순탄한 생활에 파탄의 그림자가 드리우는 것은 쿠포가 지붕에서 떨어져 다리가 부러지는 사건으로부터 시작된다. 제르베즈는 남편의 치료를 위해 가지고 있던 돈을 다 쓰게 된다. 이 사정을 알게 된 이웃집 청년 구제는 제로베즈를 연모하는 마음에 그녀의 꿈을 이루어주려고 가게를 여는 비용을 빌려주겠다는 말을 한다.

구제의 도움으로 세탁소를 열 수 있게 된 제르베즈는 성실하게 일한 덕에 인근 주민들의 신용을 얻어 가게가 번창하게 된다. 그러나 사고 이후 게으름을 피우는 버릇이 생긴 남편 쿠포는 술에 빠져 제르베즈가 번 돈을 술값으로 날리곤 한다. 이 무렵 아델의 언니인 비르지니가 다시 동네에 나타나고 제르베즈는 그녀와 만나면서 혼자가 된 랑티에의 이야기를 듣게 된다. 제르베즈가 이웃을 초대한 만찬은 랑티에가 들이닥치면서 끝나고 술이 취한 쿠포는 그를 자신의 집에 머무르게 한다. 제르베즈는 다시 랑티에의 정부가 된다. 일하지 않고 놀고먹는 이 두 남자로 인해 제르베즈는 점점 몰락의 길로 들어서게 되고 결국 세탁소를 비르지니에게 넘기게 된다. 이웃들은 그녀를 냉대하고 그녀는 알코올에 의지한다. 제르베즈는 마침내 파산 지경에 이르고 쿠포는 정신병원에서 죽는다. 혼자 남은 제르베즈도 계단 밑 공간에서 비참하게 생활하는 신세가 되었다가 결국에는 가난과 굶주림으로 죽은 시체로 발견된다.

TEXTE

Et elle se leva. Coupeau, qui approuvait vivement ses souhaits, était déjà debout, s'inquiétant de l'heure. Mais ils ne sortirent pas tout de suite ; elle eut la curiosité d'aller regarder, au fond, derrière la barrière en chêne, le grand alambic de cuivre rouge, qui fonctionnait sous le vitrage clair de la petite cour; et le zingueur, qui l'avait suivie, lui expliqua comment ça marchait, indiquant du doigt les différentes pièces de l'appareil, montrant l'énorme cornue d'où tombait un filet limpide d'alcool. L'alambic, avec ses récipients de forme étrange, ses enroulements sans fin de tuyaux, gardait une mine sombre ; pas une fumée ne s'échappait ; à peine entendait-on un souffle intérieur, un ronflement souterrain ; c'était comme une besogne de nuit faite en plein jour, par un travailleur morne, puissant et muet. Cependant, Mes-Bottes, accompagné de ses deux camarades, était venu s'accouder sur la barrière, en attendant qu'un coin du comptoir fût libre. Il avait un rire de poulie mal graissée, hochant la tête, les yeux attendris, fixés sur la machine à soûler. Tonnerre de Dieu! elle était bien gentille! Il y avait, dans ce gros bedon de cuivre, de quoi se tenir le gosier au frais pendant huit jours. Lui, aurait voulu qu'on lui soudât le bout du serpentin entre les dents, pour sentir le vitriol encore chaud l'emplir, lui descendre jusqu'aux talons, toujours, toujours, comme un petit ruisseau. Dame! il ne se serait plus dérangé, ça aurait joliment remplacé les dés à coudre de ce roussin de père Colombe! Et les camarades ricanaient, disaient que cet animal de Mes-Bottes avait un fichu grelot, tout de même. L'alambic, sourdement, sans une flamme, sans une gaieté dans les reflets éteints de ses cuivres, continuait, laissait couler sa sueur d'alcool, pareil à une source lente et entêtée, qui à la longue devait envahir la salle, se répandre sur les boulevards extérieurs, inonder le trou immense de Paris.

Alors, Gervaise, prise d'un frisson, recula ; et elle tâchait de sourire, en murmurant :

– C'est bête, ça me fait froid, cette machine...la boisson me fait froid...

L'Assommoir, II, 1877.

생각해 볼 문제

1. 『목로주점』은 술로 인한 자기파괴 과정 전체를 그린 최초의 문학적 시도로 언급됩니다. 본문에 나오는 증류기l'alambic가 작품에서 어떤 의미를 가지는지 생각해 봅시다.

2. 제르베즈에게는 세 명의 남자가 있었습니다. 그들은 누구였으며 어떤 사람들이었나요.

3. 목로주점이 작품에서 어떤 역할을 하는 장소인지 생각해 보시오.

4. 에밀 졸라 시대의 많은 예술가와 지식인들은 '압생트'라는 술을 즐겼다. 이 술과 관련된 이야기를 중심으로 알코올과 예술가의 관계에 대해 토론해 봅시다.

5. 『목로주점』에는 "유전적으로 물려받은 인자와 환경이 사람의 행동과 운명을 결정한다."는 작가의 생각이 담겨있다. 본문을 참조해 유전과 환경이 사람의 행동과 운명을 결정할 수 있는지 논의해 봅시다.

참고문헌

Colette Becker, *Dictionnaire d'Émile Zola*, Robert Laffont, 1993.
Henri Mitterand, *Zola – La vérité en marche*, Gallimard, 1995.
에밀 졸라 『목로주점』, 손석린 옮김, 학원사, 1987.
에밀 졸라 『나는 고발한다』, 유기환 옮김, 책세상, 2005.
에밀 졸라 『실험 소설 외』, 유기환 옮김, 책세상, 2007.
조성애 『목로주점 – 불안의 시대, 파리를 살아간 인간군상의 기록』, 살림, 2008.
조성애, 『자연주의 미학과 시학』, 동문선, 2004.

10) 아르튀르 랭보, 『지옥에서 보낸 한 철』

Arthur Rimbaud (1854~1891) – *Une saison en enfer*

오, 계절이여, 오 성(城)이여! 결함 없는 영혼이 어디 있으랴?
O saison, O château! / Quelle âme est sans défauts?" – 『지옥에서 보낸 한 철 *Une saison en enfer*』

관례적인 모든 것들에 대한 반항의 화신으로 불렸던 시인, 아르튀르 랭보는 아르덴Ardennes 지방의 샤를르빌Charleville에서 태어난다. 아버지는 육군 대위였으나 그가 출생하고 난 후 가정을 버린다. 그는 청교도적인 엄격한 규율과 질서를 자녀들에게 요구했던 홀어머니 밑에서 자란다. 따라서 평범한 사람들이 대개 마지막 안식처로 꿈꾸는 고향이나 어머니가 랭보에게 있어서는 도리어 억압의 진원지가 된다. 더군다나 랭보의 초등학교 때 담임이 이렇게 말한 것을 그는 오랫동안 기억하게 된다. "그 학생은 교장 선생님께서 바라시는 만큼 영리합니다만, 그의 눈빛과 미소가 제 마음에 들지 않습니다. 이 아이의 말로가 좋지 않을 겁니다." 그의 시적 재능은 중학교 수사학 교사인 조르주 이장바르Georges Izambard를 만나면서 피어난다. 랭보는 스승이 퇴근 후 숙소로 돌아가는 <오솔길>을 번번이 동행한다. 그 동행의 시간 동안 랭보는 전날 쓴 시들을 스승에게 들려주곤 한다. 시인은 수사학을 가르쳐주는 대신 자신의 시에 귀를 기울여 주는 스승이 필요하였고, 빅토르 위고Victor Hugo와 고답파Parnasse는 초기시의 본보기가 된다. 랭보는 16살 때부터 떠난다는 것, 쉼 없이 어디론가 옮겨 다닌다는 것, 혹은 또 다른 것으로 변환되는 것과 같은 일생의 이행(移行)을 예고하는 방랑과 가출을 시작한다. 랭보의 어릴 적 친구 들라에가 그에게 묻자, 그는 이렇게 대답한다. "랭보, 언제 가출할 건가?" – "가능한 한 빨리."

상징주의 시인 폴 베를렌Paul Verlaine의 초청을 받아 기념비적인 시 「취한 배*Le Bateau ivre*」등을 가지고 파리에 도착하나, 그 곳의 문학풍토에 환멸한다. 하지만 두 시인의 관계는 동성애 관계로 밀착된다. 압생트absinthe와 하시시haschich, 사회적·도덕적 규범에 대한 위반으로 대변되는 그들의 동거 생활은 파리, 런던, 브뤼셀을 무대로 계속된다. 이러한 생활은 건강을 악화시키고 결국 파국을 맞이하지만, 시적 비전을 넓히는 계기로 작용한다. 당시의 삶을 시로 표상화 했다고 평가받는 작품이 격렬한 문체로 빛나는 『지옥에서 보낸 한 철*Une saison en enfer*』(1873)이다. <옛날 내 기억이 정확하다면, 나의 삶은 모든 사람들이 가슴을 열고 온갖 술들이 흘러 다니는 하나의 축제였다.>라고 시작되는 이 산문시는 마침내 『일뤼미나시옹*Illuminations*』(1874)과 더불어 새로운 인식을 향한 랭보의 신화를 구축한다.

기적 같은 독창성으로 세상의 모든 시인들을 주눅 들게 하였던 "견자의 시점"에 도달했을 무렵, 랭보는 스무 살의 나이에 절필한다. 그리고 네덜란드 식민지 용병이 되는 등 유럽에서 아시아까지 전전하다 이후에는 아프리카로 건너가 새로운 삶을 모색한다. 건설 현장의 감독, 무기 밀수, 상아와 커피 매매 등을 업으로 삼으면서 아프리카의 오지를 개척하는 탐험가로서의 명망을 얻기도 한다. 하지만 다리에 극심한 통증을 느끼기 시작하고, 들것에 실려 프랑스로 돌아와 한쪽 다리를 절단한다. 고향에서 요양을 하는 동안 나머지 다리의 통증이 등과 가슴, 오른 팔로 번지며 악화된다. 태양이 자신의 병을 고쳐줄 것으로 여긴 랭보는 지중해에 면한 항구도시 마르세유Marseille로 병석을 옮겨보지만, 결국 그 곳의 행려병원에서 누이동생이 지켜보는 가운데 37살의 나이로 영면한다. 의사의 진료 일지에는 암이 시인의 사인으로 기록되어 있다.

『지옥에서 보낸 한 철*Une saison en enfer*』

랭보는 생전에 단 한편의 작품집 *Une Saison en enfer* (1873)을 출간한다. 랭보의 다른 시편들은 편집자들에 의해 일반적으로 3개의 작품집으로 구성된다.

Les Poésies
Les Derniers vers
Les Illuminations

고답파적인 방식을 취하고 있는 랭보의 초기 시편들부터 그의 정신적 어법의 특징이라고 할 수 있는 부르주아에 대한 조롱과 기독교에 대한 저항이 싹튼다. '소년 시인'의 이러한 의식은 가난한 사람들과 전쟁의 희생자들에 대한 연민으로 이어지기도 한다("Le dormeur du val").

1871년에 쓰인 「취한 배*Le Bateau ivre*」는 일반적으로 랭보를 상징주의 시인의 반열에 올리는 분기점으로 평가되고 있다. 모든 산문적 해설과 증명들을 거부하는 듯한 그의 독특한 상상력은 랭보 자신이 표현하듯, "향기, 소리, 색채 등 일체를 요약"하면서 "사유를 붙들고 사유를 끌어들이는 사유"를 추구하는 언어의 새로운 사용 방식을 바탕으로 한다. 이는 바로 보들레르의 "교감Correspondance"이 제시한 공감각의 시적 경지를 이어 받은 것으로 생각해 볼 수 있다.

베를렌과의 '관계'를 청산한 이후, 1873년 랭보는 자신의 극적인 삶을 산문시로 표상화한 『지옥에서 보낸 한 철*Une Saison en enfer*』을 간행한다. 이 작품 속에서 랭보는 새로운 "부도덕함"을 모색한다. 그것은 기존의 모든 인간적 감동들에 대해서 수치감을 느끼게 해주고, 그 수치감 때문에 울게 되면, 마구 때려서 쫓아내는 방식이다. 그리곤 17살의 소년은 항구에서 불어오는 "죄의 바람"을 쐬며 파랗게 으르렁거린다. "난 여자를 사랑하지 않아. 사랑은 재창조해야 되는 것인데, 여자들은 안전한 자리를 원할 줄 밖에 모르거든." 끝없는 재창조는 『지옥에서 보낸 한 철』이 드러내는 가장 강렬한 시적 모티프가 된다. 시에서 지옥의 남편과 함께 등장하는 여성형의 화자는 슬픔마저 계속해서 새로워 지지 않으면 안 된다고 노래한다. 하지만 랭보는 출간비용을 마련치 못해서 인쇄된 자신의 "재창조된" 시집들을 출판사에서 찾지 못한다.

1874년 런던에서 "모든 감각의 오랜, 거대하면서도 이론적인 착란"의 전범을 보여주고 있다고 평가받는 시집 『일뤼미나시옹*Les Illuminations*』이 쓰여 진다. 일상적인 것, 낯익은 이미지의 결합에 낱낱이 일격을 가했던 랭보적인 글쓰기의 비밀로 들어갈 수 있는 견자론의 골자는 시인이 17살 때 쓴 한 편지에 남겨져 있다. <시인은 모든 감각의 오랜, 거대하면서도 이론적인 착란에 의해 견자가 됩니다. 사랑과 고통, 광기의 모든 형태들을 스스로 탐색하고, 자신 속에서 모든 독소들을 고갈시켜 그것들의 정수만을 보존하는 것이지요. 모든 신앙, 모든 초인적인 힘들이 필요한 엄청난 고통, 그 고통 속에서 시인은 고귀한 환자, 위대한 범죄자, 거룩하게 저주 받은 자, ― 그리고 지극한 학자! ― 가 되는 것이지요! 왜냐하면 그가 마침내 미지에 이르기 때문입니다!> 영국의 비평가 에드먼드 윌슨은 『악셀의 성』에서 이렇게 적고 있다. "랭보는 분명히 프랑스의 어느 시인의 영향과도 상관없이 자신의 편지에 적힌 견자의 시점에 도달한다." 하지만 그 "시점"에 도달했을 무렵 시인 랭보는 시 쓰기를 그만둔다. 그때 나이 스무 살이었다.

TEXT

Ma bohème (fantasies)

Je m'en allais, les poings dans mes poches crevées;
Mon paletot soudain devenait idéal;
J'allais sous le ciel, Muse, et j'étais ton féal;
Oh! là là! que d'amours splendides j'ai rêvées!

Mon unique culotte avait un large trou.
Petit-Poucet rêveur, j'égrenais dans ma course
Des rimes. Mon auberge était à la Grande-Ourse.
Mes étoiles au ciel avaient un doux frou-frou

Et je les écoutais, assis au bord des routes,
Ces bons soirs de septembre où je sentais des gouttes
De rosée à mon front, comme un vin de vigueur;

Où, rimant au milieu des ombres fantastiques,
Comme des lyres, je tirais les élastiques
De mes souliers blessés, un pied près de mon coeur!

Poésie

Une saison en enfer

Jadis, si je me souviens bien, ma vie était un festin où s'ouvraient tous les coeurs, où tous les vins coulaient.

Un soir, j'ai assis la Beauté sur mes genoux. – Et je l'ai trouvée amère. – Et je l'ai injuriée.

Je me suis armé contre la justice.

Je me suis enfui. O sorcières, ô misère, ô haine, c'est à vous que mon trésor a été confié!

Je parvins à faire s'évanouir dans mon esprit toute l'espérance humaine.

Sur toute joie pour l'étrangler j'ai fait le bond sourd de la bête féroce.

J'ai appelé les bourreaux pour, en périssant, mordre la crosse de leurs fusils. J'ai appelé les fléaux, pour m'étouffer avec le sable, avec le sang. Le malheur a été mon dieu. Je me suis allongé dans la boue. Je me suis séché à l'air du crime. Et j'ai joué de bons tours à la folie.

Et le printemps m'a apporté l'affreux rire de l'idiot.

Or, tout dernièrement, m'étant trouvé sur le point de faire le dernier couac! J'ai songé à rechercher la clef du festin ancien, où je reprendrais peut-être appétit.

La charité est cette clef. – Cette inspiration prouve que j'ai rêvé!

"Tu resteras hyène, etc..." se récrie le démon qui me couronna de si aimables pavots. "Gagne la mort avec tous tes appétits, et ton égoïsme et tous les péchés capitaux."

Ah! j'en ai trop pris : – Mais, cher Satan, je vous en conjure, une prunelle moins irritée! et en attendant les quelques petites lâchetés en retard, vous qui aimez dans l'écrivain l'absence des facultés descriptives ou instructives, je vous détache des quelques hideux feuillets de mon carnet de damné.

Délires II –Alchimie du verbe.

A moi. L'histoire d'une de mes folies.

Depuis longtemps je me vantais de posséder tous les paysages possibles, et trouvais dérisoires les célébrités de la peinture et de la poésie moderne.

J'aimais les peintures idiotes, dessus de portes, décors, toiles de saltimbanques, enseignes, enluminures populaires; la littérature démodée, latin d'église, livres érotiques sans orthographe, romans de nos aïeules, contes de fées, petits livres de l'enfance, opéras vieux, refrains niais, rythmes naïfs.

Je rêvais croisades, voyages de découvertes dont on n'a pas de relations, républiques sans histoires, guerres de religion étouffées, révolutions de moeurs, déplacements de races et de continents : je croyais à tous les enchantements.

J'inventai la couleur des voyelles! – A noir, E blanc, I rouge, O bleu,

U vert. – Je réglai la forme et le mouvement de chaque consonne, et, avec des rythmes instinctifs, je me flattai d'inventer un verbe poétique accessible, un jour ou l'autre, à tous les sens. Je réservais la traduction.

Ce fut d'abord une étude. J'écrivais des silences, des nuits, je notais l'inexprimable. Je fixais des vertiges.

Une saison en enfer, 1873.

생각해 볼 문제

1. 많은 연구가들이 랭보를 상징주의 시인으로 자리매김하고 있습니다. 위의 시를 통해서 그 이유에 대해 이야기해 봅시다.

2. 산문Prose과 산문시Poème en prose의 차이는 무엇일까요.

3. "Délires II - Alchimie du verbe" 에는 모음의 색깔에 대해 말해주고 있는 부분이 있습니다. 랭보의 다른 시 「Voyelles」을 찾아 비교해보고, 한글의 자모음을 이용해서 같은 시적 놀이Jeux poétiques를 즐겨 봅시다. (ㅍ, ㅎ, ㄱ, ㅅ, ㅑ, ㅜ 등의 한글 형태와 소리에서 연상되는 심상들을 같이 이야기 해봅시다.)

참고문헌

Yves Bonnefoy, *Rimbaud*, Seuil, 1961.

Valéry Laurent, *Arthur Rimbaud, l'âme des poètes*, Seuil, 2004.

Jean Luc Steinmetz, *Arthur Rimbaud, une question de présence*, Tallandier, 2009.

6

20 세기 문학

20세기 전반기는 양차 세계대전을 통해 나치의 강제 수용소와 원자폭탄의 개발과 투하 등으로 대표되는 혼란과 변혁의 시기였다. 19세기의 상징주의, 자연주의 영향 아래 놓여있던 20세기 초반의 문학은 제1차 세계대전을 겪은 후, 그때까지의 문학적 전통을 전면적으로 부정하면서 새로운 문학적 영감을 좇아 나아가기 시작했다. 다다이즘, 초현실주의 등이 이때 등장한 운동이었다. 이어진 제2차 세계대전 이후 형성된 냉전체제는 동서 양진영에서 사상적 대립을 첨예화시켰고, 1980년대 말 소련연방의 붕괴 이후 새로운 세계 질서가 확립되기 시작했다. 정치적인 사안 외에, 사회·경제적인 변화 역시 그 전 세기에 비해 변화의 속도가 매우 빨라졌다. 또한 눈부신 과학의 발전이 거듭되면서, 삶의 모습이 끊임없이 바뀌었다. 이러한 맥락에서 20세기 후반의 문학 역시 매우 다양한 시각과 사상들이 동시에 펼쳐지는 특징을 보였고, 하나의 시조보다는 각 개인의 개성과 생각들을 자유롭게 드러내는 문학이 주를 이루게 된다.

제2차 세계대전까지

제1차 세계대전을 겪은 후, 지금까지의 모든 것을 거부하는 다다이즘, 문학적 영감을 잠재의식 혹은 무의식으로부터 끌어내려고 노력한 초현실주의와 같은 문학적 경향이 20세기 초반의 경향이었다. 기욤 아폴리네르(1880~1918)는 초현실주의의 선구자로서 시의 형식적인 속박을 풀어낸 장본인이었으며, 『알코올*Alcool*』(1913), 『칼리그람 *Calligrammes*』(1918)등의 작품을 선보였다. 이어서 앙드레 브르통(1896~1966)이 1924년 초현실주의를 선언하기에 이르며, 루이 아라공(1897~1982), 폴 엘뤼아르(1895~1952) 등이 대표적인 시인들이다. 또한 초현실주의의 영향을 받아 작품 활동을 시작한 자크 프레베르(1900~1977), 르네 샤르(1907~1988)와 같은 작가들은 이후 프랑스 시단에서 중요한 역할을 하게 된다.

폴 클로델은 연극에서 두각을 나타낸 카톨릭 작가로서 『마리아에게 알림*L'Annonce faite à Marie*』(1912)이 대표작이다. 또한 연극에 있어서도 초현실주의가 강한 영향력을 행사했다. 장 콕토(1889~1963)는 『지옥의 기계*La Machine infernale*』(1934)와 같은 연극 뿐 아니라 시, 소설, 영화의 영역을 넘나드는 활동을 펼치면서 초현실주의 작가로서의 명성을 드높였다. 그러나 양차대전 사이에 근본적으로 연극을 개혁한 작가는 장 지로두(1882~1944)였다. 그는 현실에서 벌어지고 있는 비극을 드러내기 위해 『트로이 전쟁은 일어나지 않으리*La guerre de Troie n'aura pas lieu*』(1935)와 같이 그리스의 고대 신화를 차용한 희곡을 선보였다.

한편 20세기 초반에는 프로이트의 영향으로 무의식의 신비를 캐려는 노력이 이루어졌다. 마르셀 프루스트(1871~1922)는 『잃어버린 시간을 찾아서*A la recherche du temps perdu*』(1913~1927)를 통해 자서전을 초월해 '거대한 추억의 체계'를 구축했으며, 무의식의 심연을 뚫고 들어갔다. 한편 앙드레 지드(1869~1951)는 자율적인 자기 판단과 양심에 충실하려는 '성실성'을 확립하는 태도로 다수의 작품들을 출판했으며, 『교황청의 지하도*Les Caves du Vatican*』(1914)를 통해서는 '무동기의 행위acte gratuit'를 드러냄으로써 후에 등장하는 실존주의의 단초를 마련하기도 했다. 앙드레 말로(1901~1976)는 절망과 죽음의 강박관념에서 벗어나는 유일한 길은 '행동'이라고 여겼는데, 중국혁명을 배경으로 삼는 『인간 조건*La Condition humaine*』(1933)을 통해서도 이러한 작가의 사상을 보여준다. 프랑수아 모리악(1885~1970)은 현대 프랑스 카톨릭 작가들 중에서 고전적인 전통에 가장 충실한 작가로서 신의 은총을 잃은 인간의 비참함을 『테레즈 데케루*Thérèse Desqueyroux*』(1927)등의 작품들을 통해 보여준다. 마지막으로 1930년대 가장 훌륭한 소설가로 꼽히는 페르디낭 셀린(1894~1961)은 소설의 문체에 혁신을 이루었다. 대표작인 『밤으로의 여행*Voyage au bout de la nuit*』(1932)은 이전의 텍스트에서는 볼 수 없었던 구어체가 끊임없이 구사되었다.

1945년 이후

프랑스 문학에서 양차대전 이후 가장 눈에 띄는 것은 실존주의의 전면적 등장이다. 전쟁 중에 이미 활발한 활동을 전개한 장-폴 사르트르(1905~1980)의 유물론적 실존주의 철학은 전후 세대들에게 지대한 영향을 끼친다. 신이 부재하는 세상에서 인간을 포함한 모든 존재는 존재 이유를 가지지 않고, 또 존재 의지조차 가지지 않은 채 단지 우연히 거기에 존재할 뿐이며, 각자의 삶이 의미를 가지기 위해서 행동과 참여가 필수불가결하다는 것이다. 이러한 사르트르의 사상은 『실존주의는 휴머니즘이다*L'existentialisme est un humanisme*』(1946)에서 잘 드러난다. 신이 부재하는 무기력하고 메스꺼운 구토의 세계가 소설 『구토*La nausée*』(1938)를 통해 구현되었다. 또 다른 실존주의의 대표자 알베르 카뮈(1913~1960)는 부조리한 세상에서 반항과 거부를 통해 각 존재가 자유를 누릴 수 있음을 『이방인*L'étranger*』(1945), 『페스트*La peste*』

(1947)에서 보여준다.

사르트르와 카뮈는 실존주의적 경향의 희곡 또한 많이 남겼다. 이후 종래의 형식과 관습에서 벗어난 프랑스 부조리극을 창작한 대표적인 세 극작가가 등장한다. 사뮤엘 베케트(1906~1989)는 『고도를 기다리며*En attendant Godot*』(1952)로 전 세계에 큰 반향을 불러 일으켰다. 외젠 이오네스코(1909~1994)은 『대머리 여가수*La Cantatrice chauve*』(1950), 아르튀르 아다모프(1908~1970)는 『침입 *L'Invasion*』(1950)을 발표해서 '반-연극Anti-Théâtre'으로서의 부조리극을 세상에 알렸다.

1950년에 나타나기 시작한 또 다른 문학의 경향은 전통적인 소설에 반대하여 등장한 '누보 로망'이다. 알랭 로브-그리예(1922~2008), 마르그리트 뒤라스(1914~1996), 클로드 시몽(1913~2005), 미셸 뷔토르(1926~)와 같은 누보 로망 작가들은 소설의 연대기적인 특성, 줄거리, 등장인물 등과 관련된 전통적인 문학적, 소설적 틀을 깨트렸다. 인과론적인 줄거리를 더 이상 발견할 수 없게 되었고, 등장인물의 성격에 대한 묘사는 중요치 않게 되었으며, 사물을 객관적인 시선으로 관찰한 바를 묘사하는 것에 무게가 실렸다. 반면 '새로운 고전 작가'라고 불리는 미셸 투르니에(1924~)의 소설들은 한결같이 서구의 현대적 신화 속에 널리 알려진 인물들을 그려 보인다. 또한 2008년 노벨 문학상을 수상한 장-마리-귀스타브 르 클레지오(1940~)의 첫 소설인 『조서*Le Procès-verbal*』(1963)는 지나치게 지적인 누보로망에 비해 이해하기 쉽고 현대적이라는 찬사를 받으며 세간의 화제를 모았으며, 이어서 다양한 소설들을 내놓아 대중들의 사랑을 받음과 동시에 비평가들의 찬사를 받았다.

양차대전 후 프랑스 시의 주류는 르네 샤르, 이브 본느푸아(1923~) 등의 시인들이 쓴 상징성이 강하고 추상적인 것들이었다. 반면 프랑시스 퐁주(1899~1988)는 유물주의적 관점으로, 감정의 편이 아니라 사물들의 편에서 말이 시작되는 시를 발표했으며, 그는 "일종의 반휴머니스트적 도박"을 시작한 가장 주목받는 현대 시인이 된다. 또한 자크 프레베르의 시는 동음이의어, 동시 같은 미숙함, 은어, 단순한 반복 효과들을 통해 삶의 모습들을 꾸밈없이 보여줌으로써, '구전시'의 오랜 전통을 현대에 되살려냈다는 평을 받는다.

1) 앙드레 지드, 『지상의 양식』
André Gide (1869~1951) – *Les Nourritures terrestres*

지혜는 이성이 아니라 사랑에 있다. La sagesse n'est pas dans la raison, mais dans l'amour. – 『새로운 양식 I』

앙드레 지드는 1869년 11월 22일 파리에서 태어났다. 아버지는 파리 대학 법학부 교수로 남부 랑그독의 독실한 위그노 집안 출신이었고, 어머니는 북부 노르망디의 프로테스탄트 집안 사람이었다. 지드의 부모는 성격 역시 정반대로, 아버지는 꿈 많은 시인 기질인 데 반해 어머니는 극단적인 현실주의자였다. 지드가 11세 되던 해 아버지가 세상을 떠나고 어머니와 백모 그리고 예전에 어머니의 가정교사였던 안나 등 여자들 사이에서 엄격한 청교도적 교육을 받게 된다. 1891년 22세 때 지드는 『앙드레 왈테르의 수기*Les Cahiers d'André Walter*』를 발표하는데, 자신의 외사촌누이 마들렌에 대한 사랑과 번민에서 비롯된 영혼과 육체의 갈등, 형이상학적인 불안과 고뇌를 일기 형식을 빌어 쓴 이 작품은 서정적이긴 하지만 서투른 구성으로 그다지 인정을 받지 못했고, 책을 읽은 마들렌으로부터 구혼을 거절당하는 아픔을 겪는다.

1893년 10월, 지드는 친구인 화가 폴 알베르 로렌스와 함께 처음으로 알제리 여행을 떠난다. 그곳에서 뜨거운 태양과 야성이 어우러진 낯선 세계를 경험하며 이제껏 그를 구속해오던 엄격한 기독교적 윤리를 벗어던지게 되고, 그 밑에 억눌려 있던 생명과 관능, 육체의 힘에 눈뜨며 자신의 동성애 성향을 발견하게 된다. 1895년 어머니를 잃으면서 지금까지 갈망해오던 자유를 얻고, 필사적인 구혼 끝에 마들렌과 결혼하여 알제리로 신혼여행을 떠난다. 알제리 여행의 경험과 결혼은 후에 『지상의 양식*Les Nourritures terrestres*』과 『배덕자*L'Immoraliste*』 등의 소설로 형상화되고 감각의 해방과 자유로운 열정을 찬양하는 그의 소설들은 1차 대전 이후 방황하는 젊은 세대에게 열광적인 환영을 받게 된다. 이후 지드는 『좁은 문*La Porte étroite*』, 『전원교향곡*La Symphonie pastorale*』을 발표하며 명성을 얻고, 1926년 스스로 자기의 유일한 소설이라고 말한 『사전꾼들*Les Faux-monnyeurs*』을 발표한다.

1925년 마르크 알레그레와 함께 콩고로 여행을 떠난 지드는 그곳에서 프랑스 식민정책에 희생된 원주민의 비참한 실상을 접하고 『콩고기행*Voyage au Congo*』을 쓴다. 이후 지드는 개인적인 도덕의 문제를 넘어 사회적인 윤리 문제에 더 많은 관심을 기울이게 되고, 1932년에는 공산주의로 전향할 것을 선언하면서 세상을 놀라게 한다. 1936년 고리키의 와병 소식을 듣고 처음으로 모스크바를 방문하지만 스탈린 치하 소비에트의 현실에 쓰라린 환멸을 느끼고 『소련에서의 귀환*Retour de l'URSS*』을 발표하면서 공산주의와 결별의 뜻을 밝힌다. 1938년에는 사랑하는 아내 마들렌을 잃고 2차 대전이 일어나자 비시로 탈출했다가 전쟁을 피해 남쪽으로 내려가 칸느 근처에 임시 거처를 정한다. 1944년 마지막 소설 『테세우스*Thésée*』를 발표하고, 전쟁이 끝난 후에도 북아프리카 각지를 떠돌다가 1948년 파리로 돌아온다. 1947년 노벨 문학상을 수상함으로써 영광의 절정에 이르렀으나 이후 건강이 나빠져 유럽 각지의 요양소에 머물다가 1951년 2월 19일 82세를 일기로 세상을 떠나 아내 마들렌이 잠들어 있는 노르망디 퀴베르빌의 조그마한 묘지에 묻힌다.

『지상의 양식*Les Nourritures terrestres*』

지드의 거의 모든 작품은 사람은 어떻게 살아야 하는가? 앞으로 추구해야 할 새로운 가치는 무엇인가? 등의 개인적이고 윤리적인 문제에 집중되어 있다. 이는 인간 이성에 대한 절대적 신뢰를 바탕으로 한 19세기 합리주의에 대한 반발과 더불어 세기말의 불안에 휩싸여 있던 젊은 세대가 스스로에게 제기하던 문제이기도 하다. 이에 대해 지드는 『지상의 양식』이라는 "도망과 해방의 안내서"를 제시한다. 『지상의 양식』은 지드가 처음으로 북아프리카 여행을 떠난 1893년 10월부터 마들렌과 신혼여행을 다녀오는 1896년 말까지, 약 3년간에 걸쳐 틈틈이 메모해 두었던 글들을 정리해서 발표한 작품이다. 화자 '나'가 나타나엘이라는 가상의 청자(독자)에게 이야기를 들려주는 형식으로 구성된 이 작품은 단편적인 금언과 메모들을 산만하게 이어놓은 것 같은 인상을 주지만, 실제로는 제4장 처음에 나오는 '메날크'의 이야기를 중심으로 매우 치밀하게 구성되어 있다.

도입부인 제1장은 작품의 주제를 제시하는 전주 부분, 화자 자신이 오늘의 부활과 재생에 이르게 된 변화의 과정을 요약하는 회고 부분, 책을 통한 교양을 거부하고 감각의 해방을 통한 자유를 역설하는 부분으로 이루어져 있다. 2장에서는 이제 더 이상 죄의 두려움에 억눌리지 않는 삶의 강렬함과 순간의 향유를 지향하는 개인으로서 반드시 갖추어야 할 덕목인 '준비된 마음의 대기 상태'라는 중심 주제를 제시한다. 3장은 여행과 꿈과 추억을 통해서 관능을 노래한다. 4장은 메날크의 이야기, 시적인 중간 부분에 이어 피로와 실망의 기운이 엿보이는 마지막 장으로 끝난다. 이어 5장은 '비 많은 노르망디 땅'에서 한숨을 돌리는 휴지의 장인데, 하지만 농장을 노래하면서 시인은 금방이라도 다시 벌판으로 내달릴 것 같은 '썰매'들을 다시 발견한다. 6장 '린세우스'는 샘물, 잠자는 자리, 도시 등 눈에 보이고 감각으로 지각할 수 있는 사물들을 노래한다. 7장에서 화자는 열정적으로 사랑했던 아프리카의 사막으로 다시 돌아간다. 그리고 다소의 환멸에도 불구하고 죽음에 대한 의식과 '돌연한 맛'의 삶으로부터 '자신이 걷는 길이 바로 자신의 길, 반드시 밟아가야 하는 길'이라는 확신을 얻는다. 그리고 마지막 제8장은 지금까지 다룬 주제들을 다시 언급하면서 시간 속에서 모든 것이 사라져버리는 슬픔을 노래하고, '진정한 것'들과 '타인의 삶'의 중요성을 언급하는 대목으로 끝맺는다. 이처럼 『지상의 양식』은 산만하게 흩어져 있던 글과 메모들을 치밀하게 짜 맞추는 작업을 통해 작품에 전체적인 통일성을 부여하는 독특한 형상화 과정을 보여준다.

1897년 발표 당시에는 독자들의 관심을 끌지 못해 초판 1,650부가 팔리는 데 무려 18년이 걸렸고, 그것도 처음 11년 동안엔 겨우 500부밖에 팔리지 않았다. 그 당시 독자들에게는 너무나 새롭고 독창적인 형식의 작품이라 이해가 쉽지 않았던 탓이다. 하지만 세기말의 불안과 전쟁의 참상과 절망을 체험한 20세기의 젊은 세대에게는 일종의 '복음서'와 같은 역할을 하면서 열광을 불러일으켰고, 지금까지도 부정과 탈출에서 긍정적인 힘을 찾는 젊은이들에게는 여전히 그 매력을 잃지 않고 있다. "나의 이야기를 읽고 난 다음에는 이 책을 던져 버려라-그리고 밖으로 나가라. 나는 이 책이 그대에게 밖으로 나가고 싶은 욕망을 일으켜 주기를 바라고 있다-어디서든지 그대의 도시로부터, 그대의 가정으로부터, 그대의 방으로부터, 그대의 사상으로부터 탈출하라 [....] 이 책이 그대로 하여금 이 책 자체보다 그대 자신에게 – 그 다음으로는 그대보다도 다른 모든 것에 흥미를 가지도록 가르쳐 주기를".

주요작품

1897 *Les Nourritures terrestres*

1902 *L'Immoraliste*

1909 *La Porte étroite*

1919 *La Symphonie pastorale*

1924 *Si le grain ne meurt*

1926 *Les Faux-Monnayeurs*

지드의 사랑

지드는 1895년 외사촌누이 마들렌과 결혼을 하지만, 두 사람은 마치 『좁은 문』의 연인들처럼 육체적 관계없이 정신적인 사랑으로 평생을 살았다고 한다. 1917년 48살의 지드는 친구인 알레그레 목사의 아들인 17세의 소년 마르크 알레그레Marc Allégret를 알게 되고, 그와의 만남과 더불어 그리스 시대의 동성애를 연상케 하는, 반쯤은 에로틱하고 반쯤은 교육적인 미묘한 관계가 시작된다. 서신과 자서전을 통해 나타난 이들의 관계는 적극적인 동성애라기보다는 스킨쉽에 가까운 것으로 보인다. 어쩌면 『좁은 문』의 정신적인 사랑과 『배덕자』의 육체적 욕망으로 분열되었던 그의 사랑이 마르크와의 만남을 통해 놀라운 화해(?)를 경험했는지도 모른다.

TEXTE

Nathanaël, je t'enseignerai la ferveur.

Une existence pathétique, Nathanaël, plutôt que la tranquillité. Je ne souhaite pas d'autre repos que celui du sommeil et de la mort. J'ai peur que tout désir, toute énergie que je n'aurais pas satifsfaits durant ma vie, pour leur service ne me tourmentent. J'espère, après avoir exprimé sur cette terre tout ce qui attendait en moi, satisfait, mourir complètement désespéré.

Non point la sympathie, Nathanaël, l'amour. Tu comprends, n'est-ce pas, que ce n'est pas la même chose. C'est par peur d'une perte d'amour que parfois j'ai pu sympathiser avec des tristesses, des ennuis, des douleurs que sinon je n'aurais qu'à peine endurés. Laisse à chacun le soin de sa vie.

(Je ne peux écrire aujourd'hui parce qu'une roue tourne en grange. Hier je l'ai vue ; elle battait du colza. La balle s'envolait ; le grain roulait à terre. La poussière faisait suffoquer. Une femme tournait la meule. Deux beaux garçons, pieds nus, récoltaient le grain. Je pleure parce que je n'ai rien de plus à dire. Je sais qu'on ne commence pas à écrire quand on n'a rien de plus à dire que ça. Mais pourtant j'écris encore d'autres choses sur le même sujet.)

Nathanaël, j'aimerais te donner une joie que ne t'aurait donnée encore aucun autre. Je ne sais comment te la donner, et pourtant, cette joie, je la possède. Je voudrais m'adresser à toi plus intimement que ne l'a fait encore aucun autre. Je voudrais arriver à cette heure de la nuit où tu auras successivement ouvert puis fermé bien des livres cherchant dans chacun d'eux plus qu'il ne t'avait encore révélé ; où tu attends encore ; où ta ferveur va devenir tristesse, de ne pas se sentir soutenue. Je n'écris que pour toi ; je n'écris que pour ces heures.

Les Nourritures terrestres, Gallimard, 1897.

생각해 볼 문제

1. 제목 '지상의 양식'은 무엇을 뜻하는가?
2. 작품에서 화자와 메날크 그리고 나타나엘은 서로 어떤 관계에 있는가?
3. 작품에서 말하는 탈주와 해방의 가르침은 사회의 윤리와 조화될 수 있는가?

참고문헌

R. M. Albérès, *L'Odyssée d'André Gide*, Nouvelle Edition, 1951.

R. Fernandez, *André Gide ou le Courage de s'engager*, Corréa, 1931, rééd. Klincksieck, 1985.

M. Raimond, *Les Critiques de notre temps et André Gide*, Garnier, 1971.

2) 마르셀 프루스트, 『잃어버린 시간을 찾아서』
Marcel Proust (1871~1922) – *A la recherche du temps perdu*

우리의 삶은 떠돌아다니고, 우리의 기억은 한 곳에 머물러 있다 Si notre vie est vagabonde, notre mémoire est sédentaire [...] - 『되찾은 시간*Le temps retrouvé*』

마르셀 프루스트는 1871년 파리에서 유명한 위생학자인 아버지 아드리앙 프루스트와 섬세하고 다정다감한 어머니 잔느 베일 사이에서 태어나 유복한 어린 시절을 보내게 된다. 특히 매년 여름휴가를 보내던 친가의 고향 일리에Illiers는 후일 그의 작품 속에서 콩브레Combray라는 지명으로 등장하는 추억의 중요한 무대가 된다. 프루스트는 아홉 살 때 부모와 함께 불로뉴 숲을 산책하다가 심한 천식발작으로 거의 죽을 뻔했으나 의사인 아버지의 응급조치로 목숨을 구하고 이후 평생 동안 죽음의 공포에 시달리며 죽음-시간과의 투쟁을 벌인다. 대표작 『잃어버린 시간을 찾아서』는 바로 그러한 투쟁의 결실이라 할 것이다. 파리에서 프루스트는 많은 작가들을 배출한 콩도르세 고등학교에 입학하고, 어머니로부터 물려받은 섬세한 문학적 재능을 드러내면서 글쓰기에 대한 열정을 키워나간다. 고등학교 철학반에 진학하면서 다를뤼Darlu 교수를 만나 철학에 관심을 갖게 되고, 소르본 대학에서는 베르그송의 강의에 큰 영향을 받는다. 졸업 후 아들이 회계사가 되기를 바라던 아버지의 기대와는 달리 콩도르세 시대의 친구들과 함께 『향연』이라는 문학동인지를 창간하고 사교계에 출입하면서 여러 예술가들과 교분을 쌓게 된다.

1896년 25세의 프루스트는 처녀작 『즐거움과 나날들*Les Plaisirs et les jours*』을 내놓지만 참담한 실패를 겪게 되고, 미완의 소설 『장 상퇴이유*Jean Santeuil*』를 1896년부터 1904년에 걸쳐 집필한다(1952년 유작으로 출간된다). 1903년 프루스트는 아버지의 죽음에 이어 1905년에는 어머니의 죽음까지 맞게 된다. 아들의 재능을 신뢰하면서도 그의 문학적 성과를 보지 못한 어머니에 대한 통한의 감정도 있었을 것이며, 지병인 천식으로 인한 일상적인 제약도 있었을 테지만, 무엇보다도 그의 무의식 속에 깊이 자리 잡고 있던 글쓰기에 대한 욕망에 이끌려 이 무렵부터 프루스트는 사교계를 떠나 오로지 글쓰기에만 전념하면서 전설적인 칩거를 시작하게 된다. 이렇게 해서 그는 1910년에서 1922년에 걸쳐, "20세기 최대의 문학적 사건"(가에탕 피콩)이라는 반향을 불러일으키게 되는 장편소설 『잃어버린 시간을 찾아서*A la recherche du temps perdu*』를 쓰게 된다. 프루스트는 처음 이 책의 원고를 당시 앙드레 지드가 '누벨 르뷔 프랑세즈' 편집을 맡고 있던 갈리마르에 가져갔으나 거절당한다. 결국 첫째 권인 『스완네 집 쪽으로』를 1913년 자비로 그라세 출판사에서 출간하지만 별로 성공을 거두지 못하고, 게다가 1차 대전이 일어나면서 이후의 출판은 중단되었다가 전쟁이 끝난 1919년에야 둘째 권 『활짝 핀 아가씨들의 그늘에서』가 갈리마르 출판사에서 출간된다. 이 작품으로 프루스트는 그해 공쿠르 상을 받게 되고, 문학적 명성과 영예를 얻게 된다. 하지만 곧 이어 3년 뒤 갑작스럽게 죽음의 그림자가 닥쳐온다. 폐렴에 걸린 프루스트에게 의사와 가족들은 안정을 권했지만, 그는 이미 죽음을 예감한 듯

치료를 거부하고 작업을 계속하면서 『잃어버린 시간을 찾아서』를 탈고한다. 그의 마지막 노트의 마지막 페이지에는 이렇게 씌어 있다: "끝".

프루스트의 결투

그의 첫 작품 『즐거움과 나날들』은 미래의 프루스트를 예고하고 있음에도 불구하고 혹평을 받게 되는데, 프루스트는 비평가들 가운데 가장 심한 독설을 퍼부은 장 로랭Jean Lorrain과 새벽에 호수 근처에서 권총 결투를 벌인다. 다행히 누구도 다치지는 않았으나 프루스트에게는 결투를 신청함으로써 문단에 첫 발을 내디딘 셈이 되었다.

『잃어버린 시간을 찾아서*A la recherche du temps perdu*』

『스완네 집 쪽으로*Du côté de chez Swann*』, 『활짝 핀 아가씨들의 그늘에서 *A l'ombre des jeunes filles en fleurs*』, 『게르망트 쪽*Le côté de Guermantes*』, 『소돔과 고모라*Sodome et Gomorrhe*』, 『갇힌 여인*La prisonnière*』, 『사라진 알베르틴*Albertibe disparue*』, 『되찾은 시간*Le temps retrouvé*』의 총 7부로 이루어진 『잃어버린 시간을 찾아서』는 시간적으로는 작가의 어린 시절인 1877년경부터 1차 대전 직후인 1920년까지를 배경으로 하고, 공간적으로는 콩브레와 파리, 발벡을 무대로 약 200여명의 등장인물을 통해 당시의 귀족과 부르주아 사회를 심층적으로 그려내고 있는 거대한 소설이다. 프루스트는 이 방대한 분량의 이야기를 엄격한 구도하에 통제하고 하나의 건축물처럼 정교하게 구축해 나감으로써 프랑스 소설사에서 획기적인 분수령을 이루는 걸작을 남기게 된다.

예민하고 섬세한 어린 주인공 마르셀('나'-화자)은 부모의 사랑을 받으며 사교계의 오락, 사랑의 유혹 속에서 커간다. 그 덧없음에 점차 실의에 빠져가던 어느 날, 아주 우연하게 한 잔의 홍차 속에 적신 마들렌느 과자의 맛이 그에게 불현듯 지나간 추억들을 되살아나게 한다. 제일 먼저 어릴 때 휴가를 보내던 콩브레에 얽힌 추억들이 실타래처럼 풀려나온다. 콩브레에는 두 갈래 산책길이 있는데, 하나는 사교계 저명인사인 스완네 집 쪽으로 가는 길이고, 다른 하나는 명문 귀족인 게르망트가(家) 쪽으로 가는 길이다. 매우 총명하고 유복하며 사교적인 스완은 우연히, 운명처럼 알게 된 화류계 여자인 오데트에게 반하게 되지만, 이 여자는 온갖 방법으로 그에게 욕망과 질투를 불러일으키며 괴롭히다가 마침내 그와 결혼하게 된다. 스완과 오데트 사이에서 태어난 딸 질베르트를 산책 중에 우연히 만난 화자는 그녀에게 사랑의 감정을 품게 되고, 파리의 샹젤리제에서 만나 놀던 기억을 떠올린다(『스완네 집 쪽으로』). 어느 해 발벡에서 휴가를 보내던 화자는 해변에서 '활짝 핀' 아가씨들을 만나게 되고, 그녀들 가운데 하나인 알베르틴에게 특별한 애착을 느끼지만, 그녀는 오데트가 스완에게 그랬던 것처럼 그의 마음에 자주 상처를 입힌다. 발벡에서 화자는 다른 여러 중요인물들, 예컨대 성도착자인 샤를뤼스 남작, 화가 엘스티르, 작가 베르고트 등을 만난다(『활짝 핀 아가씨들의 그늘에서』). 게르망트 공작 부인의 사교모임에 들어간 화자는 그녀에게 희망 없는 사랑을 고백하기도 하면서 사교계의 이면을 알게 된다(『게르망트 쪽』). 특히 은밀히 행해지던 사교계에서의 동성애, 특히 알베르틴의 동성애에 대한 의혹은 그에게 사랑과 질투를 동시에 불러일으킨다(『소돔과 고모라』). 알베르틴을 곁에 붙잡아 두기 위해 그녀와 약혼을 하고 거의 감금하다시피 하지만(『갇힌 여인』), 어느 날 사라진 그녀가 낙마 사고로 죽었다는 소식을 듣게 된다(『사라진 알베르틴』). 전쟁 중 파리를 떠나 있다 다시 돌아온 화자는 게르망트 저택 안뜰의 포석에서 발을 잘못 디뎌 잠시 비틀거리면서, 마들렌느 과자 때와 같은 알 수 없는 희열과 더불어 계시를 얻고 작가로서의 소명을 깨닫게 된다(『되찾은 시간』). 과거는 영원히 소멸되는 것이 아니라 우리의 기억 속에 묻혀 있으며, 현재의 감각이 그와 유사한 과거의 감각을 불러일으킬 때 다시 소생한다. 이처럼 무의식적으로 떠오르는 추억réminiscence을 통해 과거의 나와 현재의 나 사이에는 다리가 놓이게 되고 그것이 바로 "마침내 발견되고 밝혀진 인생, 따라서 진실로 체험된 유일한 인생"이며 글쓰기를 통해 그러한 경험을 옮기는 것이 바로 문학이라는 것이다. 『잃어버린 시간을 찾아서』의 화자는 미래의 독자를 향해 이렇게 말한다. "그러나 거기서 나 자신으로 되돌아오기 위해 나는 내 책에 대해 보다 겸허하게 생각하곤 했다. 그리고 그것을 읽게 될 사람들, 내 독자들을 생각하면서라고 말한다는 것은 당치도 않을 것이다. 왜냐하면 내 책은 콩브레의 안경사가 손님에게 내미는 것과 같은 일종의 돋보기 안경알에 지나지 않기에, 그들은 내가 보기엔 내 독자들이 아니라 스스로 그들 자신의 독자이기 때문이다. 내 책 덕분에 나는 그들에게 그들 스스로를 읽는 방법을 제공하게 될 것이다".

주요작품

1913 *Du côté de chez Swann*
1919 *A l'ombre des jeunes filles en fleurs*
1920 *Le côté de Guermantes I*
1921 *Le côté de Guermantes II*
1922 *Sodome et Gomorrhe*
1923 *La prisonnière*
1925 *Albertine disparue*
1927 *Le temps retrouvé*

TEXTE

Et tout d'un coup le souvenir m'est apparu. Ce goût, c'était celui du petit morceau de madeleine que le dimanche matin à Combray (parce que ce jour-là je ne sortais pas avant l'heure de la messe), quand j'allais lui dire bonjour dans sa chambre, ma tante Léonie m'offrait après l'avoir trempé dans son infusion de thé ou de tilleul. La vue de la petite madeleine ne m'avait rien rappelé avant que je n'y eusse goûté ; peut-être parce que, en ayant souvent aperçu depuis, sans en manger, sur les tablettes des pâtissiers, leur image avait quitté ces jours de Combray pour se lier à d'autres plus récents ; parce que de ces souvenirs abandonnés si longtemps hors de la mémoire, rien ne survivait, tout s'était désagrégé ; les formes, — et celle aussi du petit coquillage de pâtisserie, si grassement sensuel, sous son plissage sévère et dévot — s'était abolies, ou, ensommeillées, avaient perdu la force d'expansion qui leur eût permis de rejoindre la conscience. Mais, quand d'un passé ancien rien ne subsiste, après la mort des êtres, après la destruction des choses, seules, plus frêles mais plus vivaces, plus immatérielles, plus persistantes, plus fidèles, l'odeur et la saveur restent encore longtemps, comme des âmes, à se rappeler, à attendre, à espérer, sur la ruine de tout le reste, à porter sans fléchir, sur leur gouttelette presque impalpable, l'édifice immense du souvenir.

Et dès que j'eus reconnu le goût du morceau de madeleine trempé dans le tilleul que me donnait ma tante (quoique je ne susse pas encore et dusse remettre à bien plus tard de découvrir pourquoi ce souvenir me rendait si heureux), aussitôt la vieille maison grise sur la rue, où était sa chambre, vint comme un décor de théâtre s'appliquer au petit pavillon, donnant sur le jardin, qu'on avait construit pour mes parents sur ses derrières (ce pan tronqué que seul j'avais revu jusque-là) ; et avec la maison, la ville, la Place où on m'envoyait avant déjeuner, les rues où j'allais faire des courses depuis le matin jusqu'au soir et par tous les temps, les chemins qu'on prenait si le temps était beau. Et comme dans ce jeu où les Japonais s'amusent à tremper dans un bol de porcelaine rempli d'eau, de petits morceaux de papier jusque-là indistincts qui, à peine y sont-ils plongés, s'étirent, se contournent, se colorent, se différencient, deviennent des fleurs, des maisons, des personnages consistants et reconnaissables, de même maintenant toutes les fleurs de notre jardin et celles du parc de M. Swann, et les nymphéas de la Vivonne, et les bonnes gens du village et leurs petits logis et l'église et tout Combray et ses environs, tout cela qui prend forme et solidité, est sorti, ville et jardins, de ma tasse de thé.

A la recherche du temps perdu, Gallimard, 1954.

생각해 볼 문제

1. 잃어버린 시간이란 무엇이며 되찾은 시간이란 무엇인가? 또 시간을 어떻게 되찾을 수 있는가?
2. 마들렌느 과자의 에피소드와 비슷한 체험을 한 적이 있는가?
3. 소설을 쓴다는 것은 프루스트에게 어떤 의미를 갖는가? 프루스트 이전의 소설과 이후의 소설은 어떻게 다른가?

참고문헌

M. Bardèche, *Marcel Proust romancier,* Les Sept Couleurs, 1971.

G. Deleuze, *Proust et les signes*, PUF, 1964, rééd. 1996.

J. Kristeva, *Le Temps sensible. Proust et l'expérience littéraire*, Gallimard, 1994, rééd. «Folio Essais», Gallimard, 2000.

A. Maurois, *A la recherche de Marcel Proust*, Hachette, 1963.

G. Poulet, *L'espace proustien*, Gallimard, 1963.

M. Raimond, *Proust romancier*, S.E.D.E.S., 1984.

3) 프랑수아 모리악, 『테레즈 데케루』
François Mauriac (1885~1970) – *Thérèse Desqueyroux*

침묵은 존재하지 않는다.
산다는 것은 오로지 죽음만이 멈추게 할 흐름 한 가운데 서서 버티는 것이다.
Le silence n'existe pas:
vivre, c'est se tenir au centre d'un ruissellement que la mort seule arrêtera.
『새 내면일기 1』

프랑수아 모리악은 1885년 프랑스 남서쪽 대서양에 면한 보르도의 전형적인 카톨릭 집안에서 태어났다. 소나무와 갈색 사암으로 황량한 '랑드'와 기름진 포도나무 밭이 한데 어울려 있는 보르도 지방에서 보낸 그의 유년시절에서 이미 그의 소설에 나타나는 '풍요와 쾌락으로 열린 세계'와 '메마름과 황량함 속에서 꼼짝할 수 없도록 운명 지어진 세계'라는 상반된 두 세계의 조건은 갖추어 진다. 모리악의 부모 역시 상반된 성격이었다. 아들이 태어난 지 20개월 만에 35세의 나이로 사망한 아버지 장 폴 모리악은 다정다감한 성격에 문학적 재능을 갖추고 있었고, 그에 비해 어머니 클레르 모리악은 권위적인 기질에 전통적인 신앙생활을 실천하고 있었다.

아버지를 잃은 뒤 모리악은 외할머니와 어머니의 보호 아래 엄격하고 검소하며 종교적인 분위기 속에서 유년기를 보내게 된다. 열 두 살 때 마리아니스트수도회 부속 그랑 르브렁 중학교에 입학하여 장차 그의 문학적 소명에 큰 영향을 미치게 될 스승과 친구들을 만난다. 고등학교 시절에는 드레퓌스 사건을 겪으면서 카톨릭 개혁파 운동에 가담했고, 기관지에 글을 싣기도 한다. 1904년 보르도 대학 문과대학에 입학하여 학사과정을 마쳤고, 1907년 파리로 올라온다. 1909년 첫 시집인 『두 손을 모아*Les Mains jointes*』를 발표하고, 자신의 우상이었던 모리스 바레스와 프랑시스 잠으로부터 격찬의 편지를 받게 된다. 이후 자서전의 범주를 벗어나지 않는 몇 편의 소설들을 발표하고, 1913년 평생의 반려이자 문학적 여정의 동반자가 될 잔느 라퐁과 결혼한다. 1차 대전이 일어나자 위생부대 등에 종군했으나 건강이 악화되어 1917년 귀향한다. 전쟁의 참상이 모리악에게 남긴 깊은 충격과 상처는 『서른 남자의 일기*Journal d'un homme de trente ans*』에 기록되어 있는데, 이 작품을 기점으로 냉철하고 간결하면서도 깊이 있는 모리악 특유의 문체가 펼쳐지기 시작한다. 1922년에 발표한 『문둥이에의 입맞춤*Le Baiser au Lépreux*』은 모리악에게 처음으로 문학적 영예와 대중적 명성을 안겨준다.

1925년 『사랑의 사막*Le Désert de l'Amour*』으로 아카데미 프랑세즈의 소설대상을 수상하고, 1926년에는 『테레즈 데케루*Thérèse Desqueyroux*』를 발표한다. 1932년 성대암이라는 진찰을 받고 병마의 고통에 시달리면서도 『독사 덩어리*Le Nœud de Vipères*』, 『프롱트낙의 비밀*Le Mystère Frontenac*』 등을 발표하여 대성공을 거둔다. 1933년 아카데미 프랑세즈의 회원으로 선출되고 테레즈 연작의 마지막 소설인 『밤의 종말*La Fin de la Nuit*』을 발표한다. 모리악은 시사평론에도 많은 관심을 기울였으며 특히 스페인 내전의 참상을 목격한 이후 사회정의의 문제에 더욱 적극적으로 참여한다. 2차 대전이 일어난 직후 독일 점령 초기에 『바리새 여인*La Pharisienne*』을 발표하고 레지스탕스 운동에도 적극 가담한다. 해방 후에는 극작품들을 주로 발표하고 1952년 노벨 문학상을 수상하며 모로코 독립운동에 앞장서기도 한다. 68혁명 당시에는 자신의 젊은 날의 모습을 그린 마지막 소설 『옛날의 젊은이*Un adolescent d'autrefois*』를 발표하고, 1970년 노환으로 세상을 떠난다.

『테레즈 데케루*Thérèse Desqueyroux*』

모리악은 현대 프랑스 카톨릭 작가들 중에서 고전적 전통에 가장 충실한 작가로 꼽힌다. 그의 소설세계는 파스칼의 말을 빌자면 "신 없는 인간의 비참"으로 요약된다. 있는 그대로의 비참하고 잔인한 인간의 모습에 숨겨진 '육체'와 '영혼', '오만'과 '자비'의 갈등을 예리하게 묘사한 것이다. 무엇보다도 모리악은 간결하고 긴장된 이야기 가운데 그러한 내면적 위기의 폭발적인 순간을 극화시키는 데 성공하고 있다. 하지만 모리악이 묘사하는 인간 정념은 고전극에서와 달리 심리적 차원에 그치지 않고 초월적 전망으로 나아간다. 그의 작품에 나오는 인물들은 대부분 신의 사랑을 저버렸거나 그로부터 멀어진 고독한 인간들로, 절망과 공허 속에서 신음하면서 죄를 저지른다. 그러나 역설적으로 이들의 맹목적 갈망의 밑바닥에는 순수와 사랑을 향한 향수가 깔려 있다. 악과 타락에 대한 의식은 곧 구원의 가능성으로 연결되며, 따라서 모리악이 그려내는 비극적 세계는 역으로 구원을 향한 뜨거운 갈망을 드러내는 것이다.

소설 『테레즈 데케루』는 전체 13장으로 이루어져 있는데, 첫 9장까지는 어린 시절부터 현재에 이르기까지 테레즈의 회상이다. 법정에서 공소기각을 받고 난 테레즈가 B시로부터 자기 집이 있는 아르줄루즈로 오기까지 마차와 기차를 번갈아 타는 긴 여행 동안 테레즈의 과거가 되살아나는 것이다. 어린 시절, 사춘기, 안느와의 우정 등 그녀의 삶에서 가장 순수하고 아름다웠던 시절에 이어 베르나르의 약혼과 결혼 그리고 결혼에 대한 환멸이 온다. 안느가 가족의 반대를 무릅쓰고 이웃 소작농의 아들이며 결핵 환자인 장 아제베도와 사랑을 하게 되었다는 소식에 미묘한 질투를 느끼던 테레즈는 시부모 편을 들어 안느와 장을 갈라놓는 일을 한다. 장과의 만남, 우연히 남편의 약에 독극물을 섞게 된 일을 회상하며 이야기는 다시 현재로 돌아오고, 여행을 마친 테레즈는 집으로 들어간다. 하지만 그녀 앞에는 베르나르가 그녀를 위해 마련해둔 미래, 즉 아르줠루즈에서의 유폐생활만이 기다리고 있을 뿐이다. 이를 말없이 받아들인 테레즈는 하루하루 쇠약해져 가고, 결국 베르나르는 파리에서 그녀를 버림으로써 자유를 준다. 이후 테레즈의 삶은 '테레즈 연작소설' 즉 『의사집의 테레즈』와 『호텔의 테레즈』, 장편 『밤의 종말』로 이어진다.

주요작품

1922 *Le Baiser au lépreux*

1925 *Le Désert de l'amour*

1927 *Thérèse Desqueyroux*

1932 *Le Noeud de vipères*

1941 *Le Pharisienne*

1969 *Un adolescent d'autrefois*

TEXTE

Bernard, Bernard, comment t'introduire dans ce monde confus, toi qui appartiens à la race aveugle, à la race implacable des simples? «Mais, songe Thérèse, dès les premiers mots il m'interrompra:» Pourquoi m'avez-vous épousé? je ne «courais pas après vous...» Pourquoi l'avait-elle épousé? C'était vrai qu'il n'avait montré aucune hâte. Thérèse se souvient que la mère de Bernard, Mme Victor de la Trave, répétait à tout venant : il aurait bien attendu, mais elle l'a voulu, elle l'a voulu, elle l'a voulu. Elle n'a pas nos principes, malheureusement; par exemple, elle fume comme un sapeur: un genre qu'elle se donne; mais c'est une nature très droite, franche comme l'or. Nous aurons vite fait de la ramener aux idées saines. Certes, tout ne nous sourit pas dans ce mariage. Oui... la grand-mère Bellade.. je sais bien... mais c'est oublié, n'est-ce pas? On peut à peine dire qu'il y ait eu scandale, tellement ça a été bien étouffé. Vous croyez à l'hérédité, vous? Le père pense mal, c'est entendu; mais il ne lui a donné que de bons exemples: c'est un saint laïque. Et il a le bras long. On a besoin de tout le monde. Enfin, il faut bien passer sur quelque chose. Et puis, vous me croirez si vous voulez: elle est plus riche que nous. C'est incroyable, mais c'est comme ça. Et en adoration devant Bernard, ce qui ne gâte rien.»

Oui, elle avait été en adoration devant lui: aucune attitude qui demandât moins d'effort. Dans le salon d'Argelouse ou sous les chênes au bord du champ, elle n'avait qu'à lever vers lui ses yeux que c'était sa science d'emplir de candeur amoureuse. Une telle proie à ses pieds flattait le garçon mais ne l'étonnait pas. «Ne joue pas avec elle, lui répétait sa mère, elle se ronge.»

«Je l'ai épousé parce que...» Thérèse, les sourcils froncés, une main sur ses yeux, cherche à se souvenir. Il y avait cette joie puérile de devenir, par ce mariage, la belle-sœur d'Anne. Mais c'était Anne surtout qui en éprouvait de l'amusement; pour Thérèse, ce lien ne comptait guère. Au vrai, pourquoi en rougir? Les deux mille hectares de Bernard ne l'avaient pas laissée indifférente. «Elle avait toujours eu la propriété dans le sang.» Lorsque après les longs repas, sur la table desservie on apporte l'alcool, Thérèse était restée souvent avec les hommes, retenue par leurs propos touchant les métayers, les poteaux de mine, la gemme, la térébenthine. Les évaluations de propriétés la passionnaient. Nul doute que cette domination sur une grande étendue de forêt l'ait séduite. Lui aussi, d'ailleurs, était amoureux de mes pins...» Mais Thérèse avait obéi peut-être à un sentiment plus obscur qu'elle s'efforce de mettre à jour: peut-être cherchait-elle moins dans le mariage une domination, une possession, qu'un refuge. Ce qui l'y avait précipitée, n'était-ce pas une panique? Petite fille pratique, enfant ménagère, elle avait hâte d'avoir pris son rang, trouvé sa place définitive; elle voulait être rassurée contre elle ne savait quel péril. Jamais elle ne parut si raisonnable qu'à l'époque de ses fiançailles: elle s'incrustait dans un bloc familial, «elle se casait»; elle entrait dans un ordre. Elle se sauvait.

Thérèse Desqueyroux, Grasset, 1927.

생각해 볼 문제

1. 이 작품이 단순한 범죄의 이야기가 아니라 인간 안에 깃든 악의 주제를 다루고 있다는 점을 찾아보자.
2. 테레즈가 남편을 독살하려 한 이유는 무엇인가?
3. 테레즈는 진정한 자유를 찾을 수 있을 것인가?
4. 페미니즘의 시각에서 테레즈의 삶에 대해 생각해보자.
5. 테레즈의 내적 독백이 텍스트에서 갖는 의미와 기능에 관해 토론해보자.

참고문헌

M. Alyn, *François Mauriac*, Seghers, 1960.

J. Lacouture, *François Mauriac*, Seuil, 1980.

P.-H. Simon, *Mauriac par lui-même*, Seuil, 1953, rééd. 1974.

M. Suffran, *François Mauriac*, Seghers, 1973.

4) 조르주 베르나노스, 『사탄의 태양 아래』
Georges Bernanos (1888~1948) - *Sous le soleil de satan*

자기 자신을 미워하기란 생각보다 쉽다. 은총은 자기 자신을 잊는 것이다. Il est plus facile qu l'on croit de se haïr. La grâce est de s'oublier. 『어느 시골 신부의 일기*Journal d'un curé de campagne*』

조르주 베르나노스는 1888년 파리에서 태어났다. 서북부 파드칼레 지방의 프레생에서 어린 시절을 보내게 되는데, 이 한적하고 목가적인 시골 마을에서의 유년기 추억은 이후 그의 작품의 주된 배경을 이루게 된다. 예수회에서 운영하는 학교에서 초등교육과 중등교육을 받았으며, 이 시기에 즐겨 읽었던 발자크, 위고, 레옹 블르와 등의 작품은 그의 문학적 여정에 큰 영향을 미치게 된다. 베르나노스는 이후 파리대학과 카톨릭대학에서 교육을 받고 문학과 법학 학사 학위를 취득한 후, 왕당파 단체인 악시옹 프랑세즈Action Française에서 활동하다가 투옥되기도 한다. 1913~1914년에는 루앙에서 『노르망디의 전위대*L'Avant-Garde de Normandie*』라는 왕당파 기관지 주필로 활동한다. 1차대전이 발발하자 자원병으로 입대하여 부상을 입기도 한다.

1918년 전쟁이 끝난 후 본격적으로 창작활동을 시작하면서 첫 작품 『사탄의 태양 아래』를 쓰기 시작하고, 중편 『다르장 부인*Madame*

Dargent』(1922)을 발표하지만 세인의 주목을 끌지는 못한다. 이어 정치적으로 샤를르 모라스와 레옹 도데의 의회활동에 불만을 갖게 된 베르나노스는 악시옹 프랑세즈와 손을 끊고 독자적인 길을 모색하게 된다. 1926년 『사탄의 태양 아래』가 출간되면서 본격적으로 작가로서의 명성을 얻게 되고, 1927년 『사기*Imposture*』를 거쳐 1929년 발표한 『환희 *La Joie*』가 큰 인기를 끌면서 그 해 페미나 문학상을 받는다.

이후 베르나노스는 경제적 사정 등 여러 가지 여건으로 스페인 령 발레아레스 군도의 마조르카 섬으로 이사하게 되고, 그곳에서 『악몽 *Mauvais rêve*』(1935), 『어떤 범죄*Un Crime*』(1935), 『어느 시골 신부의 일기 *Journal d'un curé de campagne*』(1936)를 발표한다. 마조르카에 있는 동안 스페인 내전이 일어나자, 프랑코 정권의 잔학하고 독재적인 행동을 격렬히 비난하는 『달빛 어린 공동묘지*Les Grands cimetières sous la lune*』(1937)를 발표함으로써 본격적으로 정치평론의 길에 들어서게 된다. 1937년 다시 프랑스로 돌아오지만 유럽을 휩쓸고 있는 파시즘과 정치적 야합 등에 환멸을 느끼고 1938년 뮌헨 회담 직전에 가족을 이끌고 다시 남미의 파라구아이로 떠난다. 얼마 후 브라질의 리오데 자네이로로 옮겨가 그의 마지막 소설인 『윈느씨*Monsieur Ouine*』를 탈고한다.

2차대전이 발발하자 베르나노스는 드골의 레지스탕스를 지지하는 논객으로 『자유 프랑스*la France libre*』에 기고하는 동시에 『진리의 추문*Scandale de la vérité*』(1939), 『우리 프랑스인*Nous autres Français*』(1939), 『영국인에게 보내는 편지*Lettre aux Anglais*』(1942), 『로보트에 맞선 프랑스*La France contre les robots*』(1944), 『영혼의 십자가의 길*Le Chemin de la Croix-des-Ames*』(1942~1945) 등으로 이어지는 활발한 정치평론 활동을 펼친다. 1945년 해방과 함께 파리로 돌아온 베르나노스는 마지막 작품 『카르멜 수녀들의 대화*Dialogue des Carmélites*』를 탈고한 후 1948년 파리 근교에서 세상을 떠난다.

베르나노스의 지팡이

베르나노스는 지독한 오토바이광이었다. 그런데 1933년 7월 몽벨리아르 근처에서 심한 교통사고를 당해 다리가 부러지고 몇 달 동안 휠체어 신세를 지면서 지팡이를 짚고 다니게 되었는데 그 뒤로 일생동안 지팡이를 놓지 않았다고 한다. 다시금 오토바이를 타면서도 뒤에 단단히 묶어두고…

『사탄의 태양 아래*Sous le soleil de satan*』

문학사적으로 베르나노스는 프랑수아 모리악, 줄리앙 그린과 함께 20세기 프랑스 기독교 문학을 대표하는 작가 가운데 한 사람이다. 그는 동시대인의 불안과 고뇌, 그리고 이를 극복할 수 있는 출구를 제시하기 위하여, 단순한 인간 정념의 차원을 넘어 보다 깊고 신비로운 영역에서 펼쳐지는 영혼의 갈등, 즉 죄와 타락, 그리고 신의 사랑과 은총이 빚어내는 초자연의 드라마를 그려낸다.

『사탄의 태양 아래』는 1차 대전 후 유랑생활로 점철된 6년여의 고통스런 집필기간 끝에 발표한 첫 작품인데, 이야기는 무셰트를 주인공으로 한 「서막(序幕) – 무셰트 이야기」와 도니상 신부를 주인공으로 한 1부 「절망의 유혹」, 그리고 2부 「룅브르의 성자(聖者)」의 세 부분으로 구성되어 있다. 1부 후반부에 두 주인공 무셰트와 도니상이 잠시 만나는 장면을 제외하면, 작품 전체는 주제 및 주인공이 서로 다른 두 개의 이야기를 묶어 놓은 것처럼 보인다.

「무셰트 이야기」는 16살 된 시골 소녀 무셰트가 일상적인 나날의 권태에 대한 반항으로, 그리고 모험을 즐기는 심정으로, 몰락한 바람둥이 시골 귀족 카디냥 후작에게 몸을 맡기고 임신을 하게 되면서 시작된다. 전형적 속물인 아버지 말로르티와의 갈등 끝에 무셰트는 밤중에 몰래 집을 나와 후작을 찾아가서는 사랑의 도피 행각을 제안한다. 하지만 재미 삼아 그녀를 건드려 본 것에 불과한 후작은 어떻게든 일을 무마하려 하고, 화가 난 무셰트는 후작의 라이벌이자 자신에게 흑심을 품고 있는 의사 갈레가 자기 애인이라고 말한다. 질투에 사로잡힌 후작은 무셰트와 옥신각신하다가 그녀가 우연히 쏜 총에 맞아 죽게 된다. 이 사실을 감추고 갈레와 관계를 맺고 있던 어느 날, 무셰트는 갈레에게 자기가 저지른 죄를 털어놓고 아이를 유산시켜 달라고 하지만, 갈레가 그 고백을 전혀 믿으려 하지 않자 갑자기 히스테리를 일으키고 기절한다. 얼마 후 무셰트가 사산(死産)하는 것으로 이야기는 끝을 맺는다.

이어지는 1부 「절망의 유혹」에서 주인공으로 등장하는 도니상 신부는 무셰트가 사는 마을의 사제로서, 투박하고 거친 성격을 지닌 동시에 절대에 대한 갈망으로 자신의 육체에 채찍질을 하는 고행도 마다않는 특이한 인물이다. 어느 날 그는 주임사제의 명으로 길을 가던 중 이상하게 길을 잃고 밤새도록 헤매게 된다. 그러다 우연히 어느 말 장사꾼과 함께 길을 가게 되는데, 서로 대화를 나누는 가운데 말 장사꾼은 사탄으로 변모해서 도니상을 유혹하고, 신부는 그 유혹에 빠지지 않기 위해 온갖 힘을 쓰다가 혼절하고 만다. 새벽이 되어 길을 지나가던 석수장이의 도움을 받아 사제관으로 되돌아오던 도니상은, 정신병원에서 퇴원한 후 마치 유령처럼 카디냥의 성관 주위를 맴도는 무셰트를 만나게 된다. 간밤의 기이한 체험으로 영혼을 읽는 능력을 얻게 된 도니상은 그녀의 비밀을 꿰뚫어보고 마치 사탄을 물리치려는 듯 그녀의 영혼을 악에서 구하려 한다. 하지만 일상의 권태에 대한 반항과 모험에 삶의 희망을 걸고 있던 무셰트는 도니상과의 만남에서 마지막 남은 자존심마저 잃어버리고 집으로 돌아와 면도날로 목을 그어 스스로 목숨을 끊는다. 이 소식을 들은 도니상은 마치 속죄의 제물을 드리듯 무셰트의 시신을 안고 성당의 제단에 올려놓음으로써 마을에 큰 소동을 불러일으킨다.

2부 「룅브르의 성자」는 그로부터 5년 뒤 수도원 생활을 마치고 룅브르의 사제로 부임하게 된 도니상이 사람들의 영혼을 읽는 신비로운 능력 덕택에 성자로 존경받으면서 벌어지는 에피소드들을 그리고 있다. 하지만 고해성사를 하는 사람들의 영혼에서 사탄의 유혹에 시달리는 모습을 보면서 신성에 대한 의문은 끊이지 않고, 죽어가는 아이를 소생시키려는 무모한 시도에서 다시 사탄을 만나면서 도니상 신부의 고뇌는 절정에 달한다. 고해실에 선 채로 죽음을 맞이하는 그의 모습은 바로 모든 죄와 유혹을 짊어지고 살아간 그의 삶을 상징적으로 보여주는 장면이다.

주요작품

1926 *Sous le soleil de satan*

1927 *Imposture*

1929 *La Joie*

1936 *Journal d'un curé de campagne*

1939 *Scandale de la vérité*

1942~1945 *Le Chemin de la Croix-des-Ames*

TEXTE

À seize ans, Germaine savait aimer (non point rêver d'amour, qui n'est qu'un jeu de société)... Germaine savait aimer, c'est-à-dire qu'elle nourrissait en elle, comme un beau fruit mûrissant, la curiosité du plaisir et du risque, la confiance intrépide de celles qui jouent toute leur chance en un coup, affrontent un monde inconnu, recommencent à chaque génération l'histoire du vieil univers. Cette petite bourgeoise au teint de lait, au regard dormant, aux mains si douces, tirait l'aiguille en silence, attendant le moment d'oser, et de vivre. Aussi hardie que possible pour imaginer ou désirer, mais organisant toutes choses, son choix fixé, avec un bon sens héroïque. Bel obstacle que l'ignorance, lorsqu'un sang généreux, à chaque battement du coeur, inspire de tout sacrifier à ce qu'on ne connaît pas! La vieille Malorthy, née laide et riche, n'avait jamais espéré pour elle-même d'autre aventure qu'un mariage convenable, qui n'est affaire que de notaire, vertueuse par état, mais elle n'en gardait pas moins le sentiment très vif de l'équilibre instable de toute vie féminine, comme d'un édifice compliqué, que le moindre déplacement peut rompre.

– Papa, disait-elle au brasseur, il faut de la religion pour notre fille...

Elle eût été bien embarrassée d'en dire plus, sinon qu'elle le sentait bien.

Mais Malorthy ne se laissait pas convaincre :

– Qu'a-t-elle besoin d'un curé, pour apprendre en confesse tout ce qu'elle ne doit pas savoir? Les prêtres faussent la conscience des enfants, c'est connu.

Pour cette raison, il avait défendu qu'elle suivît le cours du catéchisme, et même «qu'elle fréquentât l'un quelconque de ces bondieusards qui mettent dans les meilleurs ménages, disait-il, la zizanie». Il parlait aussi, en termes sibyllins, des vices secrets qui ruinent la santé des demoiselles, et dont elles apprennent au couvent la pratique et la théorie. «Les nonnes travaillent les filles en faveur du prêtre» était une de ces maximes. «Elles ruinent d'avance l'autorité du mari», concluait-il en frappant du poing sur la table. Car il n'entendait pas qu'on plaisantât sur le droit conjugal, le seul que certains libérateurs du genre humain veulent absolu.

Sous le soleil de Satan, Plon, 1926

생각해 볼 문제

1. 작품의 제목인 '사탄의 태양 아래'는 무엇을 의미한다고 생각하는가?
2. 무셰트와 도니상 신부 사이에 닮은 점이 있다면?
3. 어떤 면에서 이 작품이 기존의 기독교 문학작품과 다르다고 말할 수 있는가?
4. 베르나노스의 또 다른 소설 『어느 시골신부의 일기』에서 앙브리쿠르 본당 신부는 "모든 것이 은총이다"라고 말하면서 죽어간다. 베르나노스 소설에서 '은총'이란 과연 무엇을 말하는가?

참고문헌

A. Béguin, *Bernanos par lui-même,* Seuil, 1954.

M. Estève, *Bernanos*, Gallimard, 1965.

M. Gosselin, *Bernanos: militant de l'éternel*, Michalon, 2007.

M. Milner, *Georges Bernanos*, Desclée de Brouwer, 1967.

L. Muron, *Bernanos,* Flammarion, 1996.

5) 프랑시스 퐁주, 『사물의 편』

Francis Ponge (1899~1988) – *Le Parti pris des choses*

식물들이 그러하다. 그들의 부동성이 그들의 완전성, 그들의 꼼꼼함, 그들의 장식, 그들의 풍부한 과일들을 만들어내는 것이다. Ainsi des végétaux : leur immobilité fait leur perfection; leur fouillé, leur décoration, leurs riches fruits.

퐁주는 19세기의 마지막 해인 1899년, 지중해에 인접해 있는 몽펠리에Montpellier에서 태어난다. 지방의 은행장으로 있었던 아버지 밑에서 유복한 유년 시절을 보낸다. 파리의 명문 고등학교 루이 르 그랑을 졸업한 후에 고등사범학교 입학시험에 응시하지만 구술시험에서 프랑스어 단어 하나를 제대로 발음 못하는 바람에 낙방한다. 프랑스의 문학사가인 다니엘 베르제Daniel Berger에 의하면, 이 실패의 체험이 그로 하여금 시와 언어에 눈을 뜨게 하는 계기가 되었다고 한다. 그는 나중에 자신의 시집을 '사전'이라고 명명할 만큼 언어에 대한 천착이 다른 어떤 작가들보다도 두드러진다. 그는 『방법론』속에서 이렇게 적고 있다. "나의 시집은 첫째, 백과사전, 둘째, 어원사전, 셋째, 유추사전(이런 사전은 아직 존재하지 않는다.) 넷째, 운율사전(특히 내적 운율사전) 다섯째, 동의어 등의 사전 여섯째, 자연과 사물을 기초해서 쓰인 모든 서정시를 대신할 수 있어야 한다."

그는 당시의 여느 젊은이들처럼 전쟁과 정치 상황에도 적극적인 관심을 갖게 되고, 곧이어 프랑스 공산당에 가입한다. 1922년부터는 장 폴랑, 자크 리비에르 등과 교유하면서 프랑스의 지식인들 사이에서 가장 영향력 있는 문예지인 『프랑스 신잡지*La Nouvelle Revue Française*』에 자신의 작품들을 발표한다. 이후에는 프랑스의 문화권력이라고 할 수 있는 갈리마르Gallimard 출판사의 편집차장이 된다. 1926년 그의 첫 시집 『열 두 개의 소품*Douze petits écrits*』이 갈리마르 출판사에서 간행된다. 이후에는 출판사를 사직하고 경제적 어려움을 겪게 되지만, 자신의 대표적인 시집이라고 할 수 있는 『사물의 편』에 수록될 시들을 그 기간 동안 꾸준히 써나간다.

제2차 세계 대전이 발발하고 독일이 프랑스를 점령하자 그는 남불 지역의 레지스탕스에 가담한다. 해방 후에는 공산당 기관지인 '행동Actions'의 문예면을 1947년 공산당에서 탈당할 때까지 담당한다. 1952년부터는 알리앙스 프랑세즈Alliance Française 교수가 되어 10여 년 동안 외국인들에게 프랑스어를 가르친다. 그는 이 시기를 전후하여 외국의 여러 나라들을 여행한다. 1960년대에 들어오면서 퐁주에 대한 전시회, 학술대회 등이 열리고, 그는 프랑스 현대시단의 가장 중요한 반열에 오른다. 시인의 평가에 인색했던 사르트르조차 현상학적인 시인을 드디어 발견했다고 칭송했으며, 누보로망의 작가 로브그리에는 그를 누보로망의 예고자라고 언급한다. 그 이후 솔레르스와 함께 60년대 프랑스의 형식주의 비평을 주도했던 텔 켈Tel Quel 집단은 퐁주를 프랑스가 배출한 새로운 수사법의 전도자라고 거든다. 바-쉬르-루Bar-sur-Loup라는 한촌(閑村)에서 마지막 생애를 보내다가 1988년 89살의 일기로 영면한다.

『사물의 편*Le Parti pris des choses*』

퐁주는 1942년 "사물로 만족하는 시"라는 계획을 내건 『사물의 편 *Le Parti pris des choses*』을 출간하면서 문학계에 본격적으로 알려진다. 시집의 제목은 이미 퐁주의 유물주의적 태도를 드러낸다. 즉, 감정의 편이 아니라 "빵"과 같은 사물들의 편에서 말이 시작되는 그의 시들이 발표되자, 그는 "일종의 반휴머니스트적 도박"을 시작한 가장 주목받는 현대 시인들 중의 한 사람이 된다. 그의 「조약돌에 관한 서문」은 퐁주의 시 세계를 잘 요약해주고 있다. "말을 시작할 필요는 없다. 사물들에게 전적으로 자신을 맡기면 당신은 새로운 인상들로 가득 차게 되고, 사물들은 전혀 새로운 수많은 특성들을 당신에게 보여줄 것이다. 개인적인 얘기지만, 나를 답답하게 만드는 것은 사소한 소일거리들이고 내가 가장 덜 권태를 느끼는 것은 감옥이나 독방, 들판에 홀로 있을 때이다. 도처에서, 그리고 무엇을 하든, 나는 시간을 낭비하고 있다는 느낌을 갖는다. 게다가 가장 사소한 대상 속에 들어있는 제안들이 너무도 풍부해서, 나는 돌, 잡풀, 불, 나무 조각, 절인 쇠고기 등등의 가장 단순한 사물들로부터 시작하지 않으면 그 어떤 것도 이해할 수 있으리라고 생각지 않는다."

가장 사소한 사물들조차 시의 계기를 잉태하고 있는 대상들로 바라보는 것은, 결국 상상력을 무한하게 확대하는 시도이다. 일테면 "빵"이라는 제목의 시에서 퐁주는 "빵"의 울퉁불퉁한 표면으로부터 "안데스 산맥"을 발견한다. 이는 『잃어버린 시간을 찾아서』의 작가인 프루스트가 마들렌느라는 향긋한 빵에서 고향집을 자신도 모르게 떠올리는 문학적 상상력과는 또 다른 상상력적 문법이다.

하찮은 사물들로부터 무엇인가 시작된다는 측면에서, 현대 소설의 한 방법적 효시를 일깨운 프루스트와 퐁주는 분명 상관성이 있는 듯하다. 하지만 프루스트가 아련하게 따라갔던 무의식적 기억들의 재조합에 앞서, 퐁주의 시선은 사물에 대한 객관적인 관찰이 지속되면서 겪게 되는 '유별난 사실성"을 먼저 담보하고 있다. 그는 우리의 시가 감정 과잉과 관념론 속에서 방황할 만큼 방황했다고 본 것이다. 인간이 아니라 사물의 편에서 시작되고 있는 퐁주적인 예지는 인간중심주의 속에서 굳어진 정신을 풍요롭게 해주는 순기능이 있다. 그는 사물을 바라보는 자신의 방식을 이렇게 알려준다. "우리가 취할 최상의 태도는 그러므로 모든 사물을 미지의 것으로 간주하는 것, 산책하거나 수풀 밑 혹은 풀밭 위에 눕는 것, 모든 것을 처음부터 다시 시작하는 것이다." 바로 이것이 인간과 사물 혹은 사물과 말과의 새로운 관계를 정립하고자 했던 시인의 첫 번째 방법론이 될 것이다.

주요작품

1942 *Le Parti pris des choses*
1948 *Poêmes*
1952 *La Rage de l'expression*
1961 *Le Grand Recueil*
Méthodes
1965 *Pour un Malherbe*
1967 *Le Savon*

TEXTE

Le Pain

La surface du pain est merveilleuse d'abord à cause de cette impression quasi panoramique qu'elle donne : comme si l'on avait à sa disposition sous la main les Alpes, le Taurus ou la Cordillère des Andes. Ainsi donc une masse amorphe en train d'éructer fut glissée pour nous dans le four stellaire, où durcissant elle s'est façonnée en vallées, crêtes, ondulations, crevasses… Et tous ces plans dès lors si nettement articulés, ces dalles minces où la lumière avec application couche ses feux, - sans un regard pour la mollesse ignoble sous-jacente. Ce lâche et froid sous-sol que l'on nomme la mie a son tissu pareil à celui des éponges : feuilles ou fleurs y sont comme des sœurs siamoises soudées par tous les coudes à la fois. Lorsque le pain rassit ces fleurs fanent et se rétrécissent : elles se détachent alors les unes des autres, et la masse en devient friable… Mais brisons-la : car le pain doit être dans notre bouche moins objet de respect que de consommation.

Le parti pris des choses

La cigarette

Rendons d'abord l'atmosphère à la fois brumeuse et sèche, échevelée, où la cigarette est toujours posée de travers depuis que continûment elle la crée.

Puis sa personne: une petite torche beaucoup moins lu-mineuse que parfumée, d'où se détachent et choient selon un rythme à déterminer un nombre calculable de petites masses de cendres.

Sa passion enfin: ce bouton embrasé, desquamant en pellicules argentées, qu'un manchon immédiat formé des plus récentes entoure.

Le parti pris des choses

Les Plaisirs de la porte

Les rois ne touchent pas aux portes.

Ils ne connaissent pas ce bonheur: pousser devant soi avec douceur ou rudesse l'un de ces grands panneaux familiers, se retourner vers lui pour le remettre en place, tenir dans ses bras une porte.

... Le bonheur d'empoigner au ventre par son nœud de porcelaine l'un de ces hauts obstacles d'une pièce; ce corps à corps rapide par lequel un instant la marche retenue, l'oeil s'ouvre et le corps tout entier s'accomode à son nouvel appartement.

D'une main amicale il la retient encore, avant de la repousser décidément et s'enclore, ce dont le déclic du ressort puissant mais bien huilé agréablement l'assure.

Le parti pris des choses

생각해 볼 문제

1. 퐁주의 "담배"라는 시에서 담배와 연관된 비유들을 찾아봅시다.
2. 퐁주는 빵의 울퉁불퉁한 표면을 통해서 안데스 산맥을 떠올립니다. 주위에 있는 사물들 속에서 이와 같은 시적 비약들을 찾아봅시다.
3. 퐁주의 시에 대해서 지속적인 관심을 보였던 프랑스의 '텔 켈Tel Quel' 집단에 대해서 알아봅시다.

참고문헌

Michel Collot, *Francis Ponge*, Champ Vallon, 1993.

Philippe Sollers, *Francis Ponge*, Seghers, 2001.

François Almaleh, *Francis Ponge ou la fable spéculaire*, EcriTEXTEs, 2004.

6) 자크 프레베르, 『말』
Jacques Prévert (1900~1977) - *Paroles*

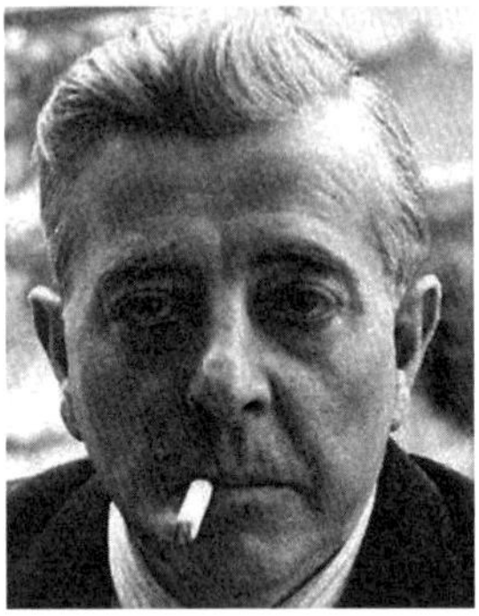

실망하지 말 것 / 기다릴 것 / 필요하다면 여러 해를 기다릴 것 / 새가 빨리 오고 늦게 오는 것은 / 그림의 성공과는 무관한 것. Ne pas se décourager / attendre / attendre s'il le faut pendant des anées / la vitesse ou le lanteur de l'arrivée de l'oiseau / n'ayant aucun rapport avec la réussite du tableau.

파리 서쪽의 뇌이Neuilly-sur-Seine에서 태어난 프레베르는 가난한 가계로 인해 중학교를 마치면서 학업을 중단한다. 그리고 파리의 빈민구제본부에서 임시직으로 일했던 아버지를 따라 다니면서 자신보다 더 절박한 삶을 살아가는 사람들을 목격하게 된다. 그는 생계의 의미를 몸으로 느끼면서 조숙해진다. 15살 때부터는 여러 가지 잡직들을 전전하다가 파리에서 초현실주의의 대부를 자처했던 앙드레 브르통을 만나게 된다. 초현실주의 운동이 그가 시를 쓰게 되는 계기가 되지만 이내 그 무리에서 벗어난다. 당시에 백화점 점원이었던 그는 기성세대의 권위주의를 청산하는 운동을 벌였던 초현실주의자들이 쓰는 언어들로부터 도리어 또 다른 권위주의를 느꼈던 것이다.

이러한 결별을 계기로 그는 친동생인 피에르 프레베르Pierre Prévert와 친구 마르셀 뒤아멜Marcel Duamel 등과 함께 연극과 영화 제작에 힘을 쏟는다. 그는 사회주의를 기치로 하는 극단 '10월 그룹Groupe Octobre'에 가입하고 희곡 및 영화 시나리오를 쓰기 시작한다. 25살이 되던 해 어린 시절 소꿉친구인 시몬 디엔느와 결혼한다. 1932년에는 그의 첫 영화 <자루 속의 사건*L'affaire dans le sac*>을 동생과 함께 제작하고, 이듬해에는 모스크바로 건너가 '국제노동자 연극제'에 참여하기도 한다. 그의 시나리오들은 친동생뿐만 아니라 당시의 작가주의 계열에 해당하는 주요 감독들에 의하여 영화로 제작된다. 대표적인 작품으로는 장 르느와르Jean Renoir가 감독한 <랑쥬 선생의 범죄*Le crime de M. Lange*>(1937), 마르셀 카르네Marcel Carné의 <안개 낀 부두*Quai de brumes*>(1938), <천국의 아이들*Les enfants du paradis*>(1943)등이 있다.

1945년 프레베르는 여러 잡지들에 기고하였던 시편들을 모아서 『말*Paroles*』이라는 제목의 시집을 출간한다. 이 시집은 프랑스에서 100만부 이상이 팔리면서 전례가 없는 베스트셀러가 된다. 이러한 호응은 그가 영화 보다 문학 활동에 전념할 수 있는 단초가 된다. 또 다른 시집들을 연이어 출간했으며, 그림과 사진들을 곁들인 동화 작품들 또한 어린이들의 사랑을 받는다. 폐암으로 77살에 사망한다.

『말*Paroles*』

프레베르는 평생 동안 시인이라고 자처한바가 없었다. 그래서 그의 가장 대표적인 시집의 제목 또한 『말*Paroles*』이다. 프랑스 현대시가 상징주의와 초현실주의를 거치면서 점점 더 난해해져갔던 경향과는 달리, 그의 시는 곁에 앉아 있는 사람에게 마치 말을 걸듯이 직접적으로 다가오고 쉽게 이해된다. 따라서 프레베르의 작업실 중의 하나는 거리의 노천 카페였다. 거리를 오고가는 사람들이 보이고, 옆의 탁자에서는 연인들이 피같이 진한 엑스프레소 커피의 향에 취한 채 사랑의 밀어를 속삭이던 그런 카페였다. 프랑스의 비평가 G. 피콩은 그의 시를 읽고 나서 이렇게 증언한다. “마치 수세기 동안 묵은 박물관의 정교하지만 어둠침침한 방에서 오랫동안 머물다가 드디어 밖으로 나와 거리의 신선한 공기를 마시는 듯한 기분이다.”

프레베르의 언어들은 프랑스 현대시가 표방하는 모호성, 가히 연금술적이라 불릴만한 복잡한 은유들을 걷어낸다. 왜냐하면 상인들의 외침이 들리는 시장에서, 노동자인 한 가장의 호주머니 속에 들어 있을 법한 잡동사니들 속에서 그의 진정한 시어들을 찾아내기 때문이다. 새로운 것이 아니라 호주머니 속에 들어 있는 세월을, 언어의 낯선 결합보다는 파리 어느 뒷골목에서 서로의 머리를 기댄 연인들의 따스한 체온을 프레베르의 시는 육화시킨다. 이는 앙드레 브렝쿠르André Brincourt의 표현을 빌리자면, “익힌 말에 대한 날 것 같은 말이 건네는 복수”이기도 할 것이다. 『말』에 실려 있는 한편의 시 「파리의 밤Paris at night」 또한 그러한 경우다. “밤의 어둠속에서 차례로 켜지는 세 개의 성냥들 / 첫 번째는 그대의 온전한 모습을 보기 위하여 / 두 번째는 그대의 눈을 보기 위하여 / 마지막은 그대의 입술을 보기 위하여 / 그리고 이 캄캄한 어둠은 품안에 그대를 보듬었을 때 / 그 모든 것들을 다시 기억하기 위한 것.”

프레베르 시의 또 다른 특징은 전쟁과 사회의 비참한 현실에 끊임없이 상처받는 인간적인 것들의 위무로부터 비롯된다. 그러나 본능적으로 반이성주의자인 그는 논리적인 사유로서가 아니라 체험에서 우러난 풍자와 극적인dramatique 문체를 통해 독자들과 교감한다. 그가 자신의 시 속에서 자주 사용하는 영화적인 혹은 콜라주collage 기법은 독자를 또 다른 상상력의 영역으로 이끌고 간다. 마치 어떤 순간을 포착한 스냅 사진들처럼 묘사된 광경들의 나열은 독자에게 그것들의 인과 관계를 어떤 제약 없이 상상할 수 있도록 만들어준다. 하지만 그의 시는 우연하게 떠오른 이미지들을 조합하여 무의식적 효과를 노리는 초현실주의의 방식과는 다르다. 왜냐하면 그의 시는 자신이 몸담고 있는 세계를 초월하자는 것이 아니라 가장 일상적이고 민중적인 표현들을 통해서 “다정도 병인 것” 같은 평범한 사람들에게 조금 더 가까이 다가와 있기 때문이다. 시 속에 자주 등장하는 동음이의어, 동시 같은 미숙함, 은어, 단순한 반복 효과들은 삶의 모습들을 날 것 그대로 보여주는데 일조한다. 따라서 G. 피콩이 지적하고 있듯이, 그의 시는 ‘구전시’의 오랜 전통을 현대에 되살려내고 있는 것이다.

주요작품

1946 *Paroles*
Histoires
1951 *Spectacle*
1953 *La pluie et le beau temps*
1966 *Fatras*
1972 *Choses et autres*
1980 *Soleil de nuit*, recueil de posthume

TEXTE

Chez la fleuriste

Un homme entre chez la fleuriste
et choisit des fleurs
la fleuriste enveloppe les fleurs
l’homme met la main à sa poche
pour chercher l’argent
l’argent pour payer les fleurs
mais il met en même temps
subitement

la main sur son coeur
et il tombe

En même temps qu'il tombe
l'argent roule à terre
et puis les fleurs tombent
en même temps que l'homme
en même temps que l'argent
et la fleuriste reste là
avec l'argent qui roule
avec les fleurs qui s'abîment
avec l'homme qui meurt
évidemment tout cela est triste
et il faut qu'elle fasse quelque chose
la fleuriste
mais elle ne sait pas comment s'y prendre
elle ne sait pas
par quel bout commencer

Il y a tant de choses à faire
avec cet homme qui meurt
ces fleurs qui s'abîment
et cet argent
cet argent qui roule
qui n'arrête pas de rouler.

Paroles

Alicante

Une orange sur la table
Ta robe sur le tapis

Et toi dans mon lit
Doux présent du présent
Fraîcheur de la nuit
Chaleur de ma vie

Paroles

Pour toi mon amour

Je suis allé au marché aux oiseaux
Et j'ai acheté des oiseaux
Pour toi mon amour
Je suis allé au marche aux fleurs
Et j'ai acheté des fleurs
Pour toi mon amour
Je suis allé au marché à la ferraille
Et j'ai acheté des chaînes
De lourdes chaînes
Pour toi mon amour
Et puis je suis allé au marché aux esclaves
Et je t'ai cherchée
Mais je ne t'ai pas trouvée
mon amour

Paroles

생각해 볼 문제

1. 「Chez la fleuriste」를 중심으로 프레베르의 영화적 글쓰기에 대해서 이야기해 봅시다.

2. 프레베르의 시들 중에 샹송으로 불린 것들을 찾아서 감상해봅시다.

3. "Alicante" 시의 문체적 특징에 대해서 이야기해 봅시다.

4. 프레베르의 시에 나타나는 파리와 도시인의 형상을 찾아봅시다.

참고문헌

Arnaud Laster, *Paroles de Jacques Prévert,* Hatier, 2000.

Yves Courrière, *Jacques Prévert en vérité*, Gallimard, 2002.

Raymond Espinose, *Jacques Prévert, une éthique de l'homme*, Monde Libertaire, 2007.

7) 생텍쥐페리, 『인간의 대지』
Saint-Exupéry, Antoine Marie Roger de (1900~1944) - *Terre des hommes*

대지는 우리에 대하여 모든 책보다는 더 많은 것을 가르쳐 준다. 왜냐하면 대지는 우리에게 저항하기 때문이다. 인간은 장애물과 대결하는 동안에 자기를 발견 하게 된다. La terre nous en apprend plus long sur nous que tous les livres. Parce qu'elle nous résiste. L'homme se découvre quand il se mesure avec l'obstacle. 『인간의 대지*Terre des hommes*』

앙투완 드 생텍쥐페리는 1900년 리옹Lyon에서 아버지 장 드 생텍쥐페리 백작과 어머니 마리 드 퐁콜롬브 사이의 2남 3녀의 셋째 아들로 태어났다. 4살 때 아버지를 여의고 편모슬하에서 자라지만 문학, 음악, 미술에 조예가 깊고 이해심 많은 어머니의 세심한 애정 속에서 유복한 어린시절을 보낸다. 특히 감수성이 예민한 유년시절을 리옹 근처 생모리스 드 레망에 있는 숙모의 고색창연한 대저택에서 보내며 쾌활하고 솔직하면서도 시를 좋아하는 몽상적인 소년으로 성장한다.

1909년에는 파리 서쪽의 르망으로 이사하여 그곳 생 크루아 학교에서 공부한다. 1914년에는 빌프랑슈 쉬르 손시의 몽그레 중학교에 들어갔고 다시 3개월 후 스위스의 프리부르에 있는 성요하네 학원의 기숙생으로 입학해 1917년까지 공부한다. 1917년에 대학입학자격시험에 합격한 그는 1919년까지 보쉬에 고등학교와 생루이 고등학교에서 해군사관학교 입학시험 준비를 하지만 구술시험에서 실패를 한다. 그러자 미술학교 건축과에 들어가 15개월간 공부한다. 그가 나중에 『어린왕자』의 삽화를 직접 그린 것도 이것으로 설명이 될 것이다.

1921년 스트라스부르그의 제2비행연대에서 군 복무를 시작한 생텍쥐페리는 조종사 면허를 획득하고 1921년에서 1923년까지 군항공대에서 복무하며 비행기조종사라는 천직을 발견한다. 그러나 1923년 바레스 장군이 그를 공군에 배속시키려 했을 때 약혼녀 집안의 반대 때문에 소위로 제대를 한다. 이 약혼녀와는 마침내 파혼을 하였다.

1926년 『르 나비르다르장*Le Navir d'Argent*』지에 「비행사」라는 짤막한 중편소설을 발표한 생텍쥐페리는 이후 조종사라는 극히 위험한 직업을 바탕으로 계속적인 작품 활동을 시작한다. 1926년 10월 라테코에르 항공사에 입사하여 야간비행의 주인공 리비에르의 모델인 디디에 도라를 알게 되고 1927년에는 바셰르, 메르모즈, 에스티엔, 기요메, 레크리뱅 등 그의 작품에 자주 등장하는 동료들과 함께 툴루즈-카사블랑카와 다카르-카사블랑카 사이의 우편비행을 담당한다. 그리고 그때의 체험을 바탕으로 『남방우편기*Courrier Sud*』를 1928년 프랑스에서 출판하였다. 1929년에는 아르헨티나 우편 항공사 영업주임으로 부임하였고 1930년에는 안데스 산맥에서 행방불명된 동료 기요메의 구출을 위해 5일간 수색비행을 하기도 했다. 이무렵 야간비행을 처음으로 시도해 성공으로 이끌어 가기까지 남미 대륙과 유럽에 걸친 하늘과 땅 위에서 자연의 장애와 인간의 약점을 극복하며 악전고투하는 의지의 승리를 기록한 『야간비행*Vol de nuit*』을 집필해 1931년 출판하였고 이 작품으로 페미나 문학상을 수상한다. 같은 해 스페인 여성 콩스엘로 슨신과 결혼한다.

생텍쥐페리는 문학적 명성을 얻게 된 이후에도 시험비행사로 활약하는 동시에 강연과 르포르타주를 위해 세계를 돌아다녔는데 1935년 12월31일, 파리-사이공 간 비행시간 신기록 수립을 위해 출발하였다가 리비아 사막에 불시착해 5일 만에 대상에 의해 구출되는 사건을 겪기도 한다. 또 1938년엔 뉴욕과 페고섬 간 장거리 비행 도중 과테말라에서 속도상실로 추락, 중상을 입고 스위스에서 정양한다. 이때 오랜 비행생활을 통하여 체험, 목도한 사건들과 처절한 시련 속에서 발견한 진실들을 사색인의 명상과 시인의 서정으로 엮은 대표작 『인간의 대지*Terre des hommes*』를 집필, 1939년 출간하였다.

죽을 고비를 넘기고 나서도 계속 조종간을 잡았던 생텍쥐페리는 2차대전시에는 공군으로 출전해 패잔군 조종사로서의 비통한 종군기록인 『전시조종사*Pilote de guerre*』(1942)를 출간하였고, 패전 후엔 미국에 망명하여 유태인 친구에게 보내는 글 『어느 인질에게 보내는 편지*Lettre à un otage*』(1944)를 썼으며, 시정과 철학적인 깊이에까지 도달한 『어린왕자*Le Petit Prince*』(1943)를 남겼다. 그밖에 사후에 출간된 『성채*Citadelle*』를 집필하였다.

한편, 1942년 11월 6일 연합군의 북아프리카 상륙작전이 성공하자 생텍쥐페리는 연합군 반격작전에 참가하기 위해 북아프리카에 주둔한 연합군 공군에 자원, 간신히 허가를 얻어 5회 출격조건으로 정찰비행단 복귀를 승인받았다. 그리고 1944년 7월 31일, 그로노블 안느시 상공에 마지막 출격을 나갔다가 행방불명되었다. 독일 공군에 의해 지중해에서 격추되었다는 추측이 지배적인 가운데 그의 죽음은 이후 많은 의문과 논란을 불러일으키기도 한다.

이처럼 자신의 내면에 엄청난 체험을 간직했던 생텍쥐페리는 고독한 인간에게 대자연과의 교감과 공동체 안의 유대감을 발견하게 한다. 작가는 개인들이 저마다 지니고 있는 위대한 '인간'을 깨우쳐 주며 목숨을 내건 위험한 모험이야말로 인간의 소명을 숭고하게 실현하는 것임을 찬양한 행동적 휴머니스트의 면모를 보여주었다.

주요작품

1929 *Courrier Sud*

1931 *Vol de nuit*

1939 *Terre des hommes*

1942 *Pilote de guerre*

1943 *Lettre à un otage*

1943 *Le Petit Prince*

1948 *Citadelle*, oeuvre posthume

『인간의 대지*Terre des hommes*』

1939년 5월 12일 아카데미 프랑세즈는 그해 2월『인간의 대지』를 발표한 생텍쥐페리에게 소설대상을 수여하였다. 7년 전『야간비행』으로 페미나 상을 받은 이후 두 번째 그에게 영광이 주어진 셈이다. 이 작품은 같은 해 6월『바람과 모래와 별들』이라는 제목으로 미국에서도 출판되어 '이 달의 양서'로 선정된다.

『인간의 대지』는「항공로」,「동료들」,「비행기」,「비행기와 지구」,「오아시스」,「사막에서」,「사막 한 가운데서」,「인간들」이라는 제목하의 단편적인 이야기들로 이루어진 작품으로 작가 자신의 직업비행사로서의 풍부한 경험과 동료들의 경험을 허구화 하지 않고 사실 그대로를 증언하고 있는 생텍쥐페리의 대표작이다. 또한 인간의 존엄성과 모럴을 추구한 이 책은 죽음이라는 숙명을 짊어지고 있는 인간이 어떻게 이 죽음을 초월한 영원한 존재가 될 수 있는가 하는 문제에 천착했던 생텍쥐페리의 사상의 본질을 이루는 성찰이기도 하다.

"대지는 우리에 대하여 모든 책보다는 더 많은 것을 가르쳐 준다. 왜냐하면 대지는 우리에게 저항하기 때문이다. 인간은 장애물과 대결하는 동안에 자기를 발견하게 된다."『인간의 대지』서문에 있는 이글은 위험한 행동에 정신적인 의의를 부여하고 있는 생텍쥐페리의 사상을 짐작케 하는 글로 '인간을 가치 있게 하는 것은 인간이 된다는 것이며 인간은 자기가 존재하는 그것에 몸을 바치는 것이 아니라, 될 수 있는 그것에 몸을 바친다.'는 의미를 포함한다. 예를 들어, 보석을 빛나게 하기 위해 연마제가 필요하듯이 시련은 인간 속에 잠재해 있는 가장 좋은 것을 드러내 보이기 위해 필요한 것이다. 즉 인간은 안이한 안정성을 버리고 연약한 존재로서의 자신을 탈피함으로써만 위대해질 수 있다는 것이다. 나아가 인도적인 대의를 위해 자기 자신을 버릴 때 인간은 위대해 진다는 것이다. 이 책은 "진흙 위에 숨결을 불어 넣을 수 있는 정신만이 인간을 창조할 수 있는 것이다."라는 의미 깊은 구절로 끝난다. 이것은 무의식적인 개인에게 의식을 일깨워 인간이 재창조될 수 있다는 점을 강조하는 글이다.

결국 『인간의 대지』는 인간의 모든 행동과 명상은 평범한 각자의 직분을 통하여 실천하는 가운데 이루어지며 그와 더불어 이기심을 극복한 공동체간의 유대감과 책임감을 발견하고 실현하는 것이 진정한 인간의 발견이라는, 인간성에 대한 진지하고 깊은 숙고 그리고 현대사회에 대한 냉엄한 경고까지를 담고 있는 걸작이다.

TEXTE

Dans la chambre de Mendoza où je te veillais, tu t'endormais enfin d'un sommeil essoufflé. Et je pensais : "Si on lui parlait de son courage, Guillaumet hausserait les épaules. Mais on le trahirait aussi en célébrant sa modestie. Il se situe bien au delà de cette qualité médiocre. S'il hausse les épaules, c'est par sagesse. Il sait qu'une fois pris dans l'événement, les hommes ne s'en effraient plus. Seul l'inconnu épouvante les hommes. Mais, pour quiconque l'affronte, il n'est déjà plus l'inconnu. Surtout si on l'observe avec cette gravité lucide. Le courage de Guillaumet, avant tout, est un effet de sa droiture."

Sa véritable qualité n'est point là. Sa grandeur, c'est de se sentir responsible. Responsable de lui, du courrier et des camarades qui espèrent. Il tient dans ses mains leur peine ou leur joie. Responsable de ce qui se bâtit de neuf, là-bas, chez les vivants, à quoi il doit participer. Responsable un peu du destin des hommes, dans la mesure de son travail.

Il fait partie des êtres larges qui acceptent de couvrir de larges horizons de leur feuillage. Être homme, c'est précisément être responsible. C'est connaître la honte en face d'une misère qui ne semblait pas dépendre de soi. C'est être fier d'une victoire que les camarades ont remportée. C'est sentir, en posant sa pierre, que l'on contribue à bâtir le monde.

On veut confondre de tels hommes avec les toréadors ou les joueurs. On vante leur mépris de la mort. Mais je me moque bien du mépris de la mort. S'il ne tire pas ses racines d'une responsabilité acceptée, il n'est que signe de pauvereté ou d'excès de jeunesse. J'ai connu un suicidé jeune. Je ne sais plus quel chagrin d'amour l'avait poussé à se tirer soigneusement une balle dans le coeur. Je ne sais à quelle tentation littéraire il avait cédé en habillant ses mains de gants blancs, mais je me souviens d'avoir ressenti en face de cette triste parade une impression non de noblesse mais de misère. Ainsi, derrière ce visage aimable, sous ce crâne d'homme, il n'y avait rien eu, rien. Sinon l'image de quelque sotte petite fille semblable à d'autres.

Face à cette destinée maigre, je me rappelais une vrai mort d'homme. Celle d'un jardinier, qui me disait : "Vous savez... parfois je suais quand je bêchais. Mon rhumatisme me tirait la jambe, et je pestais contre cet esclavage. Eh bien, aujourd'hui, je voudrais bêcher, bêcher dans la terre. Bêcher ça me paraît tellement beau! On est tellement libre quand on bêche! Et puis, qui va tailler aussi mes arbres?" Il laissait une terre en friche. Il laissait une planète en friche. Il était lié d'amour à toutes les terres et à tous les arbres de la terre. C'était lui le généreux, le prodigue, le grand seigneur! C'était lui, comme Guillaumet, l'homme courageux, quand il luttait au nom de sa Création, contre la mort.

Terre des hommes, Gallimard, 1972.

생각해 볼 문제

1. 생텍쥐페리를 왜 '행동주의 작가' 혹은 '행동적 휴머니스트'라고 일컫는지 그의 생애와 작품을 통해 설명해 보시오.

2. 윗글에서 말해지고 있는 '책임감responsabilité'에 대한 구절을 『어린왕자』의 내용에서 찾아보시오.

3. 『인간의 대지』 마지막 부분에 나오는 다음 구절의 의미를 생각해 보시오. "aimer ce n'est point nous regarder l'un l'autre mais regarder ensemble dans la même direction.

4. 『인간의 대지』를 통해 작가가 드러내고 있는 사상과 교훈을 현대사회에 적용하여 설명해 보시오.

참고문헌

R.-M. Albérès, *Saint-Exupéry*, Albin Michel, 1961.

J. Ancy, *Saint-Exupéry, l'homme et l'oeuvre,* Didier, 1965.

E. Chadeau, *Saint-Exupéry*, Librairie Plon, 1994.

P. Chevrier, *Saint-Exupéry*, Gallimard, 1958.

L. Estang, *Saint-Exupéry par lui-même*, Seuil, 1956.

C. Provost, *Saint-Exupéry*, Hachette, 1971.

A. Vircondelet, *Antoine de Saint-Exypéry,* Julliard, 1994.

8) 앙드레 말로, 『인간의 조건』
André Malraux (1901~1976) – *La Condition humaine*

나는 인생이 별 게 아니라는 것을 알았다. 하지만 인생만한 것도 없다. J'ai appris qu'une vie ne vaut rien, mais rien ne vaut une vie 『정복자*Les Conquérants*』

말로는 1901년 11월 3일 파리 몽마르트르에서 태어났다. 이듬해 동생이 태어난 지 석 달 만에 병으로 사망하고 부모가 이혼하면서, 말로는 어머니와 함께 파리 근교 봉디에서 식료품점을 하던 할머니 집에서 살게 된다. 그에게 불행한 유년기를 버티게 해주었던 것은 문학이었다. 뒤마, 위고, 플로베르를 거쳐 미슐레, 보들레르, 도스토예프스키 그리고 니체를 탐독하면서 방대한 문학적 교양을 쌓은 말로는 출판계에 뛰어들어 장 콕토, 레몽 라디게, 막스 자콥, 피에르 르베르디 등 당대의 유명한 문인과 예술가들과 교류하면서 문학에 관한 글들을 발표한다. 1920년에 사지테르Sagittaire 출판사 문학담당 편집장이 되고, 같은 해 4살 연상의 지적이고 활동적인 여성 클라라 골드슈미트와 결혼한다. 1923년엔 캄보디아 고고학 탐험대에 참가하고, 1925년에는 사이공에 잠시 머물게 되는데, 이때의 경험을 담아 일종의 에세이 소설인 『서구의 유혹*La Tentation de l'Occident*』(1926)을 펴내고 연이어

아시아 3부작이라 할 수 있는 소설 『정복자*Les Conquérants*』(1928), 『왕도*La Voie royale*』(1930), 『인간의 조건*La Condition humaine*』(1933)을 출판한다. 아내와 함께 전 세계를 누비고 다니던 말로는 1933년 『인간의 조건』이 공쿠르 상을 수상한 이후 비행기를 타고 사바의 여왕 유적지를 찾아나서는 모험을 하기도 한다.

1933년 히틀러의 등장과 함께 말로는 좌파 운동에 참여하게 되고, 나치즘의 희생자들에게 헌정된 『모멸의 시대*Le Temps du mépris*』(1935)를 기점으로 그의 소설은 파시즘과의 투쟁을 주제로 한 새로운 국면에 접어든다. 1936년 스페인 내전이 발발하자 공화파에 참여하여 국제여단의 비행대장을 지내고 이때의 경험을 바탕으로 소설 『희망*L'Espoir*』(1937)을 펴내고 클라라와 헤어진 1938년에는 이 소설을 영화로 만든다. 1940년 2차 대전이 일어나자 병사로 참전하여 포로로 잡혔다가 탈출, 1941년 자신의 아들을 낳은 조제트 크로티스와 재혼하여 지중해 연안에 자리를 잡는다. 비시정권 초기에는 공산주의자들에 대한 불신으로 인해 글쓰기에만 전념하며 이때 『알탕뷔르의 호두나무*Noyers de l'Altenburg*』(1943)를 스위스에서 출간한다. 1944년 봄부터 '베르제 대령'이라는 이름으로 레지스탕스 운동에 적극적으로 뛰어들며, 툴루즈에서 부상을 입고 게슈타포에 체포되었으나 갑작스런 독일군의 철수로 인해 풀려난다.

이후 열차사고로 아내 조제트를 잃은 말로는 1945년 파리가 해방되면서 드골과의 역사적인 만남을 갖게 되고, 레몽 아롱 내각에서 장관을 지내며 스탈린의 공산주의에 맞서 드골의 정치적 이념을 전파하는데 노력한다. 이 시기에 『예술 심리학*La Psychologie de l'art*』(1947, 48, 50) 3부작을 연이어 탈고하고 미술에 관한 많은 글들을 발표했으며, 1957년에는 예술의 서사시라 할 수 있는 소설 『제신의 변모*La Métamorphose des dieux*』(1957)를 출간한다. 1958년 드골이 재집권하자 문화부 장관(1959~1969)으로 재임하면서 문화재 보호에 관한 정책 수립과 문화원

창설 등 활발한 활동을 펼친다. 이후 말로는 드골과의 대담을 기록한 『쓰러진 참나무*Les Chênes qu'on abat...*』(1971), 삶과 죽음에 대한 자전적 성찰 『라자르*Lazare*』(1974), 조형예술에 대한 성찰을 담은 『덧없는 인간과 문학*L'Homme précaire et la Littérature*』(1977) 등 정력적인 저술작업을 계속하다가 1976년 만성 폐출혈로 파리 근교 크레테이유 앙리몽도르 병원에서 사망한다. 그의 유해는 화장되었다가 1996년 11월 23일 그의 기일에 맞춰 팡테옹 묘지에 안장되었다.

말로의 모험

클라라 골드슈미트와 결혼한 후 말로는 재산을 주식에 투자하지만 주가폭락으로 파산한다. 그가 앙코르바트 유적 조사대에 참여한 것은 그러한 재정상의 어려움을 타개하기 위한 목적도 있었다. 앙코르바트 사원의 조각품을 유럽으로 밀반출하려다 캄보디아 국경에서 체포되어 클라라는 불기소처분으로 풀려나지만 말로는 3년형을 받고 감옥에 있다가 1924년 부인과 다른 문인들의 청원으로 풀려난다.

『인간의 조건*La Condition humaine*』

20세기는 '세계를 변혁시키고자 하는' 사회정치적 혁명으로 점철된 시대이다. 1919년의 소비에트 혁명을 기폭제로 마르크시즘에 근거한 공산주의 혁명은 세계 각국에 도미노처럼 퍼졌고, 그 영향력은 세기말을 거쳐 20세기로 이어진다. 흔히 행동주의 문학가로 불리는 말로의 삶은 그의 작품 속 주인공의 삶과 마찬가지로 현대사의 파도－1차 대전 후의 불안, 30년대의 대공황, 그리고 파시즘의 대두 등－를 헤치고 나아가는 모험가의 삶이었다. 혼돈의 시대가 주는 위기감, 서구문명의 위기에 대한 인식과 더불어 불안한 사회를 절망적으로 살아가지 않으면 안 되는 인간의 고독과 존재의 부조리에 대한 절박한 의식이 글을 쓰게 했던 것이다. 사실 이러한 상황은 20세기 초엽 서구사회의 지성인들이 공통적으로 겪어야 했던 일종의 근원적인 존재론적 불안이었고, 바로 이러한 상황인식에서 모리악이나 베르나노스 같은 작가들이 신비적이고 초자연적인 구원의 메시지를 소설로 그려냈다면 말로는 역사의 상황에 직접 뛰어드는 '행동'을 택하고 그 경험을 작품을 통해 형상화한 것이다. 그에게 있어서 절망과 죽음의 강박관념에서 벗어나는 유일한 길은 '행동'이었다. 위험에 정면으로 맞서는 것만이 공포에서 벗어나는 방법이기 때문이다. 따라서 말로에게 있어서 죽음에 스스로를 노출시키는 것은 곧 운명을 지배하는 길이다. 상해혁명을 그린 『인간의 조건』과 스페인 내란을 소재로 한 『희망』 등에서 보는 바와 같이 말로의 주인공들은 죽음을 극복하는 수단으로 행동의 삶, 모험을 찬양한다. 여기에는 말로 자신의 비극적 확신, 한 인간이 삶과 죽음을 맞이하는 방법이야말로 그가 살아 온 모든 것에 대한 평결이라는 확신이 존재한다. 영웅적 행동이란 『인간의 조건』의 테러리스트 첸이 보여주는 것처럼 '절망한 영혼의 선택'인 것이다.

우선 중국의 국공합작과 상해혁명을 중심으로 『인간의 조건』을 구성하는 역사적 배경을 보자. 거의 같은 시기에 창당한 공산당과 국민당은 민족주의적이고 반군벌적인 투쟁을 위해서 1924년 합작을 결정한다. 이리하여 국민혁명군의 북벌이 1926년 7월에 개시되는데, 먼저 무한, 한구를 점령하고, 다음에 상해와 남경을 장악하며, 마지막으로 북경을 점령하는 것이 그 목표였다. 1926년 10월 무한을 점령한 국민혁명군은 혁명에 참여하고자 하는 군벌군대를 받아들여 전력을 강화한 후 1927년 봄에 상해를 점령하는데, 바로 이 시점에서 국공합작이 결렬된다. 그 원인은 무엇보다도 북벌이 초기 전투에서 쉽게 승리하여 성공할 가능성이 커지게 되면서 '사회혁명'과 '반제국주의' 문제 그리고 국공합작 내부에 존재하던 긴장이 표면화되었기 때문이다. 국민당에 소속된 공산당과 국민당 좌파에게 북벌은 단순히 중국의 통일을 위한 군사행동이 아니라 실질적인 사회개혁 혹은 사회혁명의 시작을 의미했고, 반면 국민당 우파 지도자들은 좌파의 활동과 대중운동에 불신하는 태도를 가지고 있었다. 결국 장개석은 1927년 4월 상해에서 쿠데타를 단행하였으며, 뒤이어 국민당 전체 관할지역 안에서 공산당과 대중운동 지도자들을 무자비하게 숙청하기 시작한다.

소설『인간의 조건』은 이러한 긴장된 역사적 순간 속에 작중인물들을 위치시킨다. 즉, 상해혁명이라는 공통된 역사적 상황에 처한 작중인물들의 다양한 삶을 교차시킴으로써 혁명이라는 사건을 다성적인 방식으로 드러내는 것이다. 전체 7부로 구성된 소설은 테러리스트 쳉이 잠자고 있는 무기밀매상을 살해하는 장면으로 시작된다. 북부군벌이 지배하고 있는 1927년의 상해에서 중국공산당은 쳉을 시켜 무기밀매상을 살해하고 무기 인도서를 탈취하려 한 것이다. 그 살인에 의해 쳉의 실존적 고독은 깊어 간다. 밀수될 무기를 손에 넣은 공산당은 폭동을 성공시키지만, 1924년의 국공합작에 의해 동맹 상태이던 장개석의 국민당 군이 상해에 진주하면서 공산당 반군에 무기인도를 요구한다. 모스크바로부터 지령을 받은 당 중앙은 국공합작을 지속시키기 위해 이 요구에 응하려 한다. 하지만 쳉과 그의 동지이자 폭동의 주동자인 키요는 정치적 음모를 감지하고 이 요구를 거부한다. 쳉은 결국 독단적으로 장개석 암살을 시도하다 실패하여 자폭한다. 장개석은 공산당과의 결별을 선언하고 4월 14일의 쿠데타를 통해 상해의 공산당을 제압하고, 체포된 키요는 협력의 유혹에 굴하지 않고 자살한다. 그 후 키요의 아버지 지조르는 그의 처남인 일본인 화가 카마를 찾아가 고오베에서 살게 되고, 키요의 아내 메이가 찾아와 모스크바로 가서 투쟁을 계속하자고 권유하지만 마르크스주의를 떠났다고 말하며 거절한다.

주요작품

1928 *Les Conquérants*

1930 *La Voie royale*

1933 *La Condition humaine*

1937 *L'Espoir*

TEXTE

Tchen tenterait-il de lever la moustiquaire? Frapperait-il au travers? L'angoisse lui tordait l'estomac; il connaissait sa propre fermeté, mais n'était capable en cet instant que d'y songer avec hébétude, fasciné par ce tas de mousseline blanche qui tombait du plafond sur un corps moins visible qu'une ombre, et d'où sortait seulement ce pied à demi incliné par le sommeil, vivant quand même — de la chair d'homme. La seule lumière venait du building voisin : un grand rectangle d'électricité pâle, coupé par les barreaux de la fenêtre dont l'un rayait le lit juste au-dessus du pied comme pour en accentuer le volume et la vie. Quatre ou cinq claxons grincèrent à la fois. Découverte? Combattre, combattre des ennemis qui se défendent, des ennemis éveillés!

La vague de vacarme retomba: quelque embarras de voitures (il y avait encore des embarras de voitures, là-bas, dans le monde des hommes...). Il se retrouva en face de la tache molle de la mousseline et du rectangle de lumière, immobiles dans cette nuit où le temps n'existait plus.

Il se répétait que cet homme devait mourir. Bêtement: car il savait qu'il le tuerait. Pris ou non, exécuté ou non, peu importait. Rien n'existait que ce pied, cet homme qu'il devait frappait sans qu'il se défendît, — car, s'il se défendait, il appellerait.

Les paupières battantes, Tchen découvrait en lui, jusqu'à la nausée, non le combattant qu'il attendait, mais un sacrificateur. Et pas seulement aux dieux qu'il avait choisis: sous son sacrifice à la révolution grouillait un monde de profondeurs auprès de quoi cette nuit écrasée d'angoisse n'était que clarté. «Assassiner n'est pas seulement tuer...» Dans ses poches, ses mains hésitantes tenaient, la droite un rasoir fermé, la gauche un court poignard. Il les enfonçait le plus possible, comme si la nuit n'eût pas suffi à cacher ses gestes. Le rasoir était plus sûr, mais Tchen sentait qu'il ne pourrait jamais s'en servir; le poignard lui répugnait moins. Il lâcha le rasoir dont le dos pénétrait dans ses doigts crispés; le poignard était nu dans sa poche, sans gaine. Il le fit passer dans sa main droite, la gauche retombant sur la laine de son chandail et y restant collée. Il éleva légèrement le bras droite, stupéfait du silence qui continuait à l'entourer, comme si son geste eût dû déclencher quelque chute. Mais non, il ne se passait rien; c'était toujours à lui d'agir.

La Condition humaine, Gallimard, 1948.

생각해 볼 문제

1. 이 작품이 말하는 인간의 조건이란 무엇인가?
2. 이 작품의 역사적 배경이 되는 상해혁명과 작품 속에 그려진 상해혁명을 비교하자면?
3. 주요 작중 인물들의 성격과 삶의 방식을 비교한다면?
4. 우리의 실존에 있어서 행동은 어떤 의미를 갖는가?

참고문헌

P. de Boisdeffre, *André Malraux*, Ed. universitaires, 1963.

M. Cool, *André Malraux : l'Aventure de la fraternité*, Desclée de Brouwer, 1996.

J. Lacouture, *Malraux, une vie dans le siècle*, Seuil, 1976.

G. Picon, *Malraux par lui-même*, Seuil, 1953.

9) 장-폴 사르트르, 『구토』
Jean-Paul Sartre (1905~1980) – *La nausée*

실존이 본질에 선행한다. L'existence précède l'essence. 『실존주의는 휴머니즘이다 *L'Existentialisme est un humanisme*』

사르트르는 1905년 6월 21일 파리에서 출생하였다. 그의 아버지는 이공과대학Ecole Polytechnique출신의 해군장교였는데, 사르트르가 한 살을 넘기자마자 사망했다. 사르트르는 어머니와 함께 10년 동안 외가에서 살게 되는데, 어머니를 통해 아프리카 의료 선교사로 잘 알려진 알베르 슈바이처 가계와 맺어진다. 아버지의 사망 후 어린 사르트를 양육하는 책임을 맡았던 외할아버지 샤를르 슈바이처가 알베르 슈바이처의 삼촌이었기 때문이다. 외할아버지 집에서 사르트르는 칭찬과 귀여움을 독차지하면서 행복한 유년기를 보냈다. 그러나 12살 때 어머니가 재혼하게 되면서 의붓아버지의 근무지인 라 로셸La Rochelle로 이사하여 중고등학교를 다니지만 학교생활에 적응하지 못하는 시기를 보낸다. 결국 다시 파리로 상경한 사르트르는 앙리 4세 중고등학교에 복교하고, 이어서 고등사범학교에 입학하여 수학한다. 그곳에서 평생의 동반자이자 계약결혼으로 유명한 시몬 드 보부아르를 만나 사귀기 시작하는 한편, 1929년 고등학교 및 대학교수자격시험에 합격한다. 곧 1936년까지 르 아브르에서 교사생활을 시작하는데, 이 시기동안 그의 문학관과 창작에 깊은 영향을 미칠 셀린, 조이스, 릴케, 포크너, 카프카, 헤밍웨이 등 현대 작가들을 발견해 나간다.

사르트르의 연구가 결실을 맺어 철학과 문학 영역에 걸쳐 많은 글이 쏟아져 나오기 시작한 시기는 다시 파리로 돌아온 후부터이다. 1936년 단행본으로 출판한 첫 번째 책은 학생시절에 쓴 논문을 정리하고 발전시킨 『상상력*L'imagination*』이었다. 이어서 저자 자신이 스페인 전쟁에 대한 감정적이며 자연스러운 반응을 표현한 것이라고 천명한 바 있는 단편소설 「벽*Le Mur*」을 세상에 내놓았고, 1938년에는 르 아브르에서 구상했던 소설 『구토*La nausée*』를 출간했다. 제2차 세계대전을 겪으면서 사르트르는 고독한 엘리트의식에서 벗어나 정치적인 세계로 뛰어든다. 즉 제2차 세계대전을 통해 참여하고 행동하는 철학자이자 문학가로서의 면모를 보이기 시작한 것이다. 전쟁기간동안 징집되어 포로수용소에 이송되기도 했던 그는 1943년 실존주의Existentialisme 철학의 기념비적 작품으로 간주되는 『존재와 무*L'Être et le Néant*』, 자신의 첫 희곡 『파리떼*Les Mouches*』를 출판했다. 또한 1945년 『현대*Temps Modernes*』라는 문학잡지를 창간하고 참여문학을 선언한다. 프랑스 뿐 아니라 전 세계적인 지성으로서의 명성을 얻게 된 그는 세계에서 벌어지는 다양한 정치적 사건에 참여하여 자신의 의사를 표현했다. 대전 후에 『닫힌 방*Huis clos*』(1945), 『공손한 창부La Putain *respectueuse*』(1946), 『더러운 손*Les Mains sales*』(1948), 『알토나의 유폐자*Les séquestrés d'Altona*』(1959)등의 희곡을 선보였으며, 『자유의 길』 3부작 소설인 『이성의 시대*L'Age de raison*』(1945), 『집행유예*Le Sursis*』(1945), 『영혼의 죽음*La mort dans l'âme*』(1949)을 썼으며, 자전소설인 『말*Les mots*』(1963)을 발표하기도 했다. 같은 시기에 평론집 『실존주의는 휴머니즘이다*L'Existentialisme est un humanisme*』(1946), 『문학이란 무엇인가?*Qu'est-ce que la littérature?*』(1947), 『보들레르*Baudelaire*』(1947), 『성 주네, 희극배우와 순교자*Saint*

Genet; comédien et martyre』(1952), 『집안의 바보*L'idiot de la famille*』(1971~1972), 철학서 『변증법적 이성비판*Critique de la Raison dialectique*』(1960) 및 몇몇 대담집을 출판하기도 했다.

노벨문학상 수상 거절

사르트르는 1964년 노벨문학상의 수상을 거절했다. 다음과 같은 두 가지 이유에서이다. 첫째는 개인적인 이유인데, 일체의 공식적인 상을 받지 않는 것이 자신의 방침이기 때문이라는 것이다. 그는 제2차 세계대전 직후에 프랑스의 레지옹 도뇌르를 사양하기도 했었다. 공식적인 상을 받는 작가는 그 사실에 의해 문학을 등급화하며 독자에게 압력을 가하고 제도권 내에 편입된다는 것이다. 둘째는 냉전시대 동서 양 진영의 문화의 모순 그 자체를 자신의 삶으로 여긴 그에게 어느 한 진영으로 편향된 상을 받을 수 없다는 이유에서이다. 그래서 그는 자신에게 레닌상이 수여된다 할지라도 마찬가지로 거절할 것이라고 말했다고 한다.

주요작품

1938 *La nausée*
1943 *L'Etre et le Néant*
1943 *Les Mouches*
1946 *L'Existentialisme est un humanisme*
1959 *Les séquestrés d'Altona*
1963 *Les Mots*

『구토*La nausée*』

『구토*La nausée*』는 1938년에 발표된 사르트르의 첫 장편소설로서 실존주의 문학의 시작을 세상에 알린 작품이다. 비평가 미셸 레몽은

『구토』가 '프랑스 소설사 속에서 발자크, 플로베르, 프루스트, 사르트르에 걸친 광대한 연봉의 마지막 봉우리와도 같다'고 평가하고 있다. 이는 이 작품이 실존주의 문학으로서의 가치 뿐 아니라 프랑스의 소설 전통에서도 매우 중요한 위치를 차지하고 있음을 의미하는 것이기도 하다.

『구토』는 앙투완 로캉텡이라는 주인공이 형이상학적 일기를 쓰는 형식으로 구성되어 있다. 주인공이자 일기를 쓰는 로캉텡의 철학적 관심들로 가득 차 있으며, 한편으로는 '에세이'와 닮아 있는 특징을 지닌다. 그러나 모험도 없고 이렇다 할 사건도 없다. 즉 '사건'이라는 차원에서 본다면 책의 끝에 이르도록 아무 일도 일어난 것이 없다고 할 수 있다. 그러나 다른 면에서 살펴 볼 때, 주인공인 로캉텡은 중요한 발견을 했다고 하겠는데, 바로 '실존'을 의식화하기에 이르렀다는 점이다. 요컨대 인간을 포함한 모든 존재는 전혀 존재 이유를 가지지 않고, 또 존재 의지조차 가지지 않은 채 단지 우연히 거기에 존재할 뿐이라는 사실을 발견하게 된다. 그리고 글쓰기라는 창조행위를 통해 부조리한 실존을 넘어설 수 있는 가능성을 모색할 수 있다는 것이 바로 로캉텡의 생각이다.

소설의 대략적인 내용은 다음과 같다: 30세의 연금생활자 앙투완 로캉텡은 드 롤르봉 후작(侯爵)이라는 역사상의 인물에 관해 조사하기 위해 부빌이라는 곳에 머물고 있다. 그는 역사학자로서 세계각지를 돌아다녔으나 지금은 18세기 프랑스 혁명기의 인물들에 관한 전기를 준비하고 있다. 그는 부빌에 머물면서 카페의 마담과 육체적 관계를 가지기도 하지만, 매우 고독하고 변화 없는 나날을 보내고 있었다. 그러던 중 주인공은 일기를 쓰게 되는데 얼마 전부터 외계(外界)의 사물이나 인간들이 가져다주는 구토증의 의미를 밝히고 싶었기 때문이다. 구토란 결국 존재 그 자체가 우연이고 부조리이며, 존재계(存在界)가 모든 의미와 필연성을 상실한 것에 대한 직접적인 체험이다. 그는 그것을 옛 애인 아니와의 6년 만의 재회를 앞두고, 공원의 마로니에를 응시하다가 직감적으로 확신하게 된다. 오랜만에 보는 아니도 옛날의 신비한 매력을 잃고 타성에 젖은 허무감 속에서 살고 있다. 절망한 로캉탱은 역사연구도 포기하고 그 곳을 떠나면서 재즈음악이 주는 감동 속에 장차 소설을 쓰는 것이 구원이 되지나 않을까 하고 희망을 가져보는 데서 소설은 끝난다.

TEXTE

Je ne peux pas dire que je me sente allégé ni content ; au contraire, ça m'écrase. Seulement mon but est atteint: je sais ce que je voulais savoir; tout ce qui m'est arrivé depuis le mois de janvier, je l'ai compris. La Nausée ne m'a pas quitté et je ne crois pas qu'elle me quittera de sitôt; mais je ne la subis plus, ce n'est plus une maladie ni une quinte passagère: c'est moi.

Donc j'étais tout à l'heure au Jardin public. La racine du marronnier s'enfonçait dans la terre, juste au-dessous de mon banc. Je ne me rappelais plus que c'était une racine. Les mots s'étaient évanouis et, avec eux, la signification des choses, leurs modes d'emploi, les faibles repères que les hommes ont tracés à leur surface. J'étais assis, un peu voûté, la tête basse, seul en face de cette masse noire et noueuse, entièrement brute et qui me faisait peur. Et puis j'ai eu cette illumination.

ça m'a coupé le souffle. Jamais, avant ces derniers jours, je n'avais pressenti ce que voulait dire "exister". J'étais comme les autres, comme ceux qui se promènent au bord de la mer dans leurs habits de printemps. Je disais comme eux "la mer est verte; ce point blanc, là-haut, c'est une mouette", mais je ne sentais pas que ça existait, que la mouette était une "mouette-existante"; à l'ordinaire l'existence se cache. Elle est là, autour de nous, en nous, elle est nous, on ne peut pas dire deux mots sans parler d'elle et, finalement, on ne la touche pas. Quand je croyais y penser, il faut croire que je ne pensais rien, j'avais la tête vide, ou tout juste un mot dans la tête, le mot "être". Ou alors, je pensais... comment dire? Je pensais l'appartenance, je me disais que la mer appartenait à la classe des objets verts ou que le vert faisait partie des qualités de la mer. Même quand je regardais les choses, j'étais à cent lieues de songer qu'elles existaient: elles m'apparaissaient comme un décor. Je les prenais dans mes mains, elles me servaient d'outils, je prévoyais leurs résistances. Mais tout ça se passait à la surface. Si l'on m'avait demandé ce que c'était que l'existence, j'aurais répondu de bonne foi que ça n'était rien, tout juste une forme vide qui venait s'ajouter aux choses du dehors, sans rien changer à leur nature. Et puis voilà: tout d'un coup, c'était là, c'était clair comme le jour: l'existence s'était soudain dévoilée. Elle avait perdu son allure inoffensive de catégorie abstraite: c'était la pâte même des choses, cette racine était pétrie dans de l'existence. Ou plutôt la racine, les grilles du jardin, le banc, le gazon rare de la pelouse, tout ça s'était évanoui; la diversité des choses, leur individualité n'étaient qu'une apparence, un vernis. Ce vernis avait fondu; il restait des masses monstrueuses et molles, en désordre — nues, d'une effrayante et obscène nudité.

La Nausée, Gallimard, 1938.

생각해 볼 문제

1. "La Nausée ne m'a pas quitté et je ne crois pas qu'elle me quittera de sitôt" 문장에서 Nausée라는 단어를 대문자로 쓴 이유와 그 의미는 무엇이라고 생각하는가?
2. 본문의 내용을 통해 주인공이 사유하고 있는 철학은 어떤 것인가?
3. 사르트르가 주장하는 존재의 우연성contingence은 로캉탱을 통해 어떻게 드러나는가?

4. 사르트르의 실존주의에서 중요한 개념들은 무엇이며 어떤 의미를 가지는가?

참고문헌

Philippe Cabestan, “L’imaginaire”, *Sartre*, Ellipses, 1999.

Annie Cohen-Solal, *Sartre:1905-1980*, Gallimard, 1999.

Dictionnaire Sartre, Ed. Champion, 2004

Sous la direction de Michel Contat, *Sartre*, Bayard, 2005

10) 사무엘 베케트, 『고도를 기다리며』
Samuel Beckett (1906~1989) - *En attendant Godot*

우리시대의 악에 대해 말하지 말자. 우리시대는 전 시대들에 비해 더 불행하지 않다. Ne disons pas de mal de notre époque, elle n'est pas plus malheureuse que les précédentes. 『고도를 기다리며*En attendant Godot*』

베케트는 1906년 4월 13일 아일랜드의 수도 더블린 근교에서 신교도 중류계층 가정의 둘째 아들로 태어났다. 1923년부터 더블린의 트리니티 대학에서 프랑스어를 공부했고, 이곳에서 학사 학위를 취득했다. 그는 대학 시절에 단테를 읽고, 연극과 영화, 특히 익살스러운 미국 영화를 두루 접하게 된다. 졸업 후 벨파스트에서 교편을 잡기도 했으나, 1928년 파리의 고등사범학교ENS 영어강사로 재직하는데, 이 때 제임스 조이스와 만나고, 초현실주의와 프루스트에 관심을 가지기 시작한다.

1930년 아일랜드로 돌아온 베케트는 교사직을 사임한 후, 본격적으로 집필 활동에 몰두하게 된다. 이 기간 동안 시, 수필, 단편 소설, 그리고 첫 장편 소설인 『머피*Murphy*』(1938)를 출간하지만 세간의 이목을 끌지는 못한다. 2차 세계대전이 시작되었을 때 파리에 있던 작가는 '레지스탕스'에 가입했다. 1942년 동료들이 체포되었다는 소식을 접한 후에,

나치에 점령되지 않은 프랑스 지방으로 피신했다가 프랑스가 해방될 때까지 농업 노동자로 살아가기도 한다. 이후 조국인 아일랜드로 잠시 돌아갔다가 1945년부터 죽을 때까지 대부분의 삶을 파리에서 보낸다.

그는 1945년부터 1949년 사이에 자신의 주요한 작품들을 집필했으나, 1951년이 되어서야 작품들이 출판되었다 : 소설 『몰로이*Molloy*』(1951), 『말론 죽다*Malone meurt*』(1951), 『리노마블*L'innommable*』(1953), 그리고 희곡 『고도를 기다리며*En attendant Godot*』(1952). 『몰로이』의 상업적인 성공과 함께 비평가들의 극찬에 힘입어, 무명작가였던 베케트가 세상에 알려지기 시작한다. 그러나 작가가 세계적인 명성을 얻게 되는 것은 『고도를 기다리며』가 1953년 1월 파리의 소극장 '떼아트르 드 바빌론'에서 상영되면서부터이다. 그 후 런던, 뉴욕에서까지 대성황을 이룬 이 연극은 '부조리극le théâtre de l'absurde'의 대표적인 작품으로 간주되어 전 세계의 이목을 집중시키기에 이른다.

이후 『승부의 종말*Fin de partie*』(1957), 『오! 아름다운 나날들*Oh! Les beaux jours*』(1963) 등의 희곡을 집필했으며, 1969년에는 노벨 문학상을 수상한다. 1989년 세상을 떠날 때까지 다수의 연극과 라디오 극본을 쓰기도 했다.

부조리극 le théâtre de l'absurde

프랑스의 부조리극은 2차 세계대전 후 외국출신 작가들에 의해 발전되었다. 2차 세계대전 후 모든 연극은 인간조건과 신에 의해 황폐해진 세계와 그 속에 존재하는 인간에 대한 불안에 찬 질문을 던지고 있다. 파리의 소극장에서 조심스럽게 시작된 부조리극은 무대장치의 전통적인 장식과 등장인물의 전통적인 역할을 거부하는 동시에, 부조리하고 고독한 등장인물의 실존적인 고뇌와 강박관념을 표현한다. 대표적인 작가로, 호소력 있는 웃음과 언어의 해체로 명성을 떨친 루마니아 출신의 외젠 이오네스코Eugène Ionesco, 비현실적인 세계와 언어를 등장시키는 특징을 지닌 러시아 출신의 아르튀르 아다모프Arthur Adamov, 그리고 아일랜드 출신의 사무엘 베케트를 꼽는다.

주요 작품

1938 *Murphy*

1951 *Molloy*

1952 *En attendant Godot*

1963 *Oh! Les beaux jours*

『고도를 기다리며*En attendant Godot*』

1948년 쓰여지고, 1952년에 희곡으로 출판된 『고도를 기다리며』는 로제 블랭Roger Blin의 연출로 처음 무대에 올려졌다. 부조리한 인간의 조건을 보여주는 이 작품은 전통적인 플롯과 언어 사용을 포기하고 새로운 연극 구조를 시도했다. 『고도를 기다리며』에서 작가는 등장인물들이 처해있는 상황을 중심으로, 같은 행동을 단조롭게 반복하게 함으로써 이야기 전개를 위한 사건을 대신하고 있다. 이것이 바로 전통적인 희곡작품과 대비되는 부조리극의 특징 중 하나이기도 하다. 세계대전 전까지 신뢰해왔던 인간의 이성과 신의 존재는 참혹하고 거대한 전쟁을 겪으면서 무력하고 절망에 빠진 세계를 구할 수 있는 어떠한 전망도 제시하지 못했다. 이미 인간이 통제하는 능력을 잃어버린 듯이 느껴지는 이 세계에서 베케트의 극적 세계는 인간상황의 극단적인 부조리를 드러내고 있는 것이다.

『고도를 기다리며』는 총 2막으로 구성되어있다. 1막이 시작되면 저녁 무렵 한 그루 헐벗은 나무가 서 있는 시골 오솔길이 무대 위에 보인다. 부랑자인 주인공 에스트라공과 블라디미르는 결코 오지 않는 어떤 절대적 존재, 고도를 기다리면서 대화를 나눈다. 고도를 기다리며 두 사람은 시간을 보내면서 잠을 자기도 하고, 다투었다가 화해하기도 한다. 그들은 자살을 해 볼까 하는 공상에 빠지기도 한다. 그러던 중, 다른 한 쌍의 인물이 무대에 등장한다. 주인인 포조는 짐을 가득 짊어진 럭키를 끌고 나타난다. 포조는 사실인지 거짓인지 알 수 없는 말로 자신과 노예 럭키에 대해서 설명한다. 석양을 바라보며 시적으로 표현하기 위해 노력하는 포조와 럭키의 엉뚱하고 앞뒤가 맞지 않는 긴 독백을 들어야만 하는 에스트라공과 블라디미르는 두 사람과 작별을 하고 계속해서 고도를 기다린다. 이 때 한 소년이 등장해서는 오늘 저녁에는 고도가 올 수 없다고 하면서, 내일은 확실히 올테니 기다려 보라는 말을 남긴다. 두 사람은 밤을 보내기 위해 어둠 속으로 사라진다.

다음 날, 같은 시각, 같은 장소에 에스트라공과 블라디미르가 등장하면서 2막이 시작된다. 1막에서도 서 있었던 헐벗은 나무에는 이제 몇 개의 잎이 달려있다. 1막에서와 마찬가지로 두 사람은 먹고, 자고, 신발을 신으려고 애를 쓰고, 포조와 럭키의 흉내를 내면서 시간을 보낸다. 그러던 중 어느새 장님이 된 포조를 럭키가 끌고 등장한다. 네 인물은 서로 넘어지고 일으켜 세우려다 다시 넘어지는 아수라장을 겪는다. 이러한 상황이 수습된 후, 포조는 에스트라공과 블라디미르를 기억하지 못하며, 럭키는 벙어리였다고 주장하기도 하다가 무대를 떠난다. 또다시 둘만 남게된 에스트라공과 블라디미르는 포조가 거짓말을 한 것인지, 혹시 포조가 그들이 기다리는 고도는 아닌지, 이 모든 일이 꿈이 아닌지 의문에 휩싸인다. 이 때 그 전날과 마찬가지로 한 소년이 등장해서는 자신은 이곳에 처음 오는 것이라고 주장하면서, 전날과 같은 메시지를 전달하고 사라진다. 두 인물은 전날처럼 목을 매어 죽을까하는 생각을 한다. 그러나 그들은 전날과 마찬가지로 밤을 보내기 위해 어딘가로 피해 있다가, 다시 동일한 자리로 되돌아와야 하는 운명이다.

TEXTE

Dans un décor presque vide, deux chemineaux, Vladimir et Estragon, discutent de tout et de rien en attendant Godot qui ne vient jamais.

Estragon revient au centre de la scène, regarde vers le fond.

ESTRAGON Endroit délicieux. (Il se retourne, avance jusqu'à la rampe, regarde vers le public.) Aspects riants. (Il se tourne vers Vladimir.) Allons-nous en.

VLADIMIR On ne peut pas.

ESTRAGON Pourquoi?

VLADIMIR On attend Godot.

ESTRAGON C'est vrai. (Un temps) Tu est sûr que c'est ici?

VLADIMIR Quoi?

ESTRAGON Qu'il faut attendre.

VLADIMIR Il a dit devant l'arbre. (Il regardent l'arbre.) Tu en vois d'autres?

ESTRAGON Qu'est-ce que c'est?

VLADIMIR On dirait un saule.

ESTRAGON Où sont les feuilles?

VLADIMIR Il doit être mort.

ESTRAGON Finis les pleurs*.

VLADIMIR A moins que ce ne soit pas la saison.

ESTRAGON Ce ne serait pas plutôt un arbrisseau?

VLADIMIR Un arbuste.

ESTRAGON Un arbrisseau.

VLADIMIR Un - (Il se reprend.) Qu'est-ce que tu veux insinuer? Qu'on s'est trompé d'endroit?

ESTRAGON Il devrait être là.

VLADIMIR Il n'a pas dit ferme qu'il viendrait.

ESTRAGON Et s'il ne vient pas?

VLADIMIR Nous reviendrons demain.

ESTRAGON Et puis après-demain.

VLADIMIR Peut-être.

ESTRAGON Et ainsi de suite.

VLADIMIR C'est-à-dire...

ESTRAGON Jusqu'à ce qu'il vienne.

VLADIMIR Tu es impitoyable.

ESTRAGON Nous sommes déjà venus hier.

VLADIMIR Ah non, là tu te goures.

ESTRAGON Qu'est-ce que nous avons fait hier?

VLADIMIR Ce que nous avons fait hier?

ESTRAGON Oui.

VLADIMIR Ma foi... (Se fâchant) Pour jeter le doute, à toi le pompon.

En attendant Godot, Ed. de Minuit, 1952.

생각해 볼 문제

1. 에스트라공과 블라디미르 사이의 의사소통은 잘 이루어지고 있는가? 두 인물이 나누는 나무와 고도에 대한 대화는 어떻게 구성되어 있는가?
2. 베케트는 이 장면을 통해 무엇을 표현하고 있다고 생각하는가?
3. 이 지문에서 부조리극과 관련해서 어떤 특성이 발견되는가?
4. 이 작품에서 등장인물들은 왜 고도를 기다리고 있으며, 고도가 무엇을 의미한다고 생각하는가?

참고문헌

Betty Rojtman, *Forme et signification dans le théâtre de Beckett*, Nizet, 1987.

Enoch Brater, *The Drama in the Text: Beckett's Late Fiction*, Oxford University Press, 1994.

Pascale Casanova, *Beckett l'abstracteur: anatomie d'une révolution littéraire*, Seuil, 1997.

Dider Anzieu, *Beckett*, Gallimard, 1999.

11) 르네 샤르, 『분노와 신비』
René Char (1907~1988) - *Fureur et mystère*

자신 앞에 미지의 것이 없다면 어떻게 살아갈까? Comment vivre sans inconnu devant soi?

샤르는 프로방스에 위치한 일-쉬르-라 소르그L'Isle-Sur-la Sorgue에서 태어난다. 친할아버지가 터를 닦은 저택에서 유년시절을 보내게 되는데, 그의 작품 속에서 '잃어버린 낙원'으로 끊임없이 형상화되는 장소가 된다. 행복했다고 말할 수 있었던 유년시절은 제1차 세계대전의 시작과 라 소르그의 시장이었던 아버지의 죽음으로 어두운 그림자가 드리워진다. 아버지의 죽음 이후 급격히 기우는 가정 형편으로 경제적 어려움을 겪게 된다. 19살에는 마르세유에 있는 상업학교에 다니기 시작하면서 구(舊)항구에서 장사를 한다. 술집 등에 위스키와 채소를 갖다 대면서 생활비를 충당하고, 독일과 프랑스 낭만주의 시들을 탐독하면서 시인의 길을 모색한다. 1922년에서 1926년 사이에 쓴 글들을 모아 첫 번째 시집 『마음 위의 타종들*Les cloches sur le coeur*』을 출간한다.

1929년 그와 변함없는 우정을 나누게 되는 시인 폴 엘뤼아르Paul Eluard와 만난다. 엘뤼아르의 소개로 파리에서 당시 쉬르리얼리즘 문학의 핵심멤버들이던 앙드레 브르통, 루이 아라공, 르네 크르벨 등과 만나게 된다. 의기투합, 『혁명에 봉사하는 초현실주의*Le Surrealisme au service de la révolution*』잡지에 글을 싣기 시작한다. 이때부터 달리, 미로, 칸딘스키, 피카소 등과 함께 예술적 영감을 교류한다. 하지만 시집 『주인 없는 망치*Le Marteau sans maître*』(1934)를 발표한 후, 무의식의 세계에 경도된 초현실주의 그룹과 결별하고 고향으로 낙향한다. 한편으로는 소크라테스 이전 철학자들의 작품에 심취한다. 특히 철인(哲人) 헤라클레이토스로부터 많은 영향을 받게 된다.

제2차 세계대전 당시에는 알프스 남쪽 지방을 담당했던 레지스탕스 운동의 책임자로 항독운동을 벌인다. 그 기간 동안 자신의 절친한 친우들을 잃고 자신도 심한 부상을 당한다. 1944년 파리가 해방되면서 프랑스 정부로부터 대독 협력자들의 재판에 참가해 줄 것을 요청받았으나, 이러한 재판은 또 다른 상처를 낳게 된다는 이유로 거부한다. 오랜 공백기를 깨고 전쟁의 경험들이 형상화된 시집 『분노와 신비*Fureur et mystère*』(1948)를 시작으로 샤르는 프랑스를 대표하는 시인 반열에 오른다. 그의 시는 경험의 상황적인 차원들을 승화시켜 일구어 낸 진정한 "시의 시poème du poème"로 평가받는다. 시집 외에도 희곡 『클레르*Claire*』와 『물의 태양*Le Soleil des eaux*』을 간행한다. 두 작품 모두 고향의 산천을 배경으로 하고 있으며 시적인 대화들이 돋보인다. 『물의 태양』은 샤르의 희곡작품들 중 가장 많이 알려진 작품으로서 누벨바그의 기수 장 폴 루에 의하여 영화로 만들어진다.

1955년부터 독일 철학자 마르틴 하이데거와 지속적인 만남을 갖게 된다. 20세기 프랑스의 대표적인 작곡가 피에르 불레즈는 샤르의 『주인 없는 망치』를 교향곡으로 만들어서 바덴바덴에서 초연한다. 대부분의 시간을 고향에서 생활하며 고향의 자연을 배경으로 한 다수의 시집들을 남긴다. 1983년 생존 작가의 경우 전집을 출간하지 않는 관례를 깨고 갈리마르의 플레이아드Pléiade 총서에서 샤르의 전집을 간행한다. 전집 간행 이후에도 계속 시를 집필한다. 심장마비로 고향에서

81세의 일기로 영면한다.

『분노와 신비*Fureur et mystère*』

"나는 순응하는 시를 쓰지 않으리라."고 언명했던 샤르의 도저한 '저항 정신'은 자신이 몸담았던 초현실주의 시대부터 시작된다. 초현실주의에 해당하는 그의 초기 작품들은 진정한 혹은 새로운 소통을 불가능하게 만드는 언어의 관습적 사용과 세계에 대한 안이한 확신들에 맞선 저항정신이 관류한다. 무의식과 꿈의 세계에 전적으로 가치를 부여했던 초현실주의 또한 결국 그에게 있어서 극복해야할 하나의 이데올로기가 된다. 따라서 문학 평론가 장 보엘미Jean Boellemy가 1989년르네 샤르 사후 1주기를 맞이하여 출간된 평론집에서, 샤르의 시작품들 자체가 그것을 체계화시켜 보려는 모든 의도들을 결국 절망하게 만든다는 언급은 매우 시사적이다. 이러한 그의 획일화 될 수 없는 정신은 또한 다양한 형태의 글쓰기를 통해 구현된다. 즉, 아포리즘적인 간결한 글쓰기로부터 그의 글에서 가장 빈번한 산문시, 희곡의 한 대목을 떠올리게 하는 대화체 시, 고전적인 운율을 지켜가는 연시들이 초기부터 시집들마다 아우러지고 있다.

초현실주의와 결별한 후 고향으로 돌아온 샤르의 시 세계는 질적 변환을 거친다. 시학자 조르즈 무넹Goreges Mounin은 샤르의 시에 등장하는 은유들은 이때부터 "지성(知性)적 작용이 아니라 고향의 향토적 감각에서 비롯된다."고 요약한다. 샤르의 작품 속에서 고향이라는 장소는 가장 많은 경우 지각적 통합성unité perceptive이 만들어지는 원초적 자리로 형상화된다. 고향의 자연환경에 대한 재발견은 시집 『*Moulin premier*』(1936)에서부터 확연하게 나타난다. "Moulin premier"라는 제목 자체가 이미 샤르가 태어난 마을인 일-쉬르-소르그를 가로

질러 흐르는 강과 그 곳에 위치한 오래된 물레방아들을 떠올리게 하기 때문이다. 아울러 그 고장에 있는 길 이름 중의 하나가 "Moulin premier"라는 점에서도 고향의 구체적인 장소와 자연이 샤르 시의 으뜸 주제가 되고 있음을 짐작토록 해준다.

샤르의 시 속에서는 인간이 만든 고정된 가치를 넘어서서 원래 존재하는 자연 속의 가치를 발견하고 재현하는 시도들을 빈번히 만나게 된다. 일테면 샤르가 표현한 것처럼, 꽃이 핀 산사나무는 언어의 마술사인 시인의 첫 번째 알파벳이 된다.("L'aubepine en fleur fut mon premier alphabet.") 따라서 시인의 상상력은 눈앞에서 바로 드러나지는 않으나 나무 한그루와 그 잎과 그 뿌리와 그 열매와 같은 자연의 요소들 속에 언제나 내재해 있는 순환적 생명력과 "창조적 힘"을 새롭게 발견하는 것이기도 하다. 그것은 꽃이 핀 산사나무로부터 탄생한 첫 번째 알파벳이 한편의 시가 되는 수많은 경로와 현상에 대한 상상력이기도 할 것이다. 따라서 샤르의 상상력은 자연 속의 모든 것들이 그냥 아무렇게나 존재하는 것이 아니라 서로가 서로에게 의미 있는 존재가 될 수 있다는 생생한 체험 속에서 출발한다. 그래서 시인은 귀뚜라미의 우는 소리사이에 깃들어 있는 침묵으로부터 "말을 극도로 절제하는" 시의 이치를 배우고, 작은 씨앗들에서는 인간의 개별적 고독까지 물리치는 우주적인 유대성의 현존을 감득한다. 때문에 샤르의 고향에서 자주 시인과 함께 휴식을 취했던 알베르 카뮈Albert Camus의 다음과 같은 질문은 유효하다. "그대들이 세워놓은 도시들과 학교들은 무엇에 쓸까?"

샤르의 작품들 속에서 돋보이는 형식적 특징 중의 하나는 의미가 길항하는 언어들의 연속적인 결합이다. 가령, "기슭과 정상의 탐색Recherche de la base et du sommet", "분노와 신비Fureur et mystère", "경련하는 고요에게A une sérénité crispée"와 같은 시의 제목들에서도 이러한 특징은 분명하게 드러난다. 그리고 그러한 과정 속에서 모든 결정화, 혹은 고착화를 무화시키는 "불확정 상태의 지평"이 열린다. 이를테면 라 소르

그 강은 샤르의 시 속에 등장하는 고향의 수많은 자연물들 속에서 이행의 순간들을 담보하는 원형으로서 작동된다. 강은 '다음에서 다음으로 무차별적으로 이어질 뿐인' 시간의 지속으로서가 아니라, 탄생과 고통, 파열과 응결이 매 순간들마다 새롭게 빛을 발하는 긴장의 정점들을 형성하면서 흘러간다. 샤르의 강이 종국적으로 이르게 되는 하류는 이행의 끝이 아니라, "연속적인 탄생naissances successives"의 장소(場所)가 되는 또 다른 원천으로 형상화된다. 따라서 샤르의 시편들은 그의 고향 또한 단순한 안식의 장소가 아니라 매순간 새로운 출발의 장소로서 거듭나는 것을 보여준다.

샤르의 작품 속에서 이른바 시적 시간이라고 일컬어지는 정오, 새벽, 일몰, 분출(샘)의 순간들은 단순한 물리적 시간성에 대항하는 변전의 순간들을 구축한다. 이러한 순간들은 비-결정화된 상황들을 만들어 낸다. 지속의 진부함을 뛰어넘어 순간성과 영원성이 하나가 되는 삶의 새로운 지속, 그 끝에 미래(未來)는 진정한 미지(未知)로서 펼쳐진다. 그것은 다름 아닌 샤르가 지향했던 미래로의 "섬광과 같은" 이행이기도 하다.

주요작품

1934 *Le Marteau sans maître*
1946 *Les Feuillets d'Hypnos*
1948 *Fureur et mystère*
1955 *Recherche de la base et du sommet*
1962 *La Parole en archipel*
1964 *Commune présence*
1971 *Le Nu perdu*
1983 *Oeuvres complètes*

TEXTE

Marthe

Marthe que ces vieux murs ne peuvent pas s'approprier, fontaine où se mire ma monarchie solitaire, comment pourraisje vous oublier puisque je n'ai pas à me souvenir de vous: vous êtes le présent qui s'accumule. Nous nous unirons sans avoir à nous aborder, à nous prévoir comme deux pavots font en amour une ané-mone géante.

Je n'entrerai pas dans votre cœur pour lim-iter sa mémoire. Je ne retiendrai pas votre bouche pour l'empêcher de s'entrouvrir sur le bleu de l'air et la soif de partir. Je veux être pour vous la liberté et le vent de la vie qui passe le seuil de tou-jours avant que la nuit ne devienne introuvable

Le martinet

Martinet aux ailes trop larges, qui vire et crie sa joie autour de la maison. Tel est le coeur.

Il dessèche le tonnerre. Il sème dans le ciel serein. S'il touche au sol, il se déchire.

Sa repartie est l'hirondelle. Il déteste la familière. Que vaut dentelle de la tour?

Sa pause est au creux le plus sombre. Nul n'est plus à l'étroit que lui.

L'été de la longue clarté, il filera dans les ténèbres, par les persiennes de minuit.

Il n'est pas d'yeux pour le tenir. Il crie, c'est toute sa présence. Un mince fusil va l'abattre. Tel est le coeur.

Ecriture aphoristique

Epouse et n'épouse pas ta maison.

Le poème est l'amour réalisé du désir demeuré désir.

L'éclair me dure.

Ne te courbe que pour aimer. Si tu meurs, tu aimes encore.

Si nous habitons un éclair, il est le coeur de l'éternel.

L'obsession de la moisson et l'indifférence à l'Histoire sont les deux extrémités de mon arc. L'ennemi le plus sournois est l'actualité.

On ne partage pas ses gouffres avec autrui, seulement ses chaises.

Le poète est la partie de l'homme réfractaire aux projets calculés.

Supprimer l'éloignement tue. Les dieux ne meurent que d'être parmi nous.

Chacun vit jusqu'au soir qui complète l'amour.

Le poème est toujours marié à quelqu'un.

Nous sommes ingouvernable. Le seul maître qui nous soit propice, c'est l'Eclair, qui tantôt nous illumine et tantôt nous pourfend.

생각해 볼 문제

1. 샤르 작품 속에서 “Union contradictoire”가 실행되는 표현들을 찾아보고 그 의미들을 토론해봅시다. (Ex : Epouse et n’épouse pas ta maison.)

2. 샤르 시에 나타난 프로방스적인 풍경들에 대해서 알아봅시다.

3. 샤르 외에도 레지스탕스 운동에 참가했던 20세기 프랑스 시인들에 대해서 알아봅시다.

참고문헌

Georges Mounin, *Avez vous lu Char?,* Gallimard, 1947.

Eric Marty, *René Char,* Seuil, 1990.

Isabelle Ville, *La poétique de résistance de René Char*, PUS, 2007.

12) 알베르 카뮈, 『이방인』
Albert Camus (1913-1960) – *L'étranger*

우리가 믿는 것과는 반대로, 희망은 체념과 대등하다. 그리고 산다는 것은 체념하지 않는 것이다. L'espoir, au contraire de ce qu'on croit, équivaut à la résignation. Et vivre, c'est ne pas se résigner. 『결혼*Noces*』

카뮈는 1913년 11월 7일, 프랑스 식민지였던 알제리의 지중해 연안에 있는 작은 마을 몽도비에서 가난한 집 둘째 아들로 태어났다. 그의 아버지는 1871년 알제리로 이주한 알자스 지역 출신의 포도 농장 노무자였고, 어머니는 마조르카 섬 태생의 스페인계 출신이었다. 설상가상으로 제1차 세계대전에 참전했던 아버지가 부상을 입고 사망하게 되면서, 카뮈는 어린 나이에 가난이라는 현실을 마주 대해야 했다. 그러나 총명했던 카뮈는 알제 고등학교에 장학생으로 진학했고, 남달리 독서를 좋아하여 책 속에서 현실적인 것을 보상받고자 했다. 특히 앙드레 지드의 『사전꾼들』, 『지상의 양식』등이 청소년기의 카뮈에게 큰 영향을 미쳤다.

한편 카뮈는 가난한 환경에도 불구하고 풍요로운 자연을 만끽하며 자랐다. 그에게는 정신적인 자유와 행복을 가져다주는 태양과 바다가 늘 곁에 있었다. 이러한 체험은 그가 성장한 후 작가가 된 후에 그의 문학과 사상을 풍성하게 하는 밑거름이 되기도 한다.

17세 때 처음 폐결핵을 앓는데, 이 병은 후에도 여러 차례 재발하여 카뮈를 괴롭힌다. 이어서 알제 대학 철학과에 입학한 카뮈는 그의 일생의 스승인 장 그르니에Jean Grenier교수를 만나 깊은 영향을 받는다. 1935~1936년, 카뮈는 <노동극장>을 창단하여 지중해 문학운동을 전개하기도 했으며, 그후 진보적 신문 『알제 레퓌블리켕』신문의 기자로서 알제리의 정치적 문제를 날카롭게 파헤치는 적극성을 보여주기도 했다. 1936년 『기독교적 형이상학과 신플라톤 철학』이라는 주제의 졸업 논문을 제출한 카뮈는 고등교육수료증을 받았지만, 이듬해 교수자격시험에서 폐결핵 환자라는 이유로 거절당하는 아픔을 겪는다.

카뮈가 1937년 처음으로 출판한 작품은 『표리*L'envers et l'endroit*』인데, 어린 시절의 어둡고 가난한 생활과 어머니와 외할머니에 대한 이야기가 주를 이루고 있다. 알제리의 시골에 대한 서정적인 풍경이 담겨 있는 『결혼*Noces*』(1939)은 가난한 사람들이 온전히 누릴 수 있는 자연의 아름다움을 보여준다. 이후 활동 무대를 파리로 옮긴 카뮈는 자신을 실존주의의 대가로 추앙받도록 한 『이방인*L'étranger*』(1942)을 출간했으며, 이듬해에는 『이방인』의 철학적 해설서라 할 수 있는 『시지프스의 신화*Le mythe de Sisyphe*』를 세상에 내놓았다. 카뮈는 2차 대전 중 파리가 독일치하에 있던 시기에 지하신문 『전투*Combat*』를 발간하기도 한다. 또한 1947년에는 『페스트*La peste*』라는 장편소설을 출간하는데, 이 작품은 오랑이라는 도시에서 전염병 페스트라는 인류의 상징적인 적과 싸우는 휴머니스트들의 연대의식을 그리고 있다. 『반항인*L'homme révolté*』(1951)에서는 반항이라는 개념과 정치적·역사적 혁명을 대비시켰다. 그 외의 소설로는 『전락*La chute*』(1956), 『적지와 왕국*L'exil et le royaume*』(1957) 등이 있다. 한편 카뮈는 연극과 희곡 작품에 대한 열정을 보였는데, 알제리에서 활동하던 젊은 시절부터 꾸준하게

희곡을 선보였다: 『오해*Le malentendu*』(1944), 『칼리굴라 *Caligula*』(1945), 『계엄령*L'Etat de siège*』(1948), 『의인들*Les justes*』(1949)

1957년 프랑스의 작가로서는 아홉 번째로 노벨문학상을 수상한 카뮈는 프랑스인으로서는 최연소 수상자라는 영예를 안기도 했다. 1960년 1월 4일 루르마랭에서 친구와 함께 승용차로 파리로 가던 중 가로수를 들이받는 불의의 사고를 당해 사망했다.

사르트르 VS 카뮈

20세기 중반 프랑스를 대표한 두 좌파 지성은 실존주의 철학과 문학을 발전시킨 사르트르와 카뮈이다. 실제로 카뮈는 사르트르의 소설 『구토』를 읽고 깊은 영감을 받았다고 하며, 이후 카뮈가 『이방인』을 출간한 이후 그들 사이의 우정은 더 할 나위 없이 돈독했다. 사르트르와 카뮈의 우정에 금이 가기 시작한 것은 2차 대전 이후 대독협력자들에 대한 숙청 문제에 있어서였는데, 레지스탕스에 적극적으로 가담했던 카뮈보다 소극적이었던 사르트르가 훨씬 더 단호했다고 한다. 그리고 1950년대에 들어 이들이 이념적으로는 다시 만날 일이 없게 된 계기는 카뮈가 『반항인』을 쓴 이후이다. 이 작품을 통해 카뮈는 스스로 실존주의자도 마르크스주의자 – 양극화가 시작된 당시 자신의 색깔을 부여받기 위해 반드시 거쳐야 할 프리즘과도 같던 – 도 아님을 밝히고 있다. 이러한 이유에서 사르트르는 카뮈 사상 전반에 대해 '철학적 무능'이라고 일축해 버리게 되고, 카뮈는 좌파로부터 파문당하는 결과를 좌초하게 된 것이다.

주요작품

1942 *L'étranger*

1943 *Le mythe de Sisyphe*

1945 *Caligula*

1947 *La peste*
1951 *L'Homme révolté*

『이방인*L'étranger*』

2부로 구성된 이 소설은 1942년에 발표된 카뮈의 대표적인 작품으로서 당시 프랑스 문학계 뿐 아니라 전 세계적으로 큰 정신적 파문을 불러일으킨 명작이다. 카뮈는 『이방인』의 주인공 '뫼르소'를 통해 부조리한 세상에 반항하는 인간을 그리고 있는데, 그의 추상적인 실존철학을 소설 속에서 실재화 시키고 있다. 이듬해에 출판된 『시지프스의 신화』는 『이방인』에 대한 철학적 사유를 심도 깊게 해설하는 작품이다. 카뮈의 부조리 사상을 잘 나타내는 이 두 작품 속에 등장하는 뫼르소와 신화적 인물인 시지프스는 부조리한 사유와 행동, 이율배반적인 운명, 그리고 궁극적으로 그것에 반항함으로써 그들의 모순된 존재를 반전시키기에 이른다.

1부는 주인공 뫼르소가 어머니의 사망 소식을 듣고 장례식에 참석하기 위해 양로원으로 가는 것으로 시작된다. 뫼르소는 그곳에서 일어나는 모든 일들에 대해서 수동적으로 관찰할 뿐 직접적으로 간여하지 않는 모습을 보인다. 또한 어머니의 시신 앞에서 담배를 피우면서도 크게 잘못되었다고 생각하지 않는다. 장례식 다음날, 그는 바로 해수욕을 가고 거기에서 전에 자기 회사의 타이피스트였던 마리를 만나 그녀와 함께 즐긴다. 그러던 중 이웃에 사는 레이몽이 뫼르소를 해변에 있는 그의 친구 별장으로 마리와 함께 초대한다. 뫼르소, 레이몽, 그의 친구는 해변을 산책하다가 우연히 레이몽의 정부의 동생인 아랍인 청년들을 만난다. 그들과 시비가 붙어 레이몽이 손에 상처를 입게 되고, 그러던 중 뫼르소가 레이몽의 권총을 빼들어 아랍인을 쏘아 죽인다.

2부는 감옥에 갇혀 있는 뫼르소와 지루하게 이어지는 그의 재판에 대한 내용으로 이루어져 있다. 뫼르소는 자유가 박탈된 감옥의 불편한 생활에 곧 익숙해진다. 그는 재판 중에 사실을 사실대로 알리기 위해 모든 사실을 있는 그대로 말하지만 어느 누구도 그것을 믿으려 하지 않는다. 바닷가의 여름 태양이 너무 눈부셨기 때문에 사람을 죽였다고 주장했기 때문이다. 더욱이 뫼르소가 평소 무심하고도 무의미하게 행동했던 일들이 모두 그의 범죄를 정당화하는 간접적인 자료가 된다. 그는 속죄의 기도도 거부하며, 자기는 과거에나 현재에도 행복하다고 공언한다. 뫼르소가 자신이 처형되는 날은 많은 군중이 밀려들 것을 기대하며 이 작품은 끝난다.

TEXTE

Dès qu'il m'a vu, il s'est soulevé un peu et a mis la main dans sa poche. Moi, naturellement, j'ai serré le révolver de Raymond dans mon veston. Alors de nouveau, il s'est laissé aller en arrière, mais sans retirer la main de sa poche. J'étais assez loin de lui, à une dizaine de mètres. Je devinais son regard par instants, entre ses paupières mi-closes. Mais le plus souvent, son image dansait devant mes yeux, dans l'air enflammé. Le bruit des vagues était encore plus paresseux, plus étale qu'à midi. C'était le même soleil, la même lumière sur le même sable qui se prolongeait ici. Il y avait déjà deux heures que la journée n'avançait plus, deux heures qu'elle avait jeté l'ancre dans un océan de métal bouillant. A l'horizon, un petit vapeur est passé et j'en ai deviné la tache noire au bord de mon regard, parce que je n'avais pas cessé de regarder l'Arabe.

J'ai pensé que je n'avais qu'un demi-tour à faire et ce serait fini. Mais toute une plage vibrante de soleil se pressait derrière moi. J'ai fait quelques pas vers la source. L'Arabe n'a pas bougé. Malgré tout, il était encore assez loin. Peut-être à cause des ombres sur son visage, il avait l'air de rire. J'ai attendu. La brûlure du soleil gagnait mes joues et j'ai senti des gouttes de sueur s'amasser dans mes sourcils. C'était le même soleil que le jour où j'avais enterré maman et, comme alors, le front surtout me faisait mal et toutes ses veines battaient ensemble sous la peau. A cause de cette brûlure que je ne pouvais plus supporter, j'ai fait un mouvement en avant. Je savais que c'était stupide, que je ne me débarrasserais pas du soleil en me déplaçant d'un pas. Mais j'ai fait un pas, un seul pas en avant. Et cette fois, sans se soulever, l'Arabe a tiré son couteau qu'il m'a présenté dans le soleil. La lumière a giclé sur l'acier et c'était comme une longue lame étincelante qui m'atteignait au front. Au même instant, la sueur amassée dans mes sourcils a coulé d'un coup sur les paupières et les a recouvertes d'un voile tiède et épais. Mes yeux étaient aveuglés derrière ce rideau de larmes et de sel. Je ne sentais plus que les cymbales du soleil sur mon front et, indistinctement, le glaive éclatant jailli du couteau toujours en face de moi. Cette épée brûlante rongeait mes cils et fouillait mes yeux douloureux. C'est alors que tout a vacillé. La mer a charrié un souffle épais et ardent. Il m'a semblé que le ciel s'ouvrait sur toute son étendue pour laisser pleuvoir du feu. Tout mon être s'est tendu et j'ai crispé ma main sur le revolver. La gâchette a cédé, j'ai touché le ventre poli de la crosse et c'est là, dans le bruit à la fois sec et assourdissant, que tout a commencé. J'ai secoué la sueur et le soleil. J'ai compris que j'avais détruit l'équilibre du jour, le silence exceptionnel d'une plage où j'avais été heureux. Alors, j'ai tiré encore quatre fois sur un corps inerte où les balles enfonçaient sans qu'il y parût. Et c'était comme quatre coups brefs que je frappais sur la porte du malheur.

L'Etranger, Gallimard, 1942.

생각해 볼 문제

1. 본문에서 주인공 뫼르소가 아랍인을 향해 권총을 쏜 행위는 어떤 동기를 가진다고 생각하는가?

2. 이방인의 뫼르소는 무고(無辜)한지에 대해서 토론해보자.

3. 카뮈가 외치는 '부조리'는 무엇을 의미하는가?

4. 사르트르와 카뮈의 실존주의가 어떤 점에서 동일하며, 또 상이한가?

참고문헌

Paul Ginestier, *La Pensée de Camus*, Bordas, 1979.

Olivier Todd, *Albert Camus: une vie*, Gallimard, 1996.

Paul-F. Smets, *Albert Camus*, Ellipses, 1999.

Jean-Jacques Gonzalez, *Albert Camus l'Exil absolu,* Manucius, 2007.

13) 마르그리트 뒤라스, 『연인』

Marguerite Duras (1914~1996) - *L'Amant*

<글쓰기는 말하지 않는 것이다. 그것은 침묵하는 것이다. 그것은 소리 없는 아우성이다. Ecrire c'est aussi ne pas parler. C'est se taire. C'est hurler sans bruit.> 『글쓰기』

마르그리트 뒤라스는 1914년 4월 4일 프랑스 식민지였던 베트남의 사이공 근교 지아딘에서 마르그리트 도나디외로 태어났다. 그녀의 부모는 본국에서 이주해 온 교사였으며, 마르그리트는 그들의 세 번째 아이로 위에 두 명의 오빠가 있었다. 그러나 뒤라스가 네 살이 되던 해, 아버지가 전염성 이질에 감염되어 프랑스로 이송된 후 세상을 떠난다. 프랑스어 교사였던 어머니는 세 아이를 홀로 양육하게 되고, 뒤라스의 가족은 식민국에서 백인으로서 누릴 수 있는 많은 부분을 포기하고 살아가게 된다. 인도차이나에서 특별한 어린 시절을 보낸 뒤라스는 후에 작가가 되어 자신의 체험을 여러 차례 글로 쓴다. 베트남에서 대학입학시험을 치른 뒤라스는 1932년에 프랑스로 영구 귀국하고, 파리에서 수학, 법학, 정치학을 공부한다.

대학을 마친 후, 그녀는 생계를 위해 식민지청과 출판협회 등에서 근무하다가, 1943년 첫 소설 『철면피들*Les impudents*』을 필명인 뒤라스로 출간한다. 이후 그녀는 뒤라스라는 이름으로 평생 동안 약 40여 권의 작품들을 집필하게 된다. 2차 세계대전 중에는 프랑수와 미테랑 François Mitterrand과 함께 레지스탕스 활동을 전개했으며, 당시 첫 남편이었던 로베르 앙텔므Robert Antelme가 나치 수용소에 감금된 후 그의 귀환을 기다리며 느낀 고통과 괴로움을 후일 일기체 소설 『고통*La douleur*』(1985)으로 출판한다. 처녀작 발표 이후 뒤라스는 『조용한 삶 *La vie tranquille*』(1944), 『태평양을 막는 방파제*Un barrage contre le Pacifique*, 1950』, 『모데라토 칸타빌레*Moderato Cantabile*』(1958), 『롤 V. 스타인의 황홀*Le Ravissement de Lol. V. Stein*』(1964), 『부영사*Le vice consul*』(1965), 『연인*L'Amant*』(1984), 『여름비*La pluie d'été*』(1990), 『북중국의 연인*L'Amant de la Chine du Nord*』(1991)등의 소설을 썼다. 그녀의 작품들은 전통적인 소설의 규칙을 붕괴시키는데, 연대기적, 지형학적, 심리학적인 체계에 의존하는 서술을 지양한 글쓰기를 이어나가기 때문이다. 특히 『모데라토 칸타빌레』는 누보 로망식의 새로운 글쓰기를 시도한 작품으로서, 벌어진 사건에 대한 해석과 설명보다는 주인공의 시선과 관찰에 주목하는 특징을 지닌다. 자신은 언제나 누보 로망 작가임을 부인했지만, 그녀의 작품들은 자주 누보 로망계열로 간주된다.

1960년 알랭 레네Alain Resnais 감독의 영화 <내 사랑 히로시마*Hiroshima mon amour*>의 시나리오를 쓰면서부터 영화 장르와 관계를 맺기 시작한 뒤라스는 1960년대 후반부터 약 10여 년간 영화 제작에 투신했다. 이 기간 동안 폴 스방Paul Seban과 공동으로 감독하여 <라 뮤지카*La Musica*>(1966)라는 영화를 제작했고, <파괴하라고 그녀는 말한다*Détruire, dit-elle*>(1969), <나탈리 그랑제 *Nathalie Granger*>(1972), <갠지스 강의 여자*La Femme du Gange*>(1973), <인디아 송*India Song*<(1973), <화물차 *Le Camion*』>(1977)등의 시나리오를 쓰고 감독을 했다. 그 외에도 다수의 희곡을 써서 상연하는 등 그녀의 활동범위는 실로 광범위했다고 할 수 있다. 뒤라스는 또한 2차 대전 이래로 정치적이고 사회적인 사건들에 직접 참여하는 행동하는 지성으로도 잘 알려져 있다. 알제리 전쟁 반대, 68혁명 참여 등 20세기 후반 프랑스에서 사회적으로 커다란 반향을 불러일으킨 사건에서 자신의 입장을 명확히 밝히곤 했기 때문이다. 1980년대 이후 알콜중독으로 인한 약물치료를 받기도 했던 그녀는, 38세 연하인 얀 안드레아Yann Andréa의 품에서, 1996년 마지막 작품 『이게 다예요*C'est tout*』(1995)를 남긴 채 세상을 떠났다.

주요작품

1950 *Un barrage contre le Pacifique*
1958 *Moderato Cantabile*
1960 *Hiroshima mon amour*
1965 *Le vice-consul*
1984 *L'Amant*

『연인*L'Amant*』

1984년 출간된 『연인』은 전 세계적으로 가장 많이 알려진 뒤라스의 대표적 작품 중 하나이다. 이 작품은 프랑스에서 가장 권위 있는 문학상인 공쿠르Goncourt상을 수상했을 뿐 아니라, 1991년에는 장-자크 아노Jean-Jacques Annaud 감독에 의해 영화화되었다. 『연인』 출판 후, 뒤라스는 베르나르 피보Bernard Pivot와의 대담을 통해서 '지금까지는 허구의 이야기를 썼지만, 『연인』은 허구가 아니다'라고 고백하기도 했다. 또한 '『연인』에서 지금까지 하지 못한 숨겨진 이야기를 썼다'고까지 천명했다. 즉 이 작품이 그녀의 첫 '자서전'임을 밝힌 것이다. 한편 뒤라스는 '자기에 대한 글쓰기écriture de soi'를 반복해 온 작가로 여겨진다. 작가 자신의 체험을 글로 재현한 첫 자전소설은, 1950년에 나온 『태평양을 막는 방파제』이며 인도차이나에 살고 있는 가난한 백인

가족 이야기를 하고 있다. 1977년에는 장르를 달리해서 희곡 『에덴 시네마*Eden Cinéma*』를 통해 어머니와 가족에 대한 이야기를 썼다. 그런 후, 자서전 『연인』이 모습을 드러낸 것이다. 그러나 이 작품은 일반적으로 독자들이 기대하는 자서전과는 다른 형태를 보인다. 즉 '나는 몇 년 몇 월 며칠 어디에서 누구의 아들로 혹은 딸로 태어났다'로 시작하는 루소Rousseau식의 자서전과는 차이가 있다. 글을 쓰고 있는 현재와 어린 시절, 그리고 젊은 시절 등 여러 에피소드들이 파편화되고 뒤섞인 이야기가 전개되기 때문이다. 뒤라스의 '자기에 대한 글쓰기'는 여기에서 멈추지 않는다. 장-자크 아노 감독의 영화가 제작되는 과정에서 단지 어린 소녀와 중국인과의 사랑에만 초점이 맞추어진 것에 불만을 품은 작가는 1991년 자서전, 소설, 시나리오가 뒤섞인 형태를 띤 『북중국의 연인』을 출판하기도 했다. 이와 같이 뒤라스는 자신의 생애뿐 아니라 작품 활동을 통해 끊임없이 모든 경계선을 뛰어넘는 모습을 보여주었다.

『연인』의 줄거리를 하나의 연결망을 가지고 요약하기에는 어려움이 따른다. 그만큼 다양한 에피소드들이 주인공이자 화자의 기억을 통해 묘사된다. 주인공이자 화자는 글을 쓰고 있는 현재와 메콩 강을 건너다녔던 베트남에서의 삶을 오가면서 이야기를 진행시킨다. 어쨌든 가장 중심이 되는 내용은 다음과 같다. 주인공의 어머니는 인도차이나에서 홀로되어 세 아이를 키우기 위해 갖은 고생 끝에 태평양 연안에 농경지를 샀지만, 그 땅이 매해 태평양으로부터 밀려드는 파도 때문에 쓸모없는 땅임을 알게 된다. 어머니는 그곳에 나무로 방파제를 쌓으려는 노력을 기울이지만, 파도는 어김없이 밀려들어 땅을 집어삼켜버린다. 자신의 노력에도 불구하고 뜻대로 나아가지 않은 삶을 한탄하면서 가난 속에 살아가는 어머니는 큰 아들에 대한 유별난 집착을 가지고 있다. 장남에 대한 무조건적 사랑은 그를 난봉꾼이 되게 하는 결과를 낳았고, 둘째 아들과 막내인 주인공은 군림하는 장남의 폭력을 견디는 어린 시절을 보내게 된다. 뭔가 억눌리고, 서로 증오하는 가족으로부터 도피하기 위한 기도로서, 15살 소녀는 메콩 강을 건너는 배에서 만난 자기보다 10살 이상 나이가 많은 중국인과 연인이 된다. 사이공에서 엄청난 재력가로 알려진 아버지를 둔 이 중국인은 심약하고 의지가 박약한 인물로서 파리에서의 유학을 포기하고 고향으로 돌아왔다. 그들의 관계가 가족에게도 알려지고 중국인 연인은 소녀의 어머니와 두 오빠를 훌륭한 레스토랑에 초대하기도 하지만, 그 가족에게 중국인은 그저 돈 많은 사람일 뿐이다. 한편 중국인 연인의 아버지는 백인 여자아이, 그것도 정숙하지 못한 이 소녀와의 결혼에 완강하게 반대한다. 소녀가 인도차이나를 떠나게 될 때까지 그들은 연인 관계를 이어나간다. 그리고 시간이 흘러 소녀가 작가로서의 삶을 살아가던 어느 날, 파리에 부인과 여행을 온 중국인 애인으로부터 전화가 걸려온다. 그리고 '아직도 그녀를 사랑하고 있으며, 결코 이 사랑을 멈출 수 없을 거라고. 죽는 순간까지 그녀만을 사랑할 거라고.' 고백한다.

TEXTE

On m'a souvent dit que c'était le soleil trop fort pendant toute l'enfance. Mais je ne l'ai pas cru. On m'a dit aussi que c'était la réflexion dans laquelle la misère plongeait les enfants. Mais non, ce n'est pas ça. Les enfants-vieillards de la faim endémique, oui, mais nous, non, nous n'avions pas faim, nous étions des enfants blancs, nous avions honte, nous vendions nos meubles, mais nous n'avions pas faim, nous avions un boy et nous mangions, parfois, il est vrai, des saloperies, des échassiers, des petits caï mans, mais ces saloperies étaient cuites par un boy et servies par lui et parfois aussi nous les refusions, nous nous permettions ce luxe de ne pas vouloir manger. Non, il est arrivé quelque chose lorsque j'ai eu dix-huit ans qui a fait que ce visage a eu lieu. Ca devait se passer la nuit. J'avais peur de moi, j'avais moins peur et moins grave apparaissait la mort. Mais elle ne me quittait pas. Je voulais tuer, mon frère aîné, je voulais le tuer, arriver à avoir raison de lui une fois, une seule fois et le voir mourir. C'était pour enlever de devant ma mère l'objet de son amour, ce fils, la punir de l'aimer si fort, si mal, et surtout pour sauver mon petit frère, je le croyais aussi, mon petit frère, mon enfant, de la vie vivante de ce frère aîné posée au-dessus de la sienne, de ce voile noir sur le jour, de cette loi représentée par lui, édictée par lui, un être humain, et qui était une loi animale, et qui à chaque instant de chaque jour de la vie de ce petit frère faisait la peur dans cette vie, peur qui une fois a atteint son coeur et l'a fait mourir.

J'ai beaucoup écrit de ces gens de ma famille, mais tandis que je le faisais ils vivaient encore, la mère et les frères, et j'ai écrit autour d'eux, autour de ces choses sans aller jusqu'à elles.

L'histoire de ma vie n'existe pas. Ca n'existe pas. Il n'y a jamais de centre. Pas de chemin, pas de ligne. Il y a de vastes endroits où l'on fait croire qu'il y avait quelqu'un, ce n'est pas vrai il n'y avait personne. L'histoire d'une toute petite partie de ma jeunesse je l'ai plus ou moins écrite déjà, enfin je veux dire, de quoi l'apercevoir, je parle de celle-ci justement, de celle de la traversée du fleuve. Ce que je fais ici est différent, et pareil. Avant, j'ai parlé des périodes claires, de celles qui étaient éclairées. Ici je parle des périodes cachées de cette même jeunesse, de certains enfouissements que j'aurais opérés sur certains faits, sur certains sentiments, sur certains événements. J'ai commencé à écrire dans un milieu qui me portait très fort à la pudeur.

L'Amant, Ed. de minuit, 1984.

생각해 볼 문제

1. 본문 첫 부분의 묘사를 통해 식민현실에 대해서 이야기하는 화자이자 주인공의 식민지에 대한 시각은 어떠한가?

2. 본문에서 주인공이 말하는 가족과의 관계에 있어서 특별한 점은 무엇이라고 생각하는가? 특히 작은 오빠와의 관계에 대해서 토론해 보자.

3. 뒤라스의 자서전으로 여겨지는 이 작품이 일반적인 자서전과 다른 점은 무엇일까?

4. '방파제' 3부작으로 통칭되는 나머지 두 작품 중에서『태평양을 막는 방파제』와『연인』을 비교해보자.

참고문헌

Marguerite Duras et Michelle Porte, *Les Lieux de Marguerite Duras*, Ed. de minuit, 1977.

Christiane Blot-Labarrère, *Marguerite Duras*, Seuil, 1992; 김진경 옮김,『마르그리트 뒤라스』, 여성사, 1995.

Laure Adler, *Marguerite Duras,* Gallimard, 1998.

Anne Cousseau, *Poétique de l'enfance chez Marguerite Duras*, Droz, 1999.

14) 알랭 로브-그리예, 『질투』
Alain Robbe-Grillet (1922~2008) - *La Jalousie*

설명은 그것이 어떻든 간에 사물의 존재 앞에서는 과도한 것일 뿐이다. Une explication, quelle qu'elle soit, ne peut être qu'en trop face à la présence des choses. 『누보로망을 위하여*Pour un Nouveau Roman*』

알랭 로브-그리예는 1922년 8월 18일 브르타뉴 지역의 브레스트에서 교사 아들로 태어났다. 파리에서 고등학교를 다닌 그는 국립농업기술학교인 INA(L'Institut National Agronomique)에서 수학한 후, 프랑스 국립통계연구소에서 근무했으며, 식민지 과실 및 감귤류 연구소의 농림 기사로 일하면서 기니, 모로코, 마르티니크 등지에 체류하기도 했으나, 1950년 건강상의 이유로 본국에 귀환했다.

2차 세계 대전 중부터 틈틈이 글을 써오던 로브-그리예는 1949년 첫 번째 소설 『어느 시역자*Le Régicide*』를 써서 프랑스의 유명 출판사인 갈리마르에 보냈으나 출판을 거절당한다. 이후 식민지로부터 귀환하는 배에서 쓴 『고무지우개*Les Gommes*』(1953)를 또 다른 명문 출판사 미뉘의 문학 고문을 맡고 있던 조르주 랑브리치Georges Lambrichs에게 보내고 전반적인 무관심 속에서 출간하기에 이른다. 그러나 롤랑 바르트와 장 카이롤Jean Cayrol은 새로운 작가의 탄생에 주목하기 시작한다. 누보 로망Nouveau Roman의 여러 작가들 중 한 사람으로서, 후에는 누보 로망 이론가로서의 로브-그리예의 등장을 알린 첫 작품의 출판에 이어서, 1955년에 출판된 『엿보는 사람*Le Voyeur*』은 몇몇 비평가들의 지지에 힘입어 그해의 비평가상을 수상하기도 했다. 전지전능한 신처럼 모든 것을 다 알고 모든 것을 설명해 주는 작가는 로브-그리예에 이르러서 완전히 사라진다. 작가 자신도 자신의 시점에서 사물을 관찰하는 하나의 인간에 지나지 않다고 여기기 때문이다. 따라서 그의 소설 속에서는 이야기의 줄거리도, 인물의 성격 묘사도 없다. 작가 자신은 아무런 해석도 내리지 않으며, 단지 외부 사물들과 인물들에 대한 객관적인 묘사만이 있을 뿐이다. 이러한 특징을 지닌 로브-그리예의 소설은 그가 사망하기 전 해인 2007년까지 끊임없이 출간되었다: 『질투*La Jalousie*』(1957), 『미궁 속에서*Dans le Labyrinthe*』(1959), 『쾌락의 집*La Maison de Rendez-vous*』(1965), 『뉴욕에서의 혁명 계획*Projet pour une Révolution à New York*』(1970), 『아름다운 포로*La Belle Captive*』(1976), 『반복*Reprise*』(2001), 『어느 감정소설*Un Roman sentimental*』(2007)등.

한편 로브-그리예는 1961년부터 10여개의 영화제작에 관여했다. 그가 처음으로 영화제작에 발을 들여 놓은 것은 알랭 레네Alain Resnais가 감독한 <지난해 마리앙바드에서*L'année dernière à Marienbad*>의 시나리오를 쓰면서 부터이다. 이 영화를 본 앙드레 브르통André Breton은 영화가 자신의 초현실주의를 모독했다며 격노했지만, 그해 베니스 영화제에서 황금사자상을 수상했다. 이 작품을 미뉘 출판사에서 '시네 로망Ciné-Roman'이라는 새로운 장르를 표방하며 출간했다. 영화에 대한 그의 열정 역시 오랫동안 지속되었다. <유럽 횡단 특급 열차*Trans-Euros-Express*>(1966)를 제작하고 감독해 흥행에도 성공했으며, <거짓말하는 남자*L'Homme qui Ment*>(1968)로 1969년 베를린 영화제의 시나리오 상을 수상했다. 또한 <쾌락의 점진적인 이동*Glissement*

Progressif du Plaisir>(1974), <불장난*Jeu avec le Feu*>(1975), <미치게 하는 소리*Un Bruit qui Rend Fou*>(1995)등의 영화를 제작했다.

노작가가 된 로브-그리예는 누보 로망작가들의 자서전에 새로운 자서전Nouvelle Autobiographie이라는 용어와 이론을 제시하면서, 자신의 3부작 자서전을 썼다 : 『히드라의 거울*Le Miroir qui Revient*, 1984』, 『앙젤리크 혹은 매혹*Angélique ou l'Enchantement*』(1987), 『코린트의 마지막 날들*Derniers Jours de Corinthe*』(1994). 또한 누보로망의 대표적인 이론가로서의 역할을 수행한 그는 1955년 10월부터 1956년 2월까지 『렉스프레스 *L'Express*』지에 오늘날의 문학이라는 제목으로 9회에 걸쳐 쓴 글을 1963년 『누보로망을 위하여*Pour un Nouveau Roman*』라는 제목의 단행본으로 출판했다. 이와 같이 로브-그리예는 이론가와 비평가로서의 활동을 이어나가면서, 미국, 벨기에 등지에서 연구자로서의 삶을 살아가기도 했다. 2004년에는 프랑스 한림원Académie française 회원이 되었으며, 2008년 노르망디의 깡에서 심장마비로 사망했다.

La Jalousie의 의미

프랑스어에서 Jalousie는 두 가지 의미를 지닌다. 한국어 제목으로 번역된 것과 같이 '질투'라는 의미로 가장 흔하게 사용되지만, '덧창'을 의미하기도 한다. 그래서 이 작품의 제목은 두 가지의 의미를 가진다고 볼 수 있다. '질투'라는 감정을 가진 주인공의 내면 풍경을 외부세계의 사물에 대한 묘사를 통해 나타낼 뿐만 아니라, '덧창'을 통해 익명의 시선으로 우주를 그림으로써 작가는 현실에의 새로운 이해를 추구하려는 의도를 보여준다고 할 수 있겠다. 주로 무엇을 가리는데 쓰는 '덧창'은 자신은 숨어 있으면서도 '덧창'을 통해 외부 세계를 엿볼 수 있는 물건이기 때문이다.

주요작품

1953 *Les Gommes*

1957 *La Jalousie*

1963 *Pour un Nouveau Roman*

1984 *Le Miroir qui Revient*

1994 *Derniers Jours de Corinthe*

『질투*La Jalousie*』

1957년 미뉘 출판사에서 출간된 『질투』는 그해에 겨우 746부만이 판매되었다고 한다. 그의 이전 두 작품 『고무지우개』, 『엿보는 사람』과 마찬가지로 이 작품 역시 당시 프랑스 문단에 극명하게 대립되는 두 반응을 양산했다. 장-폴 사르트르, 알베르 카뮈, 모리스 블랑쇼, 앙드레 말로 등 이른바 20세기 프랑스를 대표하는 지성들은 로브-그리예의 문학적 실험을 독려한 반면, 전통적인 소설 형식만을 지지하던 비평가들은 노골적으로 조롱하고 혐오감을 표현했다. "세계는 의미 있는 것도 부조리한 것도 아니다. 세계는 단지 있는 것이다. 바로 이것이 세계의 가장 주목할 만한 점이다."라는 작가의 세계관은 인간이 마주 대하고 있는 공고한 사물 세계, 인간과 독립적으로 존재하는 세계를 그려낸다는 계획을 가지고 있었다. 그래서 『질투』에서도 작가의 시선은 고집스럽게 사물의 표면에만 머문다. 작가는 비교하거나 판단하지 않고, 상징이나 은유를 사용하지도 않는다. 이 작품에서는 주인공이 표면에 나타나지 않고, 주인공의 시선을 통해 보는 세계가 소설의 세계를 구성한다. 한편 이 소설에서 화자는 작품의 중앙에 있으면서도 끝까지 뚜렷한 존재를 드러내지도 않으며 이름도 없다. 독자는 그가 존재한다는 것을 느낄 뿐이다. 그는 관찰하고 기록할 뿐이다. 그러니까 그가 보고 듣고 겪은 것, 그리고 그것을 다시 반추하고 비교하고 의심하고, 또한 자신의 상상력에 의해 조금씩 변형해 나가는 과정을 담고 있다. 이 노정에서 '질투'라는 감정이 정점을 향해 나아가는 것을 그리고 있다. 그러나 주인공의 이러한 심리상태와 그 변화가 사물들의 묘사를 통해 간접적으로 드러난다. 작가는 독자에게 설명해 주는 대신 직접 보여 주고, 스스로 느끼도록 하고 있다. 전통적인 소설의 전개와는 다른 이런 낯선 점들이 로브-그리예의 작품을 읽는 독자들을 왠지 모르게 불편하게 하며 지루하게 하기도 한다.

이 소설의 줄거리는 간단하다. 아프리카의 어느 프랑스 식민지 열대 바나나 농장에서 프랑스인들 사이에 벌어지는 삼각관계를 심리변화과정을 좇아 그리고 있다. 소설 속에서는 이름이 나타나지 않는 남자 주인공은 그의 아내 A...를 향해 끊임없이 감시의 눈길을 보낸다. 이웃 농장에 살고 있는 프랑스인 프랑크의 존재가 아내의 수상쩍은 행동과 함께 남편을 초조하게 하는 것이다. 게다가 프랑크는 자신의 아내가 아프다는 이유로 혼자 집에 초대되어 와서 저녁식사를 같이 하곤 한다. 그러던 어느 날 쇼핑을 하기 위해 시내로 떠나려던 A...는 마침 시내에 볼 일이 있어 나가는 프랑크의 차에 동승하게 된다. 아침 일찍 떠난 두 남녀는 예정 시간이 훨씬 지나도록 돌아오지 않는다. 혼자 집에 남아 있던 남편은 아내와 프랑크를 기다리다가 질투의 감정에 사로잡히게 된다. 다음 날 아침 자동차 고장으로 올 수 없었다고 말하며 돌아온 A..의 자신을 향한 한결같은 표정을 확인한 후 남편은 조금씩 평정을 되찾는다. 이런 내용에 이어서 A...의 외출과 귀가 장면이 여러 번 반복되어 전개된다. 이를 통해 아내가 정부와 함께 떠나버리지 말기를 바라는 남편의 심정과 자신의 상상이 결코 현실에서 일어나지 않기를 바라는 심리가 그려진다.

TEXTE

Fort de ses trois ans d'expérience, Franck pense qu'il existe des conducteurs sérieux, même parmi les noirs. A... est aussi de cet avis, bien entendu.

Elle s'est abstenue de parler pendant la discussion sur la résistance comparée des machines, mais la question des chauffeurs motive de sa part une intervention assez longue, et catégorique.

Il se peut d'ailluers qu'elle ait raison. Dans ce cas, Franck devrait avoir raison aussi.

Tous les deux parlent maintenant du roman que A... est en train de lire, dont l'action se déroule en Afrique. L'héroïne ne supporte pas le climat torpical (comme Christiane). La chaleur semble même produire chez elle de véritables crises:

"C'est mental, surtout, ces choses-là", dit Franck.

Il fait ensuite une allusion, peu claire pour celui qui n'a même pas feuilleté le livre, à la conduite du mari. Sa phrase se termine par "savoir la prendre" ou "savoir l'apprendre", sans qu'il soit possible de déterminer avec certitude de qui s'il s'agit, ou de quoi. Franck regarde A..., qui regarde Franck. Elle lui adresse un sourire rapide, vite absorbé par la pénombre. Elle a compris, puisqu'elle connaît l'histoire.

Non, ses traits n'ont pas bougé. Leur immobilité n'est pas si récente: les lèvres sont restées figées depuis ses dernières paroles. Le sourire fugitif ne devait être qu'un reflet de la lampe, ou l'ombre d'un papillon.

Du reste, elle n'était déjà plus tournée vers Franck, à ce moment-là. Elle venait de ramener la tête dans l'axe de la table et regardait droit devant soi, en direction du mur nu, où une tache noirâtre marque l'emplacement du mille-pattes écrasé la semaine dernière, au début du mois, le mois précédent peut-être, ou plus tard.

Le visage de Franck; presque à contre-jour, ne livre pas la moindre expression.

Le boy fait son entrée pour ôter les assiettes. A... lui demande, comme d'habitude, de servir le café sur la terrasse.

Là, l'obscurité est totale. Personne ne parle plus. Le bruit des criquets a cessé. On n'entend, ça et là, que le cri menu de quelque carnassier nocturne, le vrombissement subit d'un scarabée, le choc d'une petite tasse en porcelaine que l'on repose sur la table basse.

Franck et A... se sont assis dans leurs deux mêmes fauteuils, adossés au mur de bois de la maison. C'est encore le siège à ossature métallique qui est resté inoccupé. La position du quatrième est encore moins justifiée, à présent, la vue sur la vallée n'existant plus.

La Jalousie, Ed. de Minuit, 1957

생각해 볼 문제

1. 본문에서 주인공이자 화자의 심정은 어떠하며, 어떤 사물에 대한 관찰을 통해 드러나는가?
2. Franck와 A...의 관계는 본문을 통해서 어떻게 유추해 볼 수 있겠는가? 눈앞에 보이는 것을 묘사하는 화자의 관찰이 객관적이라고 여겨지는가?
3. 본문에 나오는 '지네'는 텍스트에서 여러 번 등장하는데, 『질투』를 읽어본 후 텍스트에서 어떤 역할을 하고 있다고 생각하는지 토론해보자.
4. 로브-그리예가 새롭게 선보인 '시네-로망'에 대해서 토론해보자.

참고문헌

Bruce-Archer Morrissette, *Les romans de Robbe-Grillet*, Ed. de Minuit, 1971

Roger-Michel Allemand, *Alain Robbe-Grillet*, Seuil, 1997

Sous la direction de René Prédal, *Robbe-Grillet cinéaste*, Presse Universitaires de Caen, 2005

15) 미셸 투르니에, 『방드르디, 태평양의 끝』
Michel Tournier (1924~) - *Vendredi ou les limbes du pacifique*

인간이 열중하고 있는 부패를 우연히 발견하는 것보다 더 마음을 뒤흔드는 것은 삶 속에 존재하지 않는다. Il n'y a sans doute rien de plus émouvant dans une vie d'homme que la découverte fortuite de la perversion à laquelle il est voué. 『마왕*Le Roi des aulnes*』

미셸 투르니에는 1924년 12월 19일 파리에서 태어났다. 독일에 대한 관심이 많았던 부모의 영향으로 어린 시절 독일문화에 심취했고 음악과 카톨릭 교육을 받았다. 파리에서 문과대학과 법과대학의 학사 과정을 마친 그는 석사 과정에서는 철학을 공부했다. 일찍부터 독일적 교양으로 무장된 투르니에는 1947년 튀빙겐으로 철학공부를 하러 떠난다. 장차 철학교수가 되는 것이 꿈이었던 그는 프랑스로 돌아와 1950년 교수자격시험을 봤지만 실패한다. 큰 충격을 받은 투르니에는 이후 독일 문학작품들을 프랑스어로 번역하여 소개하는데 열중하는 시기를 보냈다. 번역작업은 철학의 관념적이고 추상적인 체계로부터 구체적인 현실로 우회하는 통로로서 문학 언어에 대한 느낌과 기술을 익히는 데 중요한 수업이 되었다. 한편 그는 방송국에서 일을 하기도 했으며, 파리의 유명한 출판사인 <플롱Plon>에서 10년 동안 문학부장직을 수행했다.

그의 첫 소설 『방드르디, 태평양의 끝*Vendredi ou les limbes du pacifique*』은 1967년 세상의 빛을 보게 되었다. 작가 자신이 회고하는 것처럼, 첫 작품을 탈고한 1965년까지 그는 '15년 동안이나 습작의 시간을 가진 것'이다. 여하튼 레비-스트로스의 인류학 강의를 듣던 중 다시 읽게된 다니엘 디포의 『로빈슨 크루소*Robinson Crusoe*』 이야기를 기초로 개작한 소설이 바로 그의 첫 작품이다. 43세라는 늦깎이 등단이었지만, 그의 성공은 빠르고 광범위한 것이었다. 이 작품은 출판되자마자 아카데미 프랑세즈 소설 대상을 받았으며, 같은 해에 질 들뢰즈는 『비평*Critique*』에 이 소설에 대한 철학적 논문을 발표했다. 그의 두 번째 작품인 『마왕*Le Roi des aulnes*』은 1970년에 발표되었는데, 그 해 공쿠르상을 수상했다. 그리고 2년 후에는 공쿠르상 수상자였던 투르니에가 그 상을 심사하는 아카데미 공쿠르의 종신회원으로 선출되었다. 1971년에는 『방드르디, 태평양의 끝』을 청소년들을 위해 개작한 『방드르디 혹은 야성의 삶*Vendredi ou la vie sauvage*』을 출간했다. 장과 폴이라는 두 쌍둥이의 삶을 이야기한 『메테오르*Les Météors*』(1975), 일종의 문학적 자서전이라고 할 수 있는 『파라클레의 바람*Le Vent Paraclet*』(1975)을 썼으며, 『가스파르, 멜쉬오르 그리고 발타자르Gaspard, *Melchior et Balthazar*』(1981), 『질과 잔*Gilles et Jeanne*』(1983), 『동방박사들 *Les Rois mages*』(1983), 『황금 물방울*La Goutte d'or*』(1985)과 같은 소설들을 세상에 내놓았다. 그 외에도 『사색의 거울*Le Miroir des idées*』(1994), 『일기*Journal Extime*』(2002), 『독일에서의 행복?*Le Bonheur en Allemagne?*』(2004), 『초록빛 독서*Les Vertes lectures*』(2006)등 다수의 수필집을 출간했다.

투르니에의 소설들은 한결같이 서구의 현대적 신화의 널리 알려진 인물들을 그려 보인다. 로빈슨 크루소 뿐 아니라 『마왕』에서는 어린아

이를 잡아먹는 괴물, 『방드르디, 태평양의 끝』의 착한 원시인, 『가르파르, 멜쉬오르 그리고 발타자르』의 동방박사들, 『메테오르』의 쌍둥이, 『질과 잔』의 잔 다르크 등은 모두 그런 신화적 인물들이다. 그러나 그는 근원적이고 누구나 다 아는 신화를 단순히 반복해서 베끼는 것이 아니라 새롭게 해석한다. 그가 쓴 여러 소설들의 제목은 이미 전통적인 시각에서 벗어나 신화를 새롭게 해석하는 것이 진정한 <다시 쓰기>임을 웅변적으로 말해주고 있다. 그의 작품 표제에는 로빈슨이 아닌 방드르디가, 예수가 아닌 동방박사들이, 잔이 아닌 질이 전면에 등장하기 때문이다. 이처럼 이미 잘 알고 있는 신화의 이야기들이 투르니에에 의해 비스듬하게, 혹은 뒤집혀서 다시 체험되고 읽혀지는 것이다. 그러므로 투르니에 연구자 스비롤리가 지적한 것과 같이 "투르니에의 로빈슨적 모험들이 지닌 풍부함과 그 엉뚱한 의미는 오직 로빈슨 이야기를 다시 쓰는 과정에서 생겨나는 전이와 변화에 대한 심층적인 연구를 거침으로써만 그 진정한 규모를 드러낸다."

주요작품

1967, *Vendredi ou les limbes du pacifique*
1975, *Le Vent Paraclet*
1981, *Gaspard, Melchior et Balthazar*
1985, *La Goutte d'or*

『방드르디, 태평양의 끝*Vendredi ou les limbes du pacifique*』

1967년 갈리마르 출판사에 의해 세상에 나온 『방드르디, 태평양의 끝』은 투르니에의 처녀작이다. 인류학자 클로드 레비-스트로스에게서 강의를 듣던 중, 다니엘 디포의 『로빈슨 크루소』가 프랑스어 포켓판으로 다시 출간되었고, 그는 이 소설을 인류학, 언어, 야만인과 문명인의 개념을 염두에 두고 읽었다고 한다. 그리고 그것이 바로 자신이 그토록 오랫동안 찾아왔던 새로운 소설의 소재가 될 수 있을 것이라고 생각하기에 이른다. 그러니까 레비-스트로스를 통해 눈뜨게 된 인류학적 시각을 가지고 『로빈슨 크루소』를 자기 식으로 '다시 써야'겠다고 결정하고, 1962년부터 집필하기 시작한 작품이 바로 『방드르디, 태평양의 끝』인 것이다. 그러나 18세기 초에 나온 디포의 소설 속에 등장하는 로빈슨 크루소와는 사뭇 다른 인물을 그리려는 의도를 가진다. 그가 백인이고 서양인이며 게다가 영국인이고 기독교인이라는 이유로 로빈슨이 말하는 것이 모두 진리라는 전제 하에 서술된 그 작품을 보면서 충격을 받은 투르니에는 과거의 가치들이 더 이상 아무 의미가 없어진 무인도에서 완전히 새로운 가치들을 만들어내지 않으면 안 된다는 사실을 깨닫는 로빈슨을 창조하고자 한 것이다.

1759년 9월 29일, 로빈슨이 타고 있는 <버지니아호>가 난파당한다. 주인공 '로빈슨'은 난파 후 한 섬의 모래톱에 쓰러져 있다가 의식을 회복하지만, 그곳에는 야생 동물만 살고 있는 무인도였다. 절망한 나머지 그는 모기떼와 멧돼지들이 사는 진흙과 진창 속에 몸을 맡긴 채 그 속에서 하루 종일을 보내곤 한다. 절망과 광기에서 벗어나기 위해 섬의 이름을 <에스페란자(희망)>라고 명명하고, 섬을 개척하고 지배하기 시작한다. 그러던 중 이 고독한 섬에 열다섯 살의 어린 소년 인디언이 등장하는데, 로빈슨은 그를 노예로 만들고 이름을 '방드르디(금요일)'로 짓는다. 그러나 방드르디는 주인에게 복종하는 일반적인 모습의 노예가 아니라 반목하고 대립하는 인물이다. 결국 로빈슨이 오랫동안 정성들여 건설해 온 동굴이 방드르디에 의해 파괴된다. 이후부터 로빈슨과 방드르디의 관계는 역전하기에 이른다. 다시 말해서 방드르디가 오히려 로빈슨을 가르치는 것을 의미하는데, 자연이 문화를 지배하며, 원시성이 문명을 극복하게 되는 것이다.

어느 날 방드르디가 수평선에 나타난 '하얀 점' 하나를 발견한다. 그것은 <화이트버드호>였으며, 배의 선장은 로빈슨에게 그가 섬에 표류한 지 28년 2개월이 경과했음을 알게 한다. 그리고 문명세계에서 온 선원들의 무질서함, 물질적 욕망에 오히려 로빈슨이 충격을 받는다. 특히 어린 수부인 장에 대한 선원들의 거친 행동에 혐오감을 느끼고, 그에게 친절을 베풀기도 한다. <화이트버드호>가 다시 항해를 준비할 때, 로빈슨과 방드르디는 문명과 시간의 노예가 되는 삶을 포기하고 섬에 남기로 한다. 그러나 막상 방드르디는 로빈슨이 잠든 사이 배에 올라 섬을 떠나고, 홀로 남은 로빈슨은 절망하여 폭파된 후 남은 굴의 잔해 속에 들어가 죽으려고 한다. 그때 바위더미 좁은 통로 구멍에서 어린 수부 장이 배로 돌아가는 대신 그의 곁에 남기 위해서 숨어있었음을 발견한 로빈슨은 아이의 이름을 '장 넬자파에브'에서 "하늘의 신인 주피터의 날이요, 어린아이들의 일요일"인 '쥬디(목요일)'로 바꿔주면서 소설이 마무리된다.

TEXTE

Log-book. — Que d'épreuves nouvelles depuis trois jours et que d'échecs mortifiants pour mon amour-propre! Dieu m'a envoyé un compagnon. Mais, par un tour assez obscur de sa Sainte Volonté, il l'a choisi au plus bas degré de l'échelle humaine. Non seulement il s'agit d'un homme de couleur, mais cet Araucanien costinos est bien loin d'être un pur sang, et tout en lui trahit le métis noir! Un Indien mâtiné de nègre! Et s'il était encore d'âge rassis, capable de mesurer calmement sa nullité en face de la civilisation que j'incarne! Mais je serais étonné qu'il ait plus de quinze ans — compte tenu de l'extrême précocité de ces races inférieures — et son enfance le pousse à rire insolemment de mes enseignements.

Et puis cette survenue inattendue après des lustres de solitude a ébranlé mon fragile équilibre. L'Evasion a été à nouveau pour moi l'occasion d'une défaillance mortifiante. Après ces années d'installation, de domestication, de construction, de codification, il a suffi de l'ombre d'un espoir de possibilité pour me précipiter vers ce piège meurtrier où j'ai failli succomber jadis. Acceptons-en la leçon avec une humble soumission. j'ai assez gémi de l'absence de cette société que toute mon oeuvre sur cette terre appelait en vain. Cette société m'est donnée sous sa forme la plus rudimentaire et la plus primitive certes, mais il ne m'en sera sans doute que plus faible de la plier à mon ordre. La voie qui s'impose à moi est toute tracée: incorporer mon esclave au système que je perfectionne depuis des années. La réussite de l'entreprise sera assurée le jour où il n'y aura plus de doute que Speranza et lui profitent conjointement de leur réunion.

p.-s.— Il fallait trouver un nom au nouveau venu. Je ne voulais pas lui donner un nom de chrétien avant qu'il ait mérité cette dignité. Un sauvage n'est pas un être humain à par entière. Je ne pouvais pas non plus décemment lui imposer un nom de chose, encore que c'eût été peut-être la solution de bon sens. Je crois avoir réslu assez élégamment ce dilemme en lui donnant le nom du jour de la semaine où je l'ai sauvé : Vendredi. Ce n'est ni un nom de personne, ni un nom commun, c'est, à mi-chemin entre les deux, celui d'une entité à demi vivante, à demi abstraite, fortement marquée par son caractère temporel, fortuit et comme épisodique...

Vendredi ou les limbes du pacifique, Gallimard, 1967.

생각해 볼 문제

1. 본문에서 무인도에 혼자 살아가던 로빈슨이 함께 살아갈 타자에게 이름을 부여하는데 있어서 중요한 점은 무엇이었는가? 이를 통해 로빈슨이 새롭게 등장한 이 타자에 대해 어떤 감정을 가지고 있는 것으로 보이는가?

2. 이 작품 속에서 로빈슨과 방드르디라는 대립적인 두 인물을 통해 드러나는 점은 무엇인가?

3. 이 작품은 18세기부터 널리 알려진 『로빈슨 크루소』를 개작한 소설이다. 어떤 점이 원작과 상이한가?

4. 투르니에의 글쓰기에 나타나는 신화적 인물들은 작가에 의해 새롭게 해석되어 제시된다. 그러한 전이와 변화를 통해 독자는 무엇을 느낄 수 있을지에 대해 토론해보자.

참고문헌

Arlette Bouloumié, *Michel Tournier*, le roman mythologique, José Corti, 1988.

Mireille Rosello, *L'in-différence chez Michel Tournier*, José Corti, 1990.

Centre culturel international, Creisy-la-Salle, Manche, *Colloque, Images et signes de Michel Tournier*, Gallimard, 1991.

| 지은이 | **고봉만**

마르크블로크 대학(스트라스부르2대학)에서 문학박사학위를 받고, 현재 충북대학교 불어불문학과 교수로 재직 중이다. 역서로 『역사를 위한 변명』, 『인간 불평등 기원론』, 『블루–색의 역사』, 『크리스마스의 악몽』, 『악녀들』 등 다수가 있다. | 19세기 소설 담당 |

| 지은이 | **김정희**

파리 3대학에서 문학박사학위를 받고, 현재 서울대학교 불어불문학과 교수로 재직 중이다. 「아더왕 신화의 형성과 해체(I) : '브르타뉴 왕실사'에서 크레티엥 드 트르와에 이르기까지」, 「크레티엥 드 트루아 소설 속 여성 : '유형'에서 '개인'으로」 외 다수의 논문이 있다. | 중세 담당 |

| 지은이 | **김한식**

파리 10대학에서 문학박사학위를 받고, 현재 중앙대학교 불어불문학과 교수로 재직 중이다. 역서로 『시간과 이야기』(폴 리쾨르)가 있으며, 「문학과 카타르시스」, 「미메시스 해석학을 위하여」 외 다수의 논문이 있다. | 20세기 소설 담당 |

| 지은이 | **신정아**

파리 3대학에서 문학박사학위를 받고, 현재 한국외국어대학교 프랑스어과 교수로 재직 중이다. 저서로 『바로크』, 역서로 『에로티즘』, 『번역가의 초상』 외, 17, 18세기 연극 및 번역에 관한 다수의 논문이 있다. | 16, 17세기 담당 |

| 지은이 | **이가야**

파리 8대학에서 문학박사학위를 받고, 현재 성균관대, 숙명여대, 한양대 강사로 있다. 「자서전 이론에 대한 몇 가지 고찰」, 「마르그리트 뒤라스의 자전작품에 나타난 물의 이미지와 정체성 연구」 외 다수의 논문이 있다. | 20세기 소설 담당 |

| 지은이 | **이영목**

파리 7 대학(드니 디드로 대학)에서 문학박사학위를 받고, 현재 서울대학교 불어불문학과 교수로 재직 중이다. 저서로 『유럽의 절대주의』가 있으며, 「앎의 의지, 욕망, 쾌락 : 계몽주의 주요 텍스트에 나타난 *libido sciendi* 개념」 외 다수의 논문이 있다. | 18세기 담당 |

| 지은이 | **이지순**

폴 베를렌느(메츠)대학에서 문학박사학위를 받고, 현재 성균관대학교 프랑스어문학과 교수로 재직 중이다. 역서로 『퀘벡영화』가 있으며, 「세낭쿠르의 묘사장르 연구」, 「마르그리트 뒤라스의 소설과 영화 작품 연구」외 다수의 논문이 있다. | 19세기, 20세기 소설 담당 |

| 지은이 | **이찬규**

리용 제2대학교에서 문예학 박사학위를 받고, 현재 성균관대학교 인문학부 연구교수 및 비교문화연구소 책임연구원으로 있다. 저서로 『불온한 문화, 프랑스 시인을 찾아서』, 『글쓰기란 무엇인가』외 프랑스 현대시에 관한 다수의 논문이 있다. | 19세기, 20세기 시 담당 |

프랑스 명작살롱

1판 1쇄 찍음 • 2010년 2월 15일
1판 2쇄 펴냄 • 2013년 8월 30일

지은이 • 고 봉 만 외
발행인 • 정 현 걸
발 행 • 신 아 사
인 쇄 • 성실인쇄

출판등록 • 1956년 1월 5일 (제9-52호)
서울특별시 은평구 녹번동 28-36 2F
전화 02.382.6411 • 팩스 02.382.6401
홈페이지 • www.shinasa.co.kr
이메일 • shinasa@daum.net

ISBN 978-89-8396-667-4

정가 **13,500**원